中世ヨーロッパ生活誌

LE MOYEN AGE

◎Robert Delort　ロベール・ドロール 著
◎桐村泰次 訳

論創社

凡　例

一、本書はRobert Delort "Le Moyen Age" Lausanne, Edita SA, 1972. "La vie au Moyen Age" Paris, éd. du Seuil, coll.《Points Histoire》, 1982の邦訳である。タイトルは違っているが、両者は同じもので、翻訳には、「第三版への序」に示されているように、一九八二年の版にこそ著者の意が尽くされていると考えて、基本的にはスーイユ版を用いた。事実、一九八二年版では、幾つか削除されている文章もあるが、むしろ加筆されている文章のほうが多く、たんにポケット判化するために縮約したものではないことが明らかである。

一、原著では小見出しはごく少ししか立てられていないが、本訳書では、記述のテーマごとに小見出しを立てて、読みやすくした。また、出てくる語彙、人名、地名などで、説明を加えたほうがよいと判断したものについては〔訳註〕を付けた。

一、文中、書名や聖俗の職席名など邦訳の呼称とともに原著で用いられている欧文表記も示した。見た目に少し煩く感じられるかも知れないが、参考になれば幸いである。人名は本文ではカタカナ表記のみにし、原著で用いられている欧文表記は巻末の人名索引で御覧いただけるようにした。

一、人名と地名については、原著では、基本的にフランス語式の表記が用いられているが、この拙訳でカタカナで表記するにあたっては、ドイツの地名や人名の場合はドイツ語式、イギリスの地名や人名は英語式というように現地での表記を用いた。ただし、中世でも初期の場合は、とくに学者、思想家はラテン語式の呼び名を好んで用いたから、ラテン語式にした場合も少なくない。

【目次】

中世ヨーロッパ生活誌

はじめに

本書は、歴史家でなくとも中世の世界に関心をもっているすべての人々、西欧とその文明についてもっとよく知りたいと思っている人々、さらに、私たちの日常生活や、さまざまな技術や宗教、精神生活のなかにいまも存在している《中世》と、先祖から伝えられた貴重な遺産であるのに私たちが失い、あるいは忘却した《中世文化》を知りたがっているすべての人のために生まれたものであり、本書で採り上げたテーマは、そうした意図から選ばれた。

こんにちまで、日常生活に関する著述といえば、たとえば、「聖ルイ王時代のパリ」であるとか「十四、五世紀フランスの日常生活」とか、「十二世紀イギリスの日常生活」、「十五世紀フィレンツェの日常生活」といったふうに、ある時代の限られた枠組みのなかで研究されたものであった。したがって、一千年間の歴史を対象とし、現在のヨーロッパの四分の三を超える地域をカバーして総合的に論述しようとすると、どうしても皮相的にならざるをえないであろう。そこから、幾つかのテーマを選ぶことになるのだが、読者が期待されるテーマといえば、たとえば城やカテドラルについてとか、宮廷や修道院、職業組合や大市、市民共同体、大学における生活、畑仕事、家庭生活、娯楽や民衆の反抗運動などとさまざまであろう。

また、もっと全般的にいえば、それぞれの文明のタイプについて考察したり調査することが求められよう。

「中世的人間」を身体的・知的・精神的にどう規定できるか？　また、日常生活において女性や子供、青年が占めた地位、戦士階級や聖職者の生活は、どのようであったか？　などである。

そして、論述を裏打ちする事例も、イベリア半島やイタリア、フランス、イギリス、ドイツ、スカンディナヴィア諸国、ハンガリー、ポーランドから、さらには、キプロスや聖地エルサレムなど、中世の西欧世界を形成していた全ての地域から集められなければなるまい。しかし、著者は、地中海世界やオリエントに対する強い関心にもかかわらず、資料と典拠とする事例の大部分は、西はスペインのエブロ川から東はイタリア半島のトスカーナ、ドイツのライン川とイングランド西境のセヴァーン川に囲まれた世界、すなわち、是非はともかく、西欧文明を、その独自性と純粋性において育て練り上げたとされる世界から採った。

本書を参照される歴史家の皆さんは、こうした独善的な私の選択を寛恕の心をもって見ていただきたい。そして、多少的外れなテキストの幾つかの引用があったとしても、歴史を専門としない読者のために、この並外れて複雑で変化する現実をより理解しやすくするために、近似法を用いたのだと考えて、容赦していただければ幸いである。

ロベール・ドロール

第三版への序

この著作の英語版（ニューヨーク　一九七三年。ロンドン　一九七四年）は、一九七二年のローザンヌでのフランス語版刊行のすぐあとに出されたので、幾つかの細かい点は別にして、原版とほとんど違いのないものであった。それから約十年を経て、ポケット判で新版を出すにあたり、版型の制約からも、五百葉以上の図版と巻末の註釈を削除し、本文も、幾つかの事例や敷衍的文章を削ったり加筆するなど、手を加えた。その作業を、元の本文と修正したものを見分けることさえむずかしいくらい、完璧に仕上げてくれたクロード・ゴヴァール夫人には心から感謝したい。それゆえ、本書は、原版からの文章すべてについても、修正したすべてについても、彼女の協力あっての著作になったと言わせていただきたい。

一九八一年十月

第一章　人間と環境

中世は、すでに充分に自らを明確化し、花を開かせた一つの世界で、ある人々にいわせると「失われた世界」であり、そうでない人々にとっても「いずれは失われつつある世界」である。私たちの日常生活を、ほんの僅か考えただけでも、かつての現実が今日のそれとはいかに違っていたかを認識せずにはいられない。今日、丘を削り谷を埋めて走る自動車道路を旅する人には、土地の起伏がもたらす苦難などは、もはや実際問題として存在しない。ましてや、飛行機を利用している人にとっては、長い間、人間を威圧してきた山々も、完全に人間によって制圧されてしまっている。全体的にいって、いまでは、むしろ、人間によるこれ以上の侵略から自然をいかに守るかが重要な課題になっている。

ひどく痩せた土地も、化学肥料によって、肥沃な処女地よりも素晴らしい収穫をもたらしている。西欧では最も猛々しい河川も運河として馴化され、海は埋め立てられ、海縁の低地地帯は巨大な防波堤で防備されて、もはや自然のままの植生の森や動物相といったものは、化石化した状態でしか存在していない。人々は、そうした僅かな、しかも歪められてしまった断片をなんとか救おうとして、哀れな《保護区》にそれを閉じこめているありさまだ。

西欧人自身についてみると、歴史の舞台への登場以来、彼らも、伝染病や風土病、飢饉などに苦しめられてきたが、その平均寿命はこの幾世紀かで三倍に延びている。いまでは、きびしい季節を避暑地や避寒地でやりすごすことのできる人々だけでなく、もっとつつましい人々にとっても、季節に合った衣服を着るとか、さらにはエアコンの利いた建物や車で暑さ寒さを凌ぐことができるから、気候的制約といったものは、事実上なくなってきている。

中世の人々の生活に率直かつ明確に迫りたいと思うなら、これらを前提として弁えておくことが大事である。現在も西欧人に自然の手強い重みを感じさせるのは、外なる世界では、ある種の気象現象と宇宙現象であり、内なる世界では、生理学的制約だけである。それ以外は、人間と環境との間をテクノロジーの被膜が遮り、直接の接触を妨げている。

ところで、この両者の接触を妨げるのが機械であるのに対し、助けてくれるのが道具である。中世は、まさに道具の時代であり、人間と自然との間の直接的接触が適切に保たれていた。樵は斧で樹木に立ち向かい、猟師は手槍で猪と戦い、農民は牛や馬に助けられながら犂で堅い土に挑んだ。寒さや飢え、病気と対決するには自分の力以外にはない。生き残ることは、自身の生命力の問題である。

日常生活は「自然環境」という枠組のなかで営まれ、その物質的側面をはじめとして、あらゆる状況によって左右される。ところが、この《枠組》である自然環境も、人間のそれとの関わり方も、中世と今日とでは違っている。

したがって私たちは、中世の人々は、環境から身を守るためや、環境を手なずけるために、どのような手段を使うことができたかを見る必要があるし、ときに森と窮乏と病気とに圧倒されて退くものの、つねに立ち直って、いや増す勢いで自然に対して攻撃を仕掛け、これを従えはじめるにいたったのが中世人であった。

中世の環境世界

いかなる生体も、自身の特性と、その生きている環境とによって条件づけられる。この点を追究する生態学的学問は、一八六六年、E・ヘッケルによって基礎が確立された。しかし、いわゆる「環境」が、太陽や重力など宇宙的なものから、気象・地勢と土壌・水利など地球的なものにいたる無生的要素だけでなく、同じ環境のなかで生きている同種あるいは異種の生体に由来する要素（植生や動物相）をも綜合したものであるとされるようになったのは、かなり、のちのことである。

人々は長い時間をかけて、紆余曲折を経ながら、人間という特権的生体に関して、環境との複雑な相互作用を明らかにしようとしてきた。だが、未知あるいは不測の要素があまりにも多く、得られた結果は、ごく限られた部分的なものでしかなかった。

しかるに歴史家は、この人間生態学にさらに別の尺度を付け加える。現在の人間と環境を今日の人間が使っている方法で研究するのでなく、過去のある時代について、それを調べようとするのである。この場合、環境の探求に年代学的尺度を付け加え、いわば空間を時間のなかで研究することが必要になる。

歴史家は、自分が取り組もうとしている時代に近づくには、その前に、今の時代についての知識をすべて把握していなければならないが、これは、きわめて骨の折れる仕事である。

わたしたちは、ともすれば、人間も環境も短い時間では根本的には変化するものではなく、両者の間の相互作用は、歴史の横糸でしかない、という考え方に陥りやすい。ところが、この都合のよい公理は、非常に概括的で、動植物の個体数や分布の変化といった生物学的要素には当てはまらないし、探求している人間自身の生理学的・心理学的側面についても、議論の余地がある。

これは、気候や地形など無生の要素についても同じである。たとえばカニグー〔訳注・ピレネー山脈に近いフランスの町〕とかクレタ島、英仏海峡、ブロセリアンドの森〔訳注・アーサー王と円卓の騎士が集まった地〕などの図像を見たり文書に記述された風景とか気候を推察すると、千年とか千五百年経っても、それほど変わっておらず、これらの土地について私たちがもっている知識を裏づけてくれているように思われる。まして、半世紀そこそこの人間の一生のなかで、はっきり分かるような変化が起きる可能性があるなどとは想像することもむずかしい。

しかしながら、歴史は、幾世紀という長い期間だけでなく、ごく短期間にも、地理的環境を形成している複雑な要素のほとんどすべてについて、さまざまな変化があったことを明らかにしてくれている。

地形の変化

土地の起伏さえも、大きく変わりうる。中世の西欧は多くの地震を経験した。たとえばカロリング時代には、ライン河の本流沿いに大地震が起きているし、一三五六年にバーゼル付近で起きた地震は、他に例を見ないものであった。十五、十六世紀のカタルーニャ、アンダルシアの地震は、一七五五年のリスボン大地震に匹敵するものであった。イタリアでも、ヴェスヴィオやエトナ、ストロンボリの火山噴火と連動して、頻繁に地震が起きている。

また、フランス中央山地のコースやバルカン半島のスロヴェニアといったカルスト台地では、巨大な陥没が生じている。一二四八年十一月には、フランス東部で幅三・五キロにわたって地滑りが起き、その土砂は幾つもの村と何千もの住民を呑み込みながらミヤンの谷を埋め尽くし、シャンベリーの町のすぐ近くにまで迫った。

これほど劇的でない変形は、いろいろな時代に見られる。たとえばヴェネツィア地方では、ポー川、アディジェ川、ブレンタ川、ピアーヴェ川によって運ばれてきたアルプスの土砂が堆積しつづけており、ナポリ地方の土地は、火山活動の影響で沈降したり隆起したりしている。ティレニア海岸全体が、ローマ時代に較べて何メートルも隆起しており、この大きな変動は、ヨーロッパとアフリカのプレートが地中海でせめぎ合っていることに起因している。

古代にナポリ湾にあったギリシア人の都市、バエストゥムの港は、とうの昔に水面下に沈み、最近も、ニオ貝に覆われた神殿の柱が引き揚げられている。スカンディナヴィアの楯状地は、二万年前は厚さ二千ないし三千メートルの氷の下に押し潰されていたが、百年に一メートルの割で上昇してきている。したがって、ストックホルムの土地は、中世の間に約十メートルも上昇したことになる。

人間は、これらの現象に、直接には気づかない。しかし、その結果もたらされる影響については無関係ではありえない。スウェーデンのビルカは、かつてはヴァイキングの船が縦横に往来した主要な寄港地であったが、その入り江は二百年間で数珠繋ぎになった幾つもの湖となり、埠頭は露出し、水路は航行不能となった。

ヴェネツィアも、土地はゆっくりと沈下し、周囲のラグーナ〔潟〕は泥の堆積によって浅くなっている。土壌の石板状の構造はほとんど変わっていないが、表層部は土砂や生物の遺骸の堆積、また地下の複雑な変動によって変化している。

土地の起伏は、水の力で急速に生じることがある。フランスとイタリアの国境地帯の山容は、アルジャンティエール氷河によって大きく変わっている。ポー川流域の地形は、五八七年の大洪水で変わり、アディジェ川は北へ押しやられてアドリア海に近いところを流れるようになった。このとき、アディジェ川からミンチオ川が切り離されてポー川と合流し、そのポー川の河口自体、何キロも南に移った。

氷河や河川、海は、ひとりの人間の一生では無理としても、少なくとも何世代かでは、はっきりと見て取れる変化をもたらす。たとえばロット川〔訳注・ガロンヌ川の支流〕のカオールとデュラヴェルの間とか、サヴァ川〔訳注・ユーゴを流れる川〕のプロヴォとプロガルの間のように、蛇行部分が切り離された例や、土砂の堆積のために流れが本来の河床から逸れてしまった例もある。

ポー川やローヌ川の河口には、海中にデルタ状の土地ができた。北海に注ぐエスコー川は、その河口を北フランスのピカルディからベルギーのアントワープまで、さまざまに変えてきた。ロマンシュ川〔訳注・アルプスに発し、東南フランスを流れる〕は、一九一一年の洪水で土砂が堆積し、このため堰き止められてできた湖にブール・ドワザンの町が呑み込まれたが、さらに二十年後、この堰は、激流によって除去されている。

海に関していえば、うち寄せる波のために断崖は削られ〔セーヌ河口の東側海岸がそれである〕、森林は呑み込まれ〔八世紀にブルターニュ半島の北側付け根のサン・マロ湾沿岸、ドル・ド・ブルターニュの沼地がそれ〕、耕地や村落を呑み〔十一世紀から十二世紀のフランドルとオランダの海岸地帯の変容がそれ〕、あるいは、嵐や異常潮位で押し寄せた海水で、ひどく荒廃した例もある。

オランダでは、一一七七年から一二八七年にかけて、フレヴォ湖〔訳注・いまは陸地に入り込んだ部分が堤防によって切り離されてアイセル湖と呼ばれている〕に海水が侵入して、大きなゾイデル海が出来、かろうじてこれを海から隔てていた砂丘は寸断され、残った部分がテセル、フリーラント、テルスヘリング、アーメラントなどの島になったのだった。〔訳注・この島々とアイセル湖の間の海は、いまはワッデン海と呼ばれている。〕

沿海部分は、たえず変化した。フランスの大西洋岸では、近代の初めにも、ジロンド川にできた支流がメドックの地を一部分、切り離して島を作った。現在、グラーヴの岬やスーラックがある部分がそれである。ユーゴと接する北イタリアでも、イゾンツォ川からポー川の間の一帯には、かつてはアクィレイアやグラド、コマッキオ、コンコルディア、ヘラクレイアといった諸都市が栄えていたが、それが廃れて不毛の土地になってしまったのは、幾世紀にもわたる堆積で干潟が埋まってしまったためである。

同様の現象は、とくにリヴォルノ〔訳注・イタリア西海岸のピサの南方〕からイベリア半島のバルセロナにいたる地中海沿岸に広範に見られる。たとえばスペインとフランスの国境に近いアンプリアス、ルスキーノ、エーグ・モルト、そしてイタリアのルニ、ピサなどは、海自体が埋まったわけではないが、干潟が埋まってしまったため、海からかなり離れてしまった。

バルト海沿岸でも、ダンツィヒ（現在のグダニスク）とケーニヒスベルク（現在のカリーニングラード）の間の海岸湖は、堆積する砂州（いわゆるネールンゲン）のために消滅してしまった。海によって運ばれ、風によって形成された砂丘が後背地にまで侵入し、川を堰き止めて淡水湖を作り、南フランスのランド地方のように荒廃した土地にしてしまったのである。

気象の変動

こうした地域的な動きに加えて、地球的、さらには宇宙的な現象が影響を及ぼした可能性がある。それは、太陽の運行が関係したもので、太陽は銀河系のなかにあるが、この銀河系が暗黒空間を通過するときに、一時的に、その光と熱が弱められるのである。そのうえ、十ないし十一年ごとの太陽活動の活発化と連動して、非常に波長の短い紫外線が放射され、これが地上の高地での気圧に急激な異変を起こす。

太陽が放出する中性子や、宇宙線の核を構成している中性子の高エネルギー粒子は、もしも、それを捉えてヴァン・アレン帯と呼ばれるものに変えてくれる磁気帯がなかったならば、地上のあらゆる生き物を死に至らしめるであろう。これらの粒子が地表にまで達する量の多少は、地球磁場の強さと宇宙線の密度によって変動する。ところが、地球の電磁場は種々の要因によって影響されるし、中性子の量は、太陽からの放出量によって変わる。

この地場の強さは、中世の一〇〇〇年間で十二%下がったことが分かっている。しかし、中世末になってもまだ、現在よりも二十二%も上回っていたのである！

しかも、太陽活動の最大値と最小値も概略つきとめられており、もし、それがほぼ循環を繰り返しているとすれば（一一〇〇年から一三〇〇年の間は別にして）、M・ミランコヴィッチの計算によると、現代のそれとはかなり違っていたことになる。

すべてのデータが解明されているわけではないので、これ以上は立ち入らないが、このことから、中世の人々は、地球磁場の強さのため、今日の私たちほどたくさんの高エネルギー粒子を浴びていなかったこと、彼らが知っていた太陽は、私たちが知っているのとは同じではなかったということができる。

したがって、気候も、同じ緯度であっても、今日とは異なっており、しかも、時代によっても変動している。太陽が赤道付近の暖水塊に働きかける力も強く、そこから発するメキシコ湾流は、北極からの冷水の上を、今よりも高緯度まで流れていた。多分、近年の地球の自転速度の変化も、「コリオリの力」〔訳注・「回転力」と訳され、回転している物体に、その速度に比例して速度方向とは垂直に働く力〕に作用して、海流に影響を与えたのであろう。

いずれにせよ、中世の幾世紀かは、北極海からの流氷もさほど南下してこなかったので、ヴァイキングたちは、かなり容易にグリーンランドを経て、新大陸にまで到達し、そこで葡萄の木（？）や鮭を見つけることができたのだった。

それに加え、西ヨーロッパで優勢な偏西風も、これらの海面から暖かさと湿気を得ていたので、たとえばブリテン島やスカンディナヴィアは、この時代、現在よりも穏やかな気候に恵まれていた。

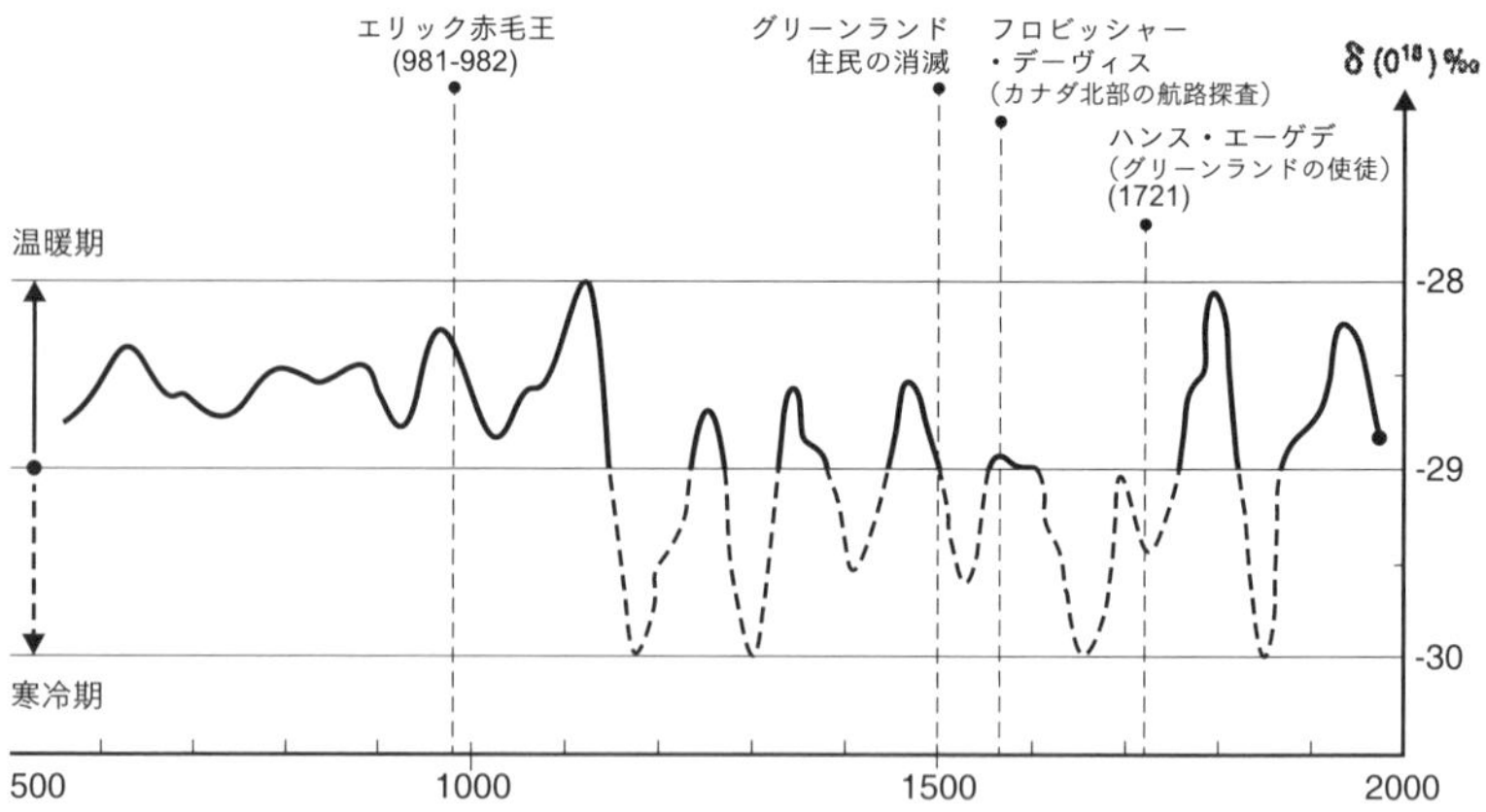

西暦500年以降の気候変動

他方、地球の回転とは反対方向に吹くジェット気流は、北極圏から温帯の中緯度付近にまで降りてきて、そのあたりの気候を極前線に近いものにするが、これも、気圧の急激な変化に敏感に反応する。

それが速度を増すと、遠心力によって赤道帯に近づき、その速さのために、ほとんど完全な環状になるため、気候のタイプは緯度によって定型化する。そうなると、西欧は寒冷化し、サイクロンが地中海を通り道としてここに湿気をもたらす。

反対に、ジェット気流の速度が落ちると、そのコースは北へ押し戻され、蛇行する。この場合は、西欧は温暖で湿潤になるだけでなく、同じ緯度でも経度によって気候が多様化する。冷気が張り出し暖気が後退しているところと、逆に、冷気が北へ引っ込んで暖気が迫り出すところとが生じるのである。

こうした異変によって、たとえば極前線と暖流が北上するため気候が温暖化し、海面の流氷群だけでなく陸地の氷河まで融けて、海水面が上昇、沿岸の低地が水没するといった重大な事態を招くことがある。このような気候の変化については、アルプス山地のフェルノー泥炭坑の調査でかなり正確に割り出されており、それに隣接したグリンデルヴァルト氷河〔訳註・ユングフラウの北〕が、温暖期にはどこまで後退し、寒冷化したときには、どこまで拡大したかが解明されている。

変動は今も続いており、その原因も、もたらされる結果も解明されている。これらの現象間には連関性があり、おおまかにいうと、海の変化に反映する。たとえば二十世紀に入ってから一九五〇年までを見ても、温暖化が進んで氷河は後退、海水面は年に一・二ミリ上昇を続けている。

中世においては、メロヴィング時代の七五〇年ごろまで小寒冷期であったが、その後、一二〇〇年ごろまで温暖期となり、この間にフランドルの平野とドル・ド・ブルターニュの沼地の海水による浸食が起きている。十三世紀には寒冷期に戻り、それが十四世紀半ばまで続く。その後、十八世紀までは、軽度の温暖期となっている。

植生

温暖期は、地域によっては乾燥期という特色を示した。極前線の曲がり具合から、非常に寒い冬になることもあった。そのような冬はセーヌ川もしばしば凍結した。厚い氷に覆われたライン河やローヌ川は、車でそのまま渡ることができた。凍った葡萄酒を斧で砕いて帽子に詰めて運んだ（一四七八年）とか、八七三年には、結氷のためフランケンの森〔訳注・南ドイツのマイン川流域〕に近づけなくなったなどという記録まで残されている。諸侯会議の書記は、インクが凍って羊皮紙に記録することができなかったと述べている。とはいえ、全般的には気候は、今日よりも若干よかった。

気象条件は環境のすべてを根本的に変える。気候が第一義的影響力をもっているのは植物に対してであるが、それを通じて、あらゆる生き物に影響し、人間の生活をも変えるからである。中世においては、西ヨーロッパの大部分が森に覆われていた。今日残っている森は、その断片にすぎず、メロヴィング時代の湿潤な気候で育まれていた森とは似ても似つかないものになってしまっている。

ところで、森は、その豊かさによって、逆に気象にも影響を及ぼす。とりわけ無数の葉から放出される水分は、大気の湿度を維持し、より豊かな降水をもたらし、外的条件に多少の変化が生じても、森が生き続けることを可能にする。その反対に、森は、火災や開墾、羊の放牧などによって破壊されると、よほど森林に適した土地以外では、自然には再生しない。

たとえば地中海周辺では、コルシカの標高の高いところは別にして、大部分が灌木が疎らに生えるだけの土地になってしまった。イベリア半島の森は、中世を通じて羊によって食い尽くされ、現に見られるような一面の草原になってしまった。同様に、オルレアンの森も、あまりにも痛めつけられたので、河川の水位までも下がってしまった。オート・プロヴァンスでは、森林が消滅したため渓谷地帯の表層土が流され、不毛の地となった。

活力に溢れ自力で再生している自然の森であっても、それを構成する樹種はかつてと同じではない。種類の異なる木々の間で絶え間ない戦いがあり、僅かな気象条件の違いが土壌に変化をもたらし、それが、植生の種類的優劣に影響する。私たちは、泥炭層で発見された花粉や、氷河や土中に埋もれていた木の幹などによって、過去にどのような緑のマントが西欧の大地を覆っていたかを知ることができる。そうした氷河の例としてはグリンデルヴァルトがあり、土中から発掘された例としては、ドルのシシーの森の化石樹木(couérons)がある。ここでは、前五〇〇〇年紀には榛が優勢であったが、急速に柏や楡科の木に取って代わられ、中世には、山毛欅《ぶな》とアカシデ、あるいは樅、針樅類に入れ替わった。フェルノーの泥炭坑の調査から、樺がどのように針樅科の木や欧州五葉松に圧迫され、取って代わられたかが明らかである。ドイツのローテス・モール(赤い沼)では、西暦八〇〇年以前は優勢を誇っていた山毛欅とアカシデが、西暦一〇〇〇年ごろからは樺と榛に包囲され、王座を譲っている。

フランドルの平野では、初期キリスト教時代に始まった海進によって、それまで繁茂していた樺とハンノキが枯れてしまう。オルレアンの森の栗の木が急速に後退を示すのは十二世紀のことである。プラタナスはカロリング時代には知られておらず、ポプラと同様、人間が意識して増やした樹種である。

ある種類の木から別の種類の木に自然発生的に優位が変動することは、きわめて重大な結果を惹き起こす。それによって土中から吸収される鉱物質も変わるし、とりわけ、落ち葉が分解されて形成する腐植土の質と厚みが樹種によって異なるからである。腐植土は広葉樹の森では豊かであるが、針葉樹林の場合は、唐松のように毎年落葉しても、針状の葉は肉付きも薄く量も少ないので、それが作る絨毯は厚みに欠ける。この違いは開墾して耕したときに一目瞭然である。

また、残された森に放す家畜の種類も違ってくる。豚は松かさよりも、ドングリや山毛欅の実、なにより栗を好む。下草も、優位を占める木の種類によって全く違ってくる。柏は豊かなお供を好むが、山毛欅はきわめて不寛容である。この下草によって、森に生息する草食動物が影響を受け、この草食動物を捕食する肉食動物、その肉食動物を餌とする超肉食獣の顔ぶれが変わってくる。

こうして、大地を覆っている植物の幕こそ、風景の基本的条件であり、重要な生態的要因として人間の繁栄も左右される。したがって、中世西欧の人々の生活を研究するうえで、北ヨーロッパと山岳地帯は樅やトウヒ（松科の常緑樹）に覆われているが、それ以外のほとんどは柏と山毛欅の広大な森の広がる世界であったことを、まず確認しておく必要がある。

動物相

しかし、忘れてならないことは、人間はこの森に働きかけ、全面的伐採か間伐の手法でかはともかく地域的に破壊し、意識してか無知からかは別にして、まったく別の種類の植物を植え直して、その構成を変えてきた。その結果、中世以後は、気象条件や生命サイクルによるのとは関係なく、自然の森と動物相に根本的な変容が生じた。

このことから、かつての西ヨーロッパの動物相は、今日の私たちが知っているのとは質的に少々異なっていたし、種類別の比率とそれぞれの種の個体数も、かなり違っていたことを知らなければならない。そのようになった必然的理由はたくさん挙げることができる。たとえば昆虫や爬虫類、両生類、鳥類は、環境・気象・植物相と緊密な関係にあり、これらが今とは違っていたのである。

生物分布の地域的特色も、もっとはっきりしていた。兎がブリテン島に見られたのは十二世紀ごろだけである。幾つかの種類が現れ、他の種類は消えたか、あるいは、まだ、よく分かっていない生物学的サイクルを辿った。

蝗は八七三年の大規模な侵入以後、西ヨーロッパの中心部には稀にしか姿を見せていない。しかし、南欧のスペインやイタリア、ルーマニアなどの地中海に近い地域や地中海諸島、さらに東方のロシア、ポーランド、ハンガリー、ドイツなどの地域では、その後もしばしば農作物が荒らされている。

黒色ねずみが増加したのは多分、十三世紀以後であるが、十八世紀には灰色ねずみに席を譲っている。十四世紀から十八世紀まで間欠的に起きて西欧の何千万人もの命を奪った恐ろしいペストの大流行をもたらした元凶が、この黒色ねずみの跋扈である。マラリアを媒介するハマダラ蚊は、地中海周辺の地殻変動でできた沼地が人口の減少で排水できず、しかも、気候の温暖化によって特に繁殖した。さまざまな獣疫も、原因は複雑だが、ある時期には幾つかの地域に広がり、野獣と家畜を問わず、大量の死をもたらした。

最後に、人間は、家畜や家禽を守るためとか、収穫物を食い荒らす齧歯類を駆除するためとか、動物の肉を食卓に供するための狩りとか、危険な野獣や毒蛇を退治するためとか、さまざまな理由を付けて、益獣も害獣も見境なしに殺してきた。そうした人間の行動がもたらした予期せぬ影響も付け加えておく必要がある。猛禽類を殺したために齧歯類が異常繁殖したり、ある種の昆虫を食べる鳥が増え、このためにある植物が繁茂する一方、別の植物がなくなった例もある。防御のためとはいえ、狼を駆逐したため猪が増えたり、蝮を駆除したため、ねずみが増殖したりした。

飼い猫がアフリカからヨーロッパに入ってきたのは、かなり古いが、それが中世末に広がったことも不都合な事態を生じた。というのは、飼い猫の中から野生に戻ったものが、もともとヨーロッパにいた野生の猫、いわゆる《大山猫 lynx》の害を増大させたのである。

また、漁の技術の改良や、池で魚の養殖が行われるようになったことで、川獺やミンクが減り、河川に住む動物たちの様相が質的に変わった。このように、中世にはどこにでもいた生き物たちのかなりの種類がヨーロッパから姿を消すか、または、非常に少なくなった例は枚挙に暇がない。

オーロック aurochs（urus）〔訳注・家畜牛の先祖と見られる野牛〕は、その最初の犠牲者で、十六世紀初めまではポーランドに何頭か生息していたが、あまりにも少なく珍しいので、ドイツ人たちはバイソンと混同したほどであった。ヘルベルシュタイン〔訳注・オーストリア人でロシア、ポーランドの大使を務めながら、見聞した各地の動物について記録を残している〕は、オーロックについて書いた最後の人であるが、彼は、牛に似て全身真っ黒だが、背中に白っぽい縞がある点が違っている、と書いている。しかし、西ヨーロッパでは、文学作品や狩猟手引き書にも滅多に触れられていないことから、すでに初期中世のころにはほとんど見られなくなっていたと考えられる。

家畜牛の先祖オーロック

反対に熊は、きわめてありふれた獣で、狩猟に秀でていたフォア伯、ガストン・フェビュスは一三八七年、熊の生態とその住んでいる場所、狩りの仕方などについて詳しく書いている。農民たち、まして山岳民たちは、この力持ちの大型獣が蜂蜜には目がなく、疑り深いがお人好しで、怒っているときも簡単に騙せることをよく知っていた。

熊が数を減らしたのは、とくに大領主たちの狩りの獲物にされたことによる。熊狩り用のマスティフ犬を飼い、熟練した腕で猪槍を振るうことができたのは、こうした領主たちだけであった。熊は、冬眠から醒めたばかりの時期は孤独で、がつがつしているくせに痩せて力も衰えて戦う力が弱まっているので、粘り強い相手には敵わなかった。

孤独な熊とは反対に、狼は群を作って集団で行動し、その力と狡猾さ、争い好きの性格、そして、人間と日常的に接触したことで、中世には際立っていた。ヨーロッパの森林はユーラシアの広人な《タイガ》の延長線上にあり、そこは、身軽で敏捷、数日間で何百キロも移動することができ、長く寒い冬も自在に動き回るこの獣の無尽蔵の貯蔵庫となっていた。ただし、ブリテン島だけは、海に隔てられていたため、中世を通じて狼はいなかった。

ついでながら、民間伝説では、狼は子供や女、老人を襲って食べる恐ろしい獣として語られ、狼男の話まで伝えられている。しかし、狩猟文学と民衆文学から集成された『イセングリヌス Ysengrinus』では、主人公の狼、イセングリンは、ことあるごとに茶化されている。一方で、猟師は、狼を力と知恵・勇気を備えた、優れた獣として称えてさえいる。

中世の文献を見ると、いかに狼が人々の日常生活に溶け込んでいたかが分かる。十三世紀末、ジェノヴァの近くで、同じ一日のうちに六匹の狼の子が見つかっている。ブルターニュ半島、オーヴェルニュ、シチリア、ましてやカンタブリア〔訳注・イベリア半島の北部〕、メセタ高地〔訳注・イベリア半島の中央部〕、ハルツ山脈〔訳注・ドイツ中央部〕などは、狼がたくさん生息する土地としてとくに有名であった。

しかし、狼はその行動範囲の広さから、思いがけない都市にも姿を見せた。一四二〇年には、パリの町なかに狼が迷い込んだことが記録されている。一四三八年にもパリ近郊に出没している。概して言えば、狼がこのように人里近くうろつき回り、家畜を襲ったりするのは、西欧社会が衰弱し田園が荒廃したときで、このことは十八世紀末にいたるまで変わらない。

狼が王者であるかぎり、それ以外の肉食獣たちは、活動を制限されて増えることができなかった。たとえば大山猫がそうで、その北方種はスカンディナヴィアとロシア、南方種はスペイン、イタリア、バルカン半島に、その生息圏を限られていた。もっとも、ピレネー山脈の北のベアルンや東南フランスのサヴォアでも、若干は見られた。これは、山猫についても同じである。

猪は、ガストン・フェビュスにいわせると「最強の獣」で、いたるところで見られた。しかし、狼が猪の子を好んで狙ったため、また、牙の一撃で命をも奪いかねないこの猛々しい猪狩りに無上の喜びを見出した領主たちによる頻繁な攻撃の前に、数は抑えられていた。猪の肉は食用としても好まれ、聖ルイ王の弟、アルフォンス・ド・ポワティエなどは、十字軍遠征に備えて二千頭の猪を殺させ塩漬け肉にしている。

これ以外にも、狐や穴熊から、雉、野兎、ノロ〔訳注・小型の鹿〕、野生の山羊、蟻や蜂にいたるまで、さまざまな生き物が、領主や農民の田園生活のなかで知られていた。その多くは、あまりにもありふれていて、二十世紀初めにいたるまでは大して注意を惹かなかった。しかし、ビーバーについては、すでにカロリング時代から、ドイツ以外の地域では稀になっていた。

まだ残っている問題がある。それは、この中世の動物たちは、現在見られるその子孫と較べて、力の強さや逞しさ、身体の大きさの点で優れていたかどうか、ということである。この答えを出すのはむずかしいが、生態学の幾つかの法則は、寒冷期や多湿期については、これを認めている。しかし、ポーランドやロシアで発掘された骨で見ると、必ずしも、そうとはいえない。

そして、羊や子牛など家畜動物の皮をもっぱら使う皮紙は、この問題には役に立たないにしても、毛皮については、何十万ものサンプルがあり、それによると、コエゾイタチ、エゾイタチ（オコジョ）、リスなどの小動物は現存のものとほぼ同じであるし、幾つかの森や荒野に住む獣も、今と昔でそれほど変わっていないことが確かである。

要するに、中世において、西ヨーロッパの環境で今と違っていたのは、その細部の色合いについてである。十三世紀以前は、厳しい冬もないわけではなかったが、概して、気温は若干暖かかった。森が至るところに広がっていたため、大気は湿度が高く、気温の烈しい変動が抑えられていた。そして、植物や動物の種の絶滅ということは、なかったか、あっても、わずかであった。

森は今よりずっと大きく広がっていて、そこには、家畜にとって有毒な植物もあれば、家畜や人間を襲う狼もたくさんいた。幾つかのタイプの広葉樹や針葉樹が広がっていたが、主役は柏と山毛欅で、これらに松が取って代わるのは、もっとあとのことである。

現在と根本的に違っているのは、このような環境に働きかけて利用したり、環境から身を守る手段を人間が少ししかもっていなかったこと、それでいて、人間は環境に直に接しており、依存度もずっと高かったことである。人々の日常生活の大部分を占めていたのは、未知の領域がまだまだ大きく、しばしば、恐るべき力をもってのしかかってくる自然というものに対する戦いであった。

人間の技術と環境

中世の人間は、実際には、幾つかの技術や道具をギリシア・ローマやゲルマンの古代から引き継いだおかげで、原始人ほど《環境世界》に対して非武装というわけではなかった。中世は、古代から受け継いだものの幾つかを改良したし、幾つかは新しく発明もした。しかし、忘れ去ったものも幾つかあるし、すべてがその分野で同じ効能をもっていたわけではなく、得られた結果も、性質が異なったり、相対的であったりする。

人間が持っている基本的切り札はつねに鉄と火であった。しかも、ゲルマン的方法で得られた鉄の質は、きわめて優れていた。このことは、メロヴィング時代の剣を分析した結果から言えることで、刀鍛冶たちは、炭素の含有量が〇・四%から〇・六%の硬質の鋼か、それより少し炭素含有量を落とし（〇・二一%）、軟鉄と融接できて非常に耐久性のある鋼を作っていた。浸炭窒化法（窒素によって鉄のなかへの炭素の融解温度が七二三度から五九〇度に下がる）で非常に柔軟な芯の上に被せることで刃の強靱さと耐久性を増大させたのである。

加えて、鉄など金属の生産は長い間、武器に充てられていたが、特に十一世紀からは樹木の伐採や木材・石材の加工器具、さらには長柄の鎌、半月鎌、犂、馬鍬など耕作用道具にも使われるようになる。それを可能にしたのは、鉄鉱石採掘技術の向上ではなく（採鉱は相変わらず露天掘りであった）、新しいタイプの炉が普及したことである。

カロリング時代以後、地面の上にかなり大きな溶解炉が作られ（その炉床が残っている）、卓越風による自然の送風か、あるいは水力鞴による人工の送風が行われている。この鞴の発明によって高温が得られるようになったことから、上質の金属がより多く生産されるようになっただけでなく、ガラス、煉瓦、陶器などの製造法が著しく改良された。

水のエネルギーを利用したものとしては、粉ひき船（トゥールーズ）、潮汐水車（ドーヴァーとアドゥル）、とくに河川沿いや堤防上に設けられた水車によるものなどがあるが、これらは中世でも一世紀から十三世紀までに実現した最も重要な進歩を示している。こうして、鉱石の破砕や鍛鉄用の撥ね落としハンマーを設置した水車とか、タン皮用・搾油用・モルト用・製紙用・麻打ち用・縮絨用・刃物研ぎ用などの水車がヨーロッパじゅうの河川沿いに設置された。

初期のころは、水車が数のうえでも断然多かったが、十一世紀にトレドで製粉用風車が作られたのを皮切りに、次第に風車が優位を占めるようになっていった。風車は、おそらくノルマン人たちが海風と帆船についての知識を素地に十二世紀ごろから独自の物を作り始め、それが発展してネーデルランドの干拓地で排水用に利用されたり、あらゆる国（とくに強い風が吹く地域）で製粉用に利用されていったのである。

このように、風や水のエネルギーが効率よく利用できるには、解決されなければならない技術的問題が一つあった。というのは、初期の時代は、棒を押して回す粉ひき臼や、ペダルを踏んで回す轆轤などがあったが、水平方向であれ垂直方向であれ、基本的には同じ回転運動を、ただ量的に変えるだけであった。ところ

十四世紀、ブルッへ（ブリュージュ）に現れたクレーン

が、中世に普及した水車や風車は、回転運動を上下の往復運動に変えたものである。

もっとも、回転運動を往復運動に転換する《カム軸》は、すでに前三世紀のアレクサンドリアのヘロンが知っていた。したがって中世の発明とはいえないにしても、少なくとも、広く知られるようになったのは中世の十一、十二世紀のことで、これが十五世紀には《クランク機構》として完成されることになる。

歯車を用いた伝導装置による減速の問題、圧搾機、巻き揚げ機あるいは種々の起重機についていえば、中世は古代の発明を引き継いだのであり、ただ、より耐久性のある材質を選び、より念入りに組み立てることによって効力を増大させたところに特色がある。

リス籠付きのクレーンは、十四世紀にブルッへ（ブリュージュ）に現れて人々の驚嘆の的になったが、すでに十三世紀には、圧搾機についてネジ式ジャッキとウィンチが考案されており、それが応用されている。ジャッキの原理そのものは古くから知られ、少なくとも弩に使われていた。それが鉄の生産量が増えたことによって、広範に応用されるようになったのである。

中世に最も広く使われたエネルギーは、やはり家畜と特に人間の労力であった。鍛冶屋とそのハンマー、樵とその斧、農民とその鍬、葡萄栽培者と負い籠、石工と《ころ》などは、動力源については初歩的レベルにあったことを証明している。ウィンチで動かし、リス籠に入れてクレーンで持ち上げ、船を曳き、滑車や梃子を操作するのも、人間がチームを作って力を合わせた。

しかし、これらの器具の効率を高めたのは、十三世紀に発明され、十四、十五世紀に普及した腰車（二輪車）や、全体を鉄製にはできないまでも鉄の箍《たが》でリムを補強した車輪の登場であった。

それに加えて、駄獣に重い物を載せたり引っぱらせるために、その力を効率よく出させるうえで実現された重要な発明がある。その一つは、初期中世から馬に蹄鉄を打つようになったことで、これによって土の道でも石ころ道でも、ずっとしっかり地面を蹴ることができ、疲れも少なくできるようになった。

もう一つは《牽引システム》の改良で、牛は角に懸けた軛《くびき》を頭で曳き、馬は肩に懸けた胸繋《むながい》で曳くようになったことである。これによって、それまでの頸に懸けた輪で曳くことによる窒息がなくなった。それとともに、幾頭かを同時に繋ぐ場合、横に並べるのでなく、縦に繋ぐことが可能になった。その効果は、輸送の分野によりも耕作面で現れ、開墾したばかりの堅く締まった土も、重い犂を入れて深く耕すことができるようになった。

他方、物資の輸送での大きな変革が水上輸送によって実現する。とくに積載量の大きい、幅広で船腹が丸みを帯びた新しいタイプの船が出現し、混成帆と船尾舵のおかげで、海上や大きな河川で、風や水流に逆らって航行できるようになった。

こうして、スカンディナヴィアのドラッカー船（drakkars）や古代以来の地中海のガレー船（galères）に替わって、大西洋の大型帆船（nefs）やガレアス船（galéasses）〔訳注・十六世紀から十八世紀にかけ地中海で活躍した戦闘用ガレー船〕とかフルク船（hourques）〔訳注・二本ないし三本マストのオランダの貨物用帆船〕、さらには、羅針盤と天体観測器・海図帳・太陽偏角表によって大洋でも針路を定めることのできるカラベル船（caravelles）〔訳注・コロンブスなどが用いた中型快速帆船〕などが主役となる。

技術についていえば、中世の初めは、ゲルマン人本来のものは活かされたが、古代ローマの技術は忘れられたため、進歩は遅々たるものであった。しかし、十一世紀以後、とくに十二世紀になると、急速に進み、人々の意識も変わる。経験主義的やり方は、科学的とまではいえないにしても理性による考案に次第に席を譲る。とくに知識の目覚ましい普及をもたらしたのが、十五世紀の重要な発明である印刷である。

しかし、今日と同じく、多くの努力が傾注されたのは、武器や戦争技術の効率性にかかわる分野に対してであった。飛び道具では、弓をより強力で正確に射ることができるようにした弩は、まだ狩りにも使えたが、ウィンチとバネと平衡錘を使った大規模な飛び道具（九世紀には《投石器trébuchet》、十一世紀には《射石器mangonneau》）はもっぱら戦争用の道具であった。この延長線上で、十四世紀初めには《大砲canon》が登場する。

人々は戦争目的以外の技術も進歩させることができたはずだが、そのためにカネをかける必要を認めなかったばかりか、あらゆる革新に背を向けた。領主たちは、たしかに水車を造ったり道路を改良したりしたが、それは、もっぱら領地収入を増やすためで、農民のための改良は必要最小限にとどめ、むしろ新技術の開発を阻止さえすることが多く、余剰分が出ても、非生産的な消費に振り向けることしか考えなかった。労力を節約し努力の効果を増大させるために機械の革新を考えたのは、社会から隔離して自給自足経済を営んでいた修道士たちだけであった。

このように、ほとんど《道具》の段階に停滞し、手作業の個人労働によって、自然の力と働きをもろに受けながら、体当たりで取り組んだのが中世の世界であった。自然に働きかけるその行動は、偏見と知識の乏しさ、道具の薄弱さから、注ぐ労力に釣り合う結果をもたらさなかった。

たしかに、漁や狩りによって自然界のさまざまな動物たちを利用したり倒したりしたが、そのための武器は、効果があやふやなものばかりである。農民たちは鳥や兎など齧歯類を捕らえるために網を仕掛けたり撃ったり、鮭やテンチ〔訳注・鯉科の魚〕、鱒、川カマス、鰻などの魚を捕るのに、網や梁《やな》、輪差《わさ》を川や沼に仕掛けたり、銛や三つ叉のヤスを使った。

大型の動物や俊足の獣を狩るには、かなりの投資を必要とし、それは騎士階級にしかできないことであった。そして、これらの投資の一部は、弩とか槍、また、特別に訓練された動物たち（馬や猟犬、鷹など）といったふうに、戦争にも役立つものであった。

家畜の飼育は、自然界の動物世界を後退させ、あるいは、その生態系を破壊した。森のなかで放し飼いされた牛や豚、水牛たちは野生の動物を圧迫したうえ、人々は羊や家禽を守るために鼬《いたち》や狐、狼を駆逐した。また、羊や山羊は木々の若芽を食べ尽くすことによって、森の植物系を破壊し、野生の草食獣の餌を減らした。

森は、人間による直接の攻撃でも傷めつけられた。木材ばかりでなく食用や油用として、キノコ、栗、ハシバミ、カサマツ、さらには柏や山毛欅《ぶな》などの実が採取された。蜂蜜も重要な森の恵みの一つであった。建築用資財について見ても、木材のほか、家の土台や壁、路肩の強化のための粗朶《そだ》は森から入手したし、暖房用の炭や薪も、森から得た。まさに、農民の経済は森によって支えられていた。

葉っぱのついた小枝は家畜の寝藁として使ったあと、酸性土を中和するため地中に埋められた。とくに広葉樹林は厚い腐植土の層に恵まれているので、盛んに開墾された。湿地も、排水して除草し、犂を入れると、穀物栽培に大変よい農地になった。こうした処女地に対する需要から、七、八世紀以降、森は次々と征服され、とくに十一世紀から十三世紀にかけての人口増大期には、広大な森が攻撃の対象となった。

それとともに、樹木を伐るための斧、たえず茂る藪や下草を刈るための鎌、切り倒した木を運べるだけの大きさに切断する鋸、根を切るための鉈、切り株を取り除き運ぶための複滑車巻き揚げ機、荷車などといったさまざまな道具類が作られ、開墾が進められた。この開墾運動が止まるのが十三世紀末で、それは、開墾しても、耕作技術が未熟で、得られた畑から収益をあげられなかったことによる。

他方、森の大規模な後退は、穀物の増産をもたらした半面、それまで薪取りや森のなかでの豚の放し飼いや狩りによって保たれていた農業経営のバランスを崩してしまった。十四世紀、ペストによって人口が激減すると、多くの開墾地が放棄され、森と藪がたちまち勢いを回復している。

しかも、フランスのオート・プロヴァンスや北イタリアなどでは、過度の森の破壊が取り返しのつかない損耗を招いたことがわかり、これ以上の侵食や山羊の放し飼いをやめさせようとする試みが行われた。その点、イングランドやフランス、ポーランドでは、王や領主たちの狩猟の楽しみのために、かなりの森が残されていた。

開拓事業は植物系の破壊とともに、もっと別のいろいろな重要な結果を生じていたが、それらは長い間、気づかれないでいた。それは、植物の種類の交代が加速されたことで、当座の必要のために巨木が目をつけられて伐り倒されたことから、あまり歓迎されない種類の木がのさばることになったのである。

この問題は、十二世紀にはすでに深刻な事態になっていた。これを物語るのがサン・ドニ大修道院の聖堂を建てたシュジェのエピソードである。彼は、聖堂の梁《はり》にするのに必要な大きな木材を求めて、人を遣わし捜させたが、どうしても見つからなかった。彼自身で森に分け入り、ついに条件を満たす巨木を見つけたときは、「神の奇蹟だ！」と叫んでいる。


森の大規模な開墾によって、たしかに何百万ヘクタールかの新しい農地が得られた。しかし、この乱雑な開墾は、地表を覆う植物の被膜を無秩序に破壊して水利圏を変え、その地方の気象と土壌、さらには、土地の起伏までも変容させてしまった。

そのうえ人間は、地理的条件そのものを変えて、これを積極的に利用しようとした。たとえば、河川や海に対する挑戦は、中世になされた最も大規模な事業である。ロワール川には、カロリング時代から巨大な堤が築かれているが、これは、十二世紀から十四世紀にわたったイタリアのテッシーノ川の掘削や、十三世紀のアッダ川、ポー川の改修によって完成したポー流域の整備よりも遙かに大きな事業である。

このポー川流域の整備と同じころ、ヴェネツィア人たちは、ヴェネツィア湾のラグーナが泥で埋まらないようにするため、ブレンタ川とピアーヴェ川を迂回させてアディージェ川に合流させている。

また、オランダ・フランドル海岸では、海進から保護するために巨大な堤防が築かれた。近年できたツィン湾は、石壁と、いったんは侵害されたが回復された干拓地とで囲まれている。

シャルルマーニュはダニューブ河とライン河を運河で結ぼうと考えた。この計画は中途で挫折したが、その痕跡は今も遺っている。これが、もっと都合のよい場所を選んで実現され、黒海のダニューブの河口から北海のライン河口にまで至る水路が完成したのは、十九世紀になってからのことである。

ハンザ同盟の諸都市は、一三九八年、バルト海のトラーフェ川と北海のエルベ川とをシュテクニッツ運河で結ぶことに成功している。これは、のちのキール運河の先輩である。

しかし、華々しさの点では劣るが、この分野で最終的に最も重要な仕事は、多くの湿地が水を抜いて耕地化され、また、ルーシヨンやシチリアにおけるように乾燥地の灌漑が行われ、さらに水力エネルギーの実用化が普及したことである。

それとともに、湿地帯には堤を建設し、河川には橋を架け、浅瀬を利用したり、山越えの峠道を選択したりして、道路が開かれた。中世の道は、しばしばローマ時代の道路を引き継いでいるにしても、ヨーロッパ各地に点在している見事な橋は、この時代にいかに大変な努力が注がれたかを示して余りある。

結局、私たちが目にしているようなヨーロッパの風景は、中世の絶え間ない労作業によって作り上げられたものであることは間違いない。まさに、それによって、自然のままの生態系の構造と動態は決定的に覆され、ヨーロッパの農耕システムによって取って代わられたのであった。

しかし、強調しておかなければならないのは、その地球的規模での回答が出るのは何世紀も経ってからであること、つまり、何百万もの人々がかよわい手道具で営々と作業した結果が、全体としてみると、大きな変革をもたらしたこと、その変化は、一人の人間の一生では捉えられるものではないこと、である。

西欧人の生命に深く力を吹き込んできたのは、けっして勝利の確実性ではなく、つねに結果を問いながら、敵対的あるいは反抗的な環境に立ち向かう弛みない戦いの意志である。そして、その関心の本質をなしていたのは、原始的な人々におけるのと同様、身体を守り養うため、住居と衣服・食糧の確保という基本的な問題を核に結晶した、攻撃的というより防御的なものであった。

住居

人々は、寒さと風、雨、暑熱などの自然の脅威と戦うため、さらには獣たちや夜の闇、他人の悪意のこもった視線から身を守るため、これまで幾世紀もの間やってきたように、家を造り、人工的な気候を確保しようとする。

森が優勢であることから、木が基本的素材である。丘の上に建てられた城塞についても、それは同じで、城は長い間、木造の塔であった。ヘースティングスの城は、十二世紀になってもまだ、木造であった。都市の家々も、少なくとも骨組は木造で、このため、頻繁に火災に遭った。農民の住まいにいたっては、幾つかの国では、木の幹や枝を組み合わせただけの「掘っ立て小屋」ともいうべき代物であった。

教会も、木造が多かった。木造の教会としては、ノルウェーの例が特によく知られているが、北西フランスのオンフルールにも、東方のカルパティア地方やヴェネツィアにも見ることができる。城塞の例では、ポーランドの《グロードgrod》が有名で、骨組もそれを補強している杭も、周りにめぐらした柵も、木である。

中世の家はいずれも、木材で骨組を作り、木の梁で垂木と屋根の野地板を支え、屋根は板葺きか藁葺きである。家具はもとより、家庭用道具のほとんども木製である。室内の暖房も、例外的に泥炭を燃やした地域があるが、ほとんどは薪である。領主館のマントルピースも、農民の家の暖炉も、ごく近いまわりだけが、なんとか暖かいという程度であった。

住居に使われた素材は、木以外のものもすべて、大地から得られた物であった。骨組の木を保護するためにタールが塗られることがあったが、これも木から得られた。火災に強くするため、粘土に細かく切った藁を混ぜた壁土で骨組まで覆った。

ときには、粘土を日乾しして火で焼いた煉瓦や瓦が使われた。しかし、そうした家が見られたのは、デンマークやハンザ諸都市、フランドルやトゥールーズなど豊かな都市だけで、木材よりも煉瓦が全体的に優勢になるのは、ずっと時代がくだって中世末になってからである。

切石積みの建物にいたっては、教会や記念建造物などの公共建築物や、城塞とか宮殿といった有力で金持ちの人々の建物に限られていた。それが一般化するのは、一つには森が減少したからでもあった。梁や骨組に限定してもなおかつ、使える木材が入手できなくなった地域では、石積みの上からモルタルや土で覆った。きわめて稀だが、木材や石材で作り、陶製や鉛製の部品で補った給水や排水の設備もある。

家の機能は、雨や雪から守ることにあるが、日光を遮ること、もっと広い言い方をすると、自然を遮断することも、家がもっている目的である。事実、開口部を非常に小さくしたのは必ずしも建築上の理由からばかりではなかった。農民の家は窓がないのが普通で、城の場合も部屋の大きさに比して小さい窓しか開けら

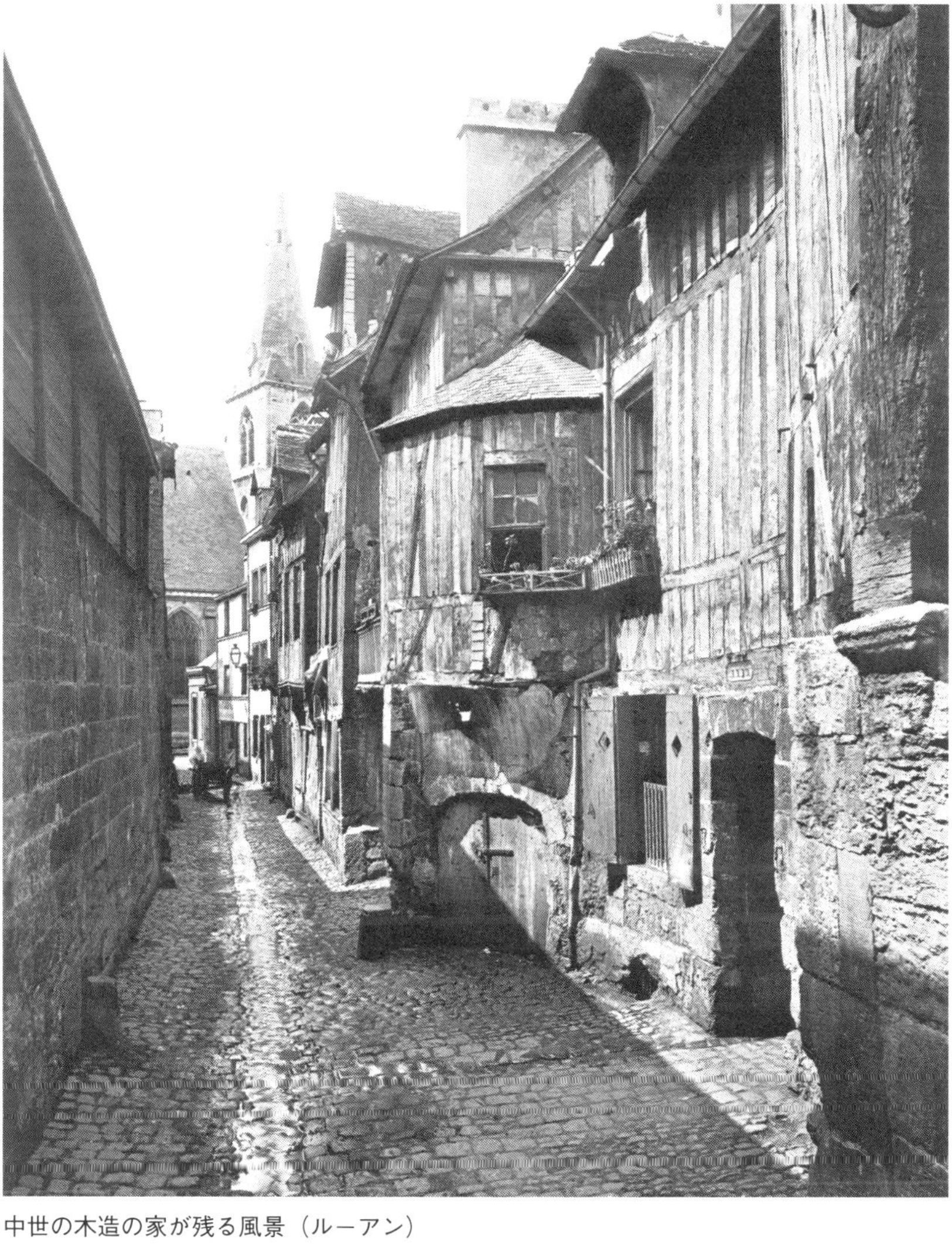

中世の木造の家が残る風景（ルーアン）

れていなかった。ロマネスク様式の教会堂、カテドラル、記念建造物の内部は、いずれもきわめて暗い。十三世紀を過ぎてようやく、特権階級の人々の住居や《神の家》つまり教会に限り、大きな窓が開けられ、より大量の光が採り入れられ、空の青さや木々の緑などの輝く色彩美が重視されるようになる。それまでの自然軽視に代わって、部分的にではあるが自然への愛が大事にされるようになるのである。

木であれ煉瓦や石で造ったものであれ、建物は、開口部を小さくし光を遮ると、夏の過度の暑さを防いでくれる。南方の国々では、白い漆喰で光を跳ね返させるとともに、家々を密集させて街路を薄暗い回廊のようにしていることが多い。

こうした家は、湿気や寒さから守るという点では、劣っていた。ガラスが普及していなかったので、小さいその窓は、せいぜい蠟引き布が張られているだけであるうえ、建物の木組みも隙間だらけで、絶えず外気が入り込んできた。凍りつくような壁土や敷石、床の土に直接触れるのを避けるために室内装飾用を兼ねて絨毯や壁布が使用されたが、それは、ごく少数の裕福な人々の家に限られ、暖房も一般に不備であった。

大型の暖炉が普及するのは十一世紀以後である。これは、地中海周辺の人々には充分であったブラセーロ〔訳注・スペインなどで用いられた火鉢〕に較べると、たしかに一歩前進であったが、金持ちのローマ人たちが住居に設置していた床暖房に較べると、かなり後退したものであった。

難儀は、領主も農民たちも同じであった。暖めようとすると煙が室内に充満し、暖炉の煙の吸い込みをよくすると、部屋の暖まり具合が悪くなった。連結暖房を備えた城よりも、藁葺きの小さな家のなかで、動物たちと身体をくっつけ合っているほうが凌ぎやすいくらいであった。幾人かの貴族や聖職者、ブルジョワたちの住居に見られる快適さの進歩を別にすると、中世人の住まいは、身分にかかわりなく、暗くて寒いのが普通であったといって過言ではない。

《寒さ》といっても、相対的であることはいうまでもない。豊かな自作農民たちの場合は、中世末期には、家もよくなり、屋内にいるかぎり、寒いということはなくなる。しかし、また、彼らと私たちを較べると、寒さの感じ方に違いはないにしても、中世の衣服は一般的に気温の変化に対してずっと強い保護力をもっていて、暖房は不備であっても、この衣服の特性によって、楽に過ごすことができた。

衣服

衣服はたくさんの機能をもっている。厳しい気候から身体を守るという機能は、多分、今では第一義的なものではない。しかし、十四世紀以前の中世ヨーロッパにおいては、男女、身分、貧富の違いを問わず、みんな一様に、長い衣服を身にまとっていた事実に注意しないわけにはいかない。

男は《ブレbraie》〔訳注・ゆったりしたズボン〕を穿き、上着も多少の機能性の違いで身分などの違いが見分けられただけである。労働者や騎士は行動しやすい短めのものにし、それぞれの道具や武器を身につけた。僧侶や貴族の金持ち連中と貧しい人々の違いは素材の種類で、豊かな連中が重くて豪奢なラシャとかランス産の繊細な毛織物、柔らかい絹といった高価な素材で出来た衣服をまとったのに対して、貧しい人々は、綿と毛の混じった粗目の布で作った衣服を着ていた。同様に、頭に被る物も、履き物も、時代と環境に応じて様々である。

しかし、その動機はどうであれ、同じように長いゆったりした衣服が用いられたことは、身体全体を包んで気候の厳しさから守ることを第一義としていたためである。しかも、季節によって着替えることはなく、夏でも冬でも同じ衣服で通した。

このことから、冬には、下にいろいろな衣服を重ね着し、間に空気の層を作ることによって熱が逃げるのを防いだと考えられる。外側に着る物には大概毛皮が裏地として付けられ、この毛皮が最も目立つ素材であるとともに、熱が逃げるのを防ぐ重要な働きをした。毛皮を付けると厚みは増えたが比較的軽く、防水性があって空気を逃がさないという利点があった。

最近の計算によると、毛が生えている面を外側にした毛皮でも、最も緻密に織られたラシャ地の二倍以上の保温力があることが分かっている。まして中世の人々は毛の面を内側にしたのであった！

別の面からいうと、毛皮は金持ちや権力者だけの専用ではなかった。山羊や羊の皮は粗織りの布に較べて、そう高いわけではなかったし、穴熊や狐を捕らえた猟師から、剝いだ毛皮をもらうことができた。黒貂やエゾ鼬、シベリア栗鼠となると、よほどの金持ちしか入手できない高価な品であったが、その特徴は美しさにあり、保温性はほとんど違わなかった。

いずれの場合も、中世の衣服が果たしていた第一の役割は防寒性にあり、したがって、いつも毛皮をまとっていた人にとっては、夏は暑かったし、それだけに、陽当たりのよい家は多分、好ましくはなかったと思われる。

毛皮つきの長い衣服を着ていたことについては、衣服のもっていた別の機能との関連が考えられる。それ

中世の人々の服装

は、羞恥心の問題、つまり性的タブーに関連するものである。古代において、《太陽神の娘たち》すなわちアポロン神殿の巫女たちは、白い衣を、それもかなり腕や肌を剝き出しにして着ていた。それに対して、中世の処女たちは、手先まで手袋で隠し、全身を毛皮で包んだ。しかも、布は普通、地味な暗色系に染められていた。

これは、ゲルマン的伝統というよりキリスト教の影響である。ごわごわした厚手の素材で、足の先まで隠れるほど長く、身体の線を隠してしまうこの中世の衣服は、男女の違いも、僧侶と王侯の区別もなく、すべての人を普遍的な家族として画一化する、いわばユニフォームであった。

身体にぴったり合った短い服が現れるのは、ペストの大流行をはじめとするさまざまな危機が続いた十四世紀以後のことである。ここではじめて男性と女性とのモードの相違が明確になるとともに、社会的・職業的区別も、素材面だけでなくフォルムに出てくる。ここには、人々の精神構造の深い変化が反映している。

このようにして洗練された段階では、衣服は、防寒だけでなく、身体を飾り、着る人の個性を際立たせるなど、多くの機能をもつようになる。形も色合いも、アクセサリーも素材も、念入りに意味を持たせられるようになる。豊かさと身分の高さが一目瞭然でなくてはならない。そのため、高位のエリートたちは、稀少で美しい貴金属や宝石の装飾品、贅沢な作りの衣服を身につけた。

要するに、住居についてと同じく、ここでもたくさんの位階が生じる。衣服は、複雑な社会学的事物であり、厳しい気候から身体を守ることは本質的機能でもなければ、まして、唯一の機能でもなく、多くの機能のなかの一つでしかなくなる。

食物

寒さや暑さとの真の戦いを担うのは、身体自体であり、基礎代謝である。それが基盤としているのは栄養摂取の機能である。

中世の基本的食事に関しては、食餌療法や美食の問題は別にして、少なくとも量的問題については、今日と比較することが可能である。もとより、当時は、コーヒーとか茶、チョコレートのようにアジアやアフリカから来たもの、とくに近代になって新大陸から来たトマトとジャガイモなどの茄子科植物、インゲン豆やトウモロコシなどは、知られていなかった。しかし、原則として食べることができた素材は、きわめて幅広く、多様性に富んでいた。

一般に糖質と炭水化物は特に小麦などの穀類によって補給された（米はほとんど知られていなかった）。麦の種類は非常に多く、緯度や土壌の質、気候によって、スペルト麦、ライ麦、小麦と、それらの混合種、黍、燕麦、大麦など、さまざまで、さらに、蕎麦もそれに加わった。これらを粥に煮たり、酵母菌を使ってビールに醸造したり、とくに粉にして焼いたパンは、食事の最も重要な基礎となった。

脂肪と蛋白質は、植物性か動物性かを問わずさまざまな食物から摂取した。脂肪に関しては、菜種油、けし油、亜麻油、オリーヴ油などの植物性油、バター、ラードなどの動物性脂肪、また蛋白質では、家禽、豚、羊などの家畜や、猪、あおさぎ、鴨、野兎などの野生の動物の肉、テンチ、鱒、鮭などの淡水魚、鱈、鰊などの塩水魚の肉が食べられたが、とくに四旬節そのほかの節制の時期には魚が不可欠であったから、需要に応じるため、生け簀や養魚場が各地にあった。中世末には、干物や塩漬けにした鰊がどこでも食べられている。

そのうえ、脂肪と蛋白質を補給する食物としては、レンズ豆や空豆、エンドウなどの豆類、ヘーゼル・ナッツ（ハシバミの実）、さらに栗などがあった。とりわけ、鶏卵は四旬節あけに食され（そのことから、風物詩となったのが復活祭の卵である）、チーズなどの乳製品は詩にも盛んに詠われた。

果物はまだ僅かだったが、その例外の一つがリンゴであった。これがインド・ヨーロッパ古来の果物であることは、フランス語でリンゴをさす「ポム pomme」が果物全般をさしたラテン語の「ポムス pomus」から来ていること、ドイツ語の「アップフェル Apfel」、英語の「アップル apple」、ロシア語の「ヤブロコ

Jabloko」、ケルト語の「アバッロ aballo」というように共通していることが証明している。

しかし、洋梨やマルメロ、胡桃、黒イチゴ、桃なども果樹園で作られるようになると、それらが、森で採取されたナナカマドの実、西洋カリン、スロー、あるいはイチゴ、スグリ、キイチゴといった野生の果物と一緒に食卓に供せられた。

野菜類では、にら、人参、アザミ、かぶら、大根、チシャ、キャベツ、レタス、クレッソン、アスパラガス、パセリ、タマネギ、エシャロットなどが知られていたが、実際に栽培されていたのは、まだ少なかった。シャルルマーニュの時代には、ヘンルーダ（匂いの強い薬草）、エゾヨモギキク、マルバトウキ（セリ科の植物）、アキギリ、トウバナ、イヌゴマなどが栽培され、食べられていた。

とくに十字軍時代にオリエントから持ち込まれたナツメヤシやピスタチオ、ナッツなどのエキゾチックな果物によって、上流階層の人々の献立はずいぶんと賑やかになり、胡椒やショウガ、シナモン、ナツメグ（ニクヅク）、丁子などを使った香料の効いたソースが使われるようになった。サフランは、イベリア半島のアラゴン地方の原産で、非常に広く利用された。しかし、あまり豊かでない人々にも使われた香料といえば、辛子とニンニクであった。

最後に、塩の消費量は、かなり多く、一人あたり、こんにちの二倍ほどに達した。理由は、塩漬けにするのが最も一般的な保存方法だったことにある。反対に、甘味の主役は蜂蜜で、砂糖も、中世の中頃には地中海沿岸地域では知られていたが、当初は薬として使われていた。

飲み物の基本は水であったが、都会のなかでは、飲料水を得ることはしばしば困難で、水売りは十九世紀にいたるまで、西欧の多くの都市の風物詩であり、水路の維持や水飲み場の管理は、都市当局にとって重要な業務の一つであった。ヴェネツィアが命脈を保つことができたのは、その複雑だが堅固な給水システムのおかげであった。各地の城塞の水事情は、もっと大変であった。攻囲戦では、しばしば水の補給路を絶ったり、貯水池に毒を入れて籠城側を苦しめる作戦がとられた。

水にもいろいろな種類があり、詳細に挙げて品定めした手引き書が残っている。最も上質なのは鉱泉で、次が雨水、川の水、泉、井戸で、最も悪いのが池の水である。煮沸すれば腐りにくいことが知られていたし、真水よりも、甘草根や蜂蜜、葡萄酒を混ぜた水のほうがよいとされていた。

十五世紀フランドルの裕福な家庭の食事風景

アルコール飲料は非常に広く用いられた。アルコールを含まない蒸留水が治療用に保存されたが、リンゴ酒のシードルは十一世紀のビスケー地方から始まって、一三世紀から十五世紀にはオージュ地方を中心にノルマンディ一帯に広まった。そのほか、ペリー酒（梨酒）、スロー酒、さくらんぼ酒、黒苺酒、蜂蜜酒などがあった。

とくに印欧人たちの遥かな昔以来、さまざまな穀類を発酵させて作ったビールやセルヴォワーズ〔訳注・古代ガリア人が好んだ大麦から作った酒〕がある。ビールは十一世紀以後、ドイツの幾つかの地方でホップで香りをつけるようになった。

葡萄酒は、十三世紀に修道士のジョフロワが七年ものについて記しているとはいえ、概して保存がむずかしかったが、キリスト教徒にとってパンとともに聖体拝領に欠かせない要素であったことから、どこでも需要は高かった。一般的にも葡萄酒は、身体を養い、消化を助け、体温を上げ、動脈を広げ、肝臓の鬱血を散らすなど、病気の予防、健康の回復に、また、頭を休め、心から悲しみを除き、思考を明晰にする、さらに生殖能力を高めるなどの効能があるとされていた。このため、葡萄は、中世にはイングランドも含めて、可能なかぎり至るところで栽培された。こうして、ヨーロッパじゅうで生産され消費されたワインの量は相当なものであったが、質となると、別である。

質の上で特に有名だったのは、ギリシア産の甘口の《マルヴォワジー malvoisie》、キプロス産の《シプリオット chypriote》、そして十三世紀には「あらゆるワインの勝者」と称えられた南フランス産の《グルナシュ grenache》がある。

そのほかにも、ブルゴーニュ地方のボーヌやオーセール、サン・プルサンといった特定の葡萄園の特級ワイン、ライン地方やアルザスのワイン、サンテミリオンの白ワイン、オルレアンの赤葡萄酒などがある。

しかし、葡萄酒について質を問題にしたのは、経済力をもち、石造りの家に住み、豪奢な衣服を身に纏った、限られた人々だけだったようである。そうした人々だけが、きょうの食事は猪の子にするか、野兎にするか、それとも鯉か鰻かなどと迷い、パテはプリーム〔訳注・鯉の一種〕のそれか、猪のしっぽのそれか、などと、同じ種類の肉や野菜でも、調理法にヴァラエティーをもたせることができたし、それに合わせて、ワインを選んだのだった。大部分を占める農民たちは、地方によっては、キャベツのスープを基本にした、ごく粗末な食事が精一杯で、葡萄酒の質など問題にもなりえなかった。

正真正銘のグルメは、王侯貴族や金持ちのブルジョワといった人々で、そこから残されたのが、シャルル六世（1380-1422）の料理長であったタイユヴァン〔訳注・本名はギヨーム・ティレル。1326-1395〕の料理書『ル・ヴィアンディエLe Viandier』である。この書は、その後絶えず書き写されて伝えられ、当時、どのように調理され、どんな味付けがされていたかを教えてくれる。その幾つかを再現する試みが行われたが、結果はひどい期待はずれであった。これは、味覚の好みが変わってしまったことの表れであろうと思われる。〔訳注・原著には、タイユヴァンのレシピの一例として、子牛肉のワイン煮が紹介されているが、ここでは省略させていただく。〕

五皿も六皿もから成る、たっぷりした量の料理を食べることができたのも、上記のような人々だけであった。当時のメニューの一つには、フルコースで六皿、二十四品というのが残っているが、そうしたメニューの一つを参考までに挙げておこう。

La Table（食卓）

Premier service（第一のサーヴィス）

Chapons au brouet de cannelle（去勢鶏の澄んだスープ　シナモン風味）

Poules aux herbes（雌鳥の香草風味）
Choux nouveaux et puis la venaison（新キャベツと狩猟肉）

Second service（第二のサーヴィス）
Rôt le meilleur（上等の焼き肉）
Paons au célereau（孔雀のセルロ添え）
Pâté de chapons（去勢鶏のパテ）
Levrault au vinaigre rosat et chapons au moutichan（兎の薔薇香酢風味と去勢鶏のムチシャン）

Troisième service（第三のサーヴィス）
Perdrix à la trimolette（山鶉のトリモレット）
Pigeons à l'étuvée（鳩の蒸し焼き）
Pâté de venaison（狩猟肉のパテ）
Gelées et lesches（ゼリーと肉の薄切り）

Quatrième service（第四のサーヴィス）
Four（焼き菓子）
Crème frite（クレーム・フリット）

Pâtés de poires（洋梨のパイ）
Amandes toutes sucrées（アーモンドの砂糖漬け）
Noix et poires crues（胡桃と生洋梨）

こうした記録は、グルメの起源と近代への歩みを研究している人にとっては、興味の尽きないところであろうし、地方色という点でも、教えるところが少なくないであろう。しかし、だからといって、もっと貧しい人々の食事の内容やその料理法、民衆の好み、地方色とその深い根といった問題も無視してはならない。栄養上の関心も、特定の環境と密接に結びついており、たとえば『秘密の秘密 le Secret des Secrets』という著作には、大食漢についての記述のなかに肝臓病や胃病のことが書かれている。そして、肝臓に効果的な物として、アロエ、樟脳、竜涎香、ミルテ、大黄、アラビア・ゴム、石榴、酸っぱいワインと野生の葡萄、レタス、菊チシャ、ルピナス、ウマノスズクサ、コロハ、オオバコ、カノコソウ、センペルピズム、ノロや雌鳥、山ウズラの肉、さらにアプサン〔苦ヨモギ〕、ハラタケ、コロシト〔訳注・西瓜の一種で種子が下痢に使われた〕、センナ〔訳注・緩下剤〕など、《とんでもない代物》もあった。

胃には、酸っぱいものか芳香性の物がよいとされた。酸っぱいワインに浸したパンのトーストとか、牝牛か野兎の焼き肉である。労働者の頑丈な胃には、成長した山羊、羊、牛の肉も結構。まして、生後六か月未満の豚や山羊なら文句無しである。成長した豚や子牛の肉は身体にはよいが、塩漬けにしたものや猪の肉は、身体の水分を奪い、食べ過ぎると、身体が鈍重になる。

中世の人々の食事に関わる基本的問題は、どんな物が美味とされ好まれたかよりも、消費量がどれほどで、どのような栄養比率になっていたか、である。

食物の基本をなしていたのが穀類であったことは間違いない。これは上流階級の人々においても、また、狩猟動物が豊富であったスウェーデンのような国においても同じで、食物の三分の二から四分の三を穀類が占めていた。栽培穀物の基本は小麦で、賦役を課せられたり給与で働く人たちは、まずパンで現物支給を受けた。そして、飢饉の際にまず起きたのは、小麦価格の高騰であった。中世文学を読むと、小麦の消費がいかに普遍的で量も多かったかが分かる。

中世のパン

とはいえ、これを数字で充分に明確化することは不可能である。一三二八年、フランスは、面積四二万平方キロで、世帯は三二〇万を数えた。フランスは高い山地が少なく、耕作可能な土地は、最大限まで開拓されていた。例外は、ジュラ、ヴォージュ、アルプス、そして、ピレネー山地のルーシヨン、ナヴァールなどであった。

この四二万平方キロの四分の一以上で小麦が耕作されていた可能性がある。これは、十九世紀初め、まだ中世以来の三圃式農法が行われていたころの比率で、しかも、私たちはズリヒャー・ファン・バートの研究のおかげで、播いた種に対する平均的収穫率は一対四・三で、一ヘクタール当たり六・四ヘクトリットルであったことが分かっている。

したがって、一〇〇〇万ヘクタールでは六四〇〇万ヘクトリットル、重さでいえば五一〇〇万キンタル（一キンタルは一〇〇キログラム）になる。しかも、これは少な目に見積もった値と考えられる。というのは、十八世紀のフランスでは、山地まで耕地は広げられ、J・トゥタンによると、生産量は一億ヘクトリットル（八〇〇〇万トン）に達していたからである。

三圃式農法ということからいうと、種子が播かれたのは一〇〇〇万ヘクタールの三分の二だけで、したがって、収穫量は十八世紀のそれの四二％、つまり三四〇〇万キンタルに過ぎなかったと考えるべきだろうか？

この計算によると、翌年の播種用の八六〇万キンタルを差し引き、しかも、輸出量や紛失分は無視したとして、三二〇〇万家族に二五〇〇万キンタルが配分されたことになる。これは、一家族当たり八キンタルということで、農民一家族が得たのは、一・五ヘクタールの畑からの収穫しかなかったことになり、これは非常に少ないようにみえる。しかし、一家族四、五人、しかも、年端の行かない子供が多かったことを考えると、フランスがその人口最適数を大きく超えていたときでも、成人ひとり当たりの小麦は一日六〇〇グラムになる。

現代先進国の成人の摂取カロリー、三〇〇〇カロリーに比肩しうるものだったとすると（もっとも、これはありそうにないが）、小麦一〇〇グラムの熱量は約三〇〇カロリーであるから、穀物だけで半分以上を満たしていたことになる。しかも、もっと許容可能な二五〇〇カロリーから二八〇〇カロリーとして計算すると、そして、乳飲み子の数を差し引くと、穀物によるカロリー補給率はもっと上がり、七〇ないし八〇％になる。

同様の推算はイングランドやイタリアについても可能で、そこから、中世人の栄養摂取においては、炭水化物が大きな部分を占めていたと結論できるわけである。

それだけ蛋白質の摂取は少なかったということだろうか？　実際には西欧人は、イスラム世界や極東にくらべると、よく肉を食べた。その傾向が強まったのは特に中世末からであるが、それ以前も、割合い多く食べたようである。四旬節や毎週金曜日、また《断食》が義務づけられた日すべてについて、肉を口にすることが禁じられていたことが、むしろ、その証拠である。

肉を食べることは不純で道徳的でないとされていたが、それでも、十四・十五世紀のドイツやイングランド、さらにスラヴ諸国について調べてみると、かなり肉食が一般化していたことが明らかである。

シュトラスブルク〔訳注・いまはフランスに入っているのでストラスブールであるが、中世のころはドイツ語圏だったので、シュトラスブルクとする〕のドミニコ会修道院で働いていた労働者は、一日あたり六〇〇から七〇〇グラムの肉を支給されていた。一三〇七年、オーデル河畔のフランクフルトでは、一人あたり年間、一〇〇キロの牛肉を消費している。一三九七年のベルリンでは、一日に一人あたり一・三キロの肉を食べている。牛や家禽の肉は、それほど脂っぽくなく、キロあたりの熱量は一六五〇から二〇六〇カロリーである。

フランスでは、豚や家禽、野生の鳥獣を多く消費していた農村は別にして、都市部については次のような数字が残っている。

パリでは、一三九四年に成牛三万〇三一六頭、子牛一万九六〇四頭、羊一〇万八五三二匹、豚三万〇七九四頭が殺されている。十五世紀半ばごろには、成牛一万二五〇〇頭、子牛二万六〇〇〇頭、羊は二〇万八〇〇〇匹、豚は三万一五〇〇頭が屠殺されている。しかし、十五万を超えていた住民数からいって、家禽と豚の加工品は多分、もっと多かったはずだが、その数字は出ていない。

十五世紀のカルパントラ〔訳注・アヴィニヨンの東方〕についての研究から、住民一人当たりの肉の消費量は、少なく見積もっても、年間二六キロで、とくに多かったのは、羊と牡牛で、豚については記されていないし、そのほかの蛋白源も除外されている。もっと別の研究では、この近くの地域で、肉の年間消費量は四〇から五〇キロという数字が出ている。

先の「二六キロ」というのは、一年三六五日の消費量というよりは、五十二回の日曜日に消費された量で、しかも、家禽や豚肉製品を加えると四〇キロになり、これは一日あたり一〇〇グラム以上、熱量にすると、ほぼ二〇〇カロリーに相当する。豚肉の加工品を考慮して計算すると、平均的な脂身を含んでいる場合は、一〇〇グラムで三八〇カロリー、非常に脂身が多い場合は五八〇カロリーになる。さらに、チーズ、卵、植物性蛋白を加えると、日々の食事での蛋白摂取量はかなりのものになる。

農民が一年に豚一頭を消費したとしよう（当時のカレンダーや絵によると、二頭ずつ屠殺するのが普通だったようであるが）。そうすると、この家族は、キロ当たり三八〇〇カロリーの肉を八〇から一〇〇キロ（熱量では三一万から三八万カロリー）、豚肉の加工品で四一〇〇カロリー、ラードで九〇〇〇カロリーを補給し、そのうえに兎などの小型獣、家禽類を食べていたことになる。

これで年間四〇万カロリーという消費量になるが、これを日割りにすると、一日平均一〇〇〇カロリーになる。しかし、家族四ないし五人としても、そのなかには何人かの子供がいたから、卵三個、二八〇カロリーはプラスされることになろう。

植物性油の消費は、そう多くなかったから、これは除外するとしても、成人については、飲み物で補給された熱量も考える必要がある。こんにちのワインはアルコール度も低いが、一リットルの熱量は五七五カロリーである。これを一日三リットル飲んだとすると一七〇〇カロリーは摂っていたことになる。ビールは通常、リットル当たりほぼ五二九カロリーである。しかし、中世においてはもっと軽かったから、二〇〇ないし三五〇カロリーであったと考えられる。パンにする穀物を削って回されたビールに対して、穀物栽培とは関係のない果樹園で栽培されたり森から採取された果物を利用して作られたシードルとかペリー酒がある。シードルの場合、リットルあたりの熱量は三四〇カロリーである。

要するに、中世の通常時の摂取熱量は、ざっと計算したところ、現在の先進国の約三〇〇〇カロリーに較べて、それほど劣るものではなかったことが分かる。裕福な貴族は六〇〇〇とか七〇〇〇カロリー、農民も充分な熱量を摂取していた。すなわち、六〇〇から七〇〇グラムの小麦に、八〇から一〇〇グラムの肉を食べ、それに加えて、卵二個（またはラード）、ワイン一リットルを摂っていたのである。

しばしば中世の農民の食糧事情の悪さが強調されることがあるが、もし、そんなに悪かったとしたら、西欧の人口が三世紀もの間増加しつづけたことの説明がつかなくなる。もっと具体的な例を挙げよう。

一二六八年のフランスで、ある夫婦が、食事と住まいについては不自由させないという条件で、ボーモン・ル・ロジェ修道院に自分の財産を託した。年毎に、衣服と暖炉用の薪を買うため三〇スゥを支給され、毎日、修道院で作られる白パン二個（重さは二キロで、五〇〇〇カロリーに相当）、卵を六個（五〇〇カロリー）、週三回は肉一皿（四〇〇ないし五〇〇カロリー）、ただし四旬節の間はニシン四匹（重さ四〇〇グラムで、四〇〇カロリー）、シードルまたはビールなどの飲み物一ガロン（四リットルで、ほぼ一三〇〇カロリー。ただし、強いビールの場合は二〇〇〇カロリー）を受け取った。これで合計七〇〇〇カロリーになり、しかも、野菜や季節の果物そのほかの特別な機会に出される御馳走（たとえば蜂蜜など）は含まれていないのである。

一三一二年、モントブール修道院の作男は、パン一個（二五〇〇カロリー）、卵六個（五〇〇カロリー）、またはは卵三個とチーズ四分の一（一〇〇グラム前後で三〇〇カロリー）、そして充分な飲み物（軽いビールで少なくとも七〇〇カロリー）を受け取っている。四旬節の時期には、ニシン三匹（三〇〇カロリー）、胡桃（一〇〇グラムで四〇〇カロリー）を受け取った。全部で、おそらく三五〇〇から四〇〇〇カロリーになる。

この献立は、修道士たちと同じだったのだろうか？　それとも作男が充分に働けるように、例外的に充実したものにしてくれたのだろうか？　一三一〇年のヴェネツィアの水夫に支給された食料について調べると、蛋白質一四・四％、脂肪性のもの一四・三％、炭水化物七一・三％という比率で、熱量合計は二九一五カロリーという数値が出ているが、ここから、なんらかの結論が引き出せるだろうか？

十二、十三世紀には、商業の発展に伴って、葡萄とか大青とかの特殊な作物を栽培したり、緬羊を飼育する農業地が現れるが、そうした地域は、穀物栽培を主にした地域に較べ経済的変動に左右されやすい。また、もっと不安定だったのが、中世末に発展した第二次産業に従事する職人たちが生活する都市であったことはいうまでもない。

たしかに、より高値で売れる産物に関心を寄せる農民たちの大部分は、自分で消費する小麦も作りはするが、それよりも、自分で自由に売れる分のことを重視した。他方、都会の職人たちも、多くは小さな菜園をもっていて、ひどい飢饉のときには助けになるようにしていた。

しかし、都会の労働者や貧しい人々は、多分、農民の生活水準を中心軸として、貴族や金持らとは対照をなす状態にあった。そして、この中心軸を三〇〇〇カロリーとすると、金持ちたちのそれが六〇〇〇ないし七〇〇〇にのぼったのに対し、貧しい人たちのそれは二〇〇〇あるいは、よくても二五〇〇以下だったのではないだろうか?

計算によると、十三世紀末のパリでは、おとな一人が食べていけるのに毎日、四パリ・ドゥニエかかった。豚一匹の値段が十二から十六スゥ(一スゥは十二ドゥニエ)で、小麦一キンタルが七から二十スゥであった。当時は最低賃金の制度はなかったから、労働者のなかには月収四十八スゥ以下という人もいた。彼らは、一日二十ドゥニエで生活していたことになる。

もし妻が働いていない場合、そしてたくさんの子供を抱えている場合、その二十ドゥニエのうち十二から十六ドゥニエは食費で消えていたはずである。もしも、ちょっとした気候異変で穀物の値段があがったりすると、たちまち飢えに陥った。西欧人の食事は、一般的に言えば、イスラム世界や極東地域に較べると肉の消費量が多かったものの、それでも食の中心は穀類にあり、脂肪の摂取量は少なく、新鮮な野菜や果物は不足しがちであったため、幾種類かのヴィタミンが欠乏しており、その日常の栄養摂取には二重の不均衡があった。

カロリーの点では不足していなくても摂取する栄養に欠陥があり、穀物収穫に依存していたので気候条件に左右される度合いが大きく、しかも、飢饉に備えて貯えるだけの余裕もなければ地域間あるいは国際的な交易を行う力もなかった。ここに、《アンシャン・レジーム》の危機の本質的要因があった。

小麦は、緯度的条件を中心とした要因(スカンディナヴィアは寒すぎるし、北アフリカは乾燥しすぎる)に左右されたが、そのほかにも、土壌の質や複雑な地域的条件によっても影響された。

イングランドに関して言えば、ウィンチェスター修道院の一二〇九年から一三五〇年までの時期の資産について、J・ティトウの研究があるが、それによると、イングランドで特に心配されたのは秋または冬の多湿であった。冬の寒さは厳しくても、秋冬から夏にかけて乾燥していれば、小麦の収穫はよかったからである。しかし、スカンディナヴィアでは、夏が涼しいと小麦は結実しなかったし、南イタリアでは、夏の乾燥しすぎが小麦を枯らすので恐れられた。

気候が温暖化した時代には、西欧は全般的に収穫に恵まれた。そういうときは気象の型が多様で、被害を受けている地域があっても、そこから遠くないところに豊作の地域があり、流通さえスムーズに行われれば飢饉を回避あるいは軽減することができたからである。たとえば、ハンザ諸都市の船で運ばれたドイツやポーランドの小麦により、ノルウェーの人々が飢饉から救われたということが何度も起きている。しかし、人々の命にかかわる物資の輸送も、商人たちの投機買いや、途中の道路の破壊、領主たちによる掠奪などによって、途絶したり、遅れてしまうことがしばしばあった。

他方、ジェット気流と極前線が曲がりくねり、気候が寒冷化したときには、広範な地域が凶作に見舞われる危険性が大きくなる。いずれの場合も、最初に影響を被るのは、都市住民である。穀物の値段が高騰し、量は不足する。一三一五年から一三一七年にかけ、フランドルのイーペルとブルッヘが飢饉に陥り、市民から多くの餓死者が出ているが、犠牲者はすべて貧しい階層の人々である。西欧人の生活は、このような飢饉に繰り返し脅かされた。

飢饉は餓死にまで至らなかった人々にも、栄養不足から、恐ろしい災いをもたらした。伝染病がそれで、こうしたとき、最初に犠牲になるのは、女、子供、老人といった弱者たちで、そのあと、強壮な人々からも犠牲が出る。権力者や金持ちにまで犠牲者が出るのは、最後の段階である。したがって、飢饉の危険はどこにもあったが、日常の食生活で穀物依存度が低い人々には、それだけ遅れてやってきた、と言うことができる。

たしかに、カロリング時代以後は、冬麦が凍結や根腐れでやられても、春麦の収穫がよければ災厄を軽減できるようになっていった。しかし、貧しい労働者の場合、日々の小麦の不足量がわずか一五〇グラムにすぎなかったとしても、その不足熱量四五〇カロリーを補充できなかったため、栄養失調になり、餓死したり病気にやられたりした。

住民の大部分は、正常時には栄養を補給されていたが、生存を脅かす危機は、頻繁に（周期的に、といってもよい）襲ってきた。西欧は、言われるほど「欠乏の妖怪が徘徊している」わけではないが（この言葉は、先見の明のある人々に、あの世とは別の未来への期待、現在だけによらない生というものを予想させる）、頻繁に飢饉に襲われた。

人口学的動態は、自然に対する働きかけ、つまり開墾事業や空間的整備、穀物生産量を左右したが、翻っては、それ自体、自然的条件によって左右された。それは、生理学的特殊性だけでなく、均衡の絶え間ない不安定さに脅かされ、寒さや湿度、そして、なによりも飢饉に打ち勝てるかどうかによって左右された。

中世人の身体的特徴

非常に重要で第一義的な問題が一つある。それは、要するに中世人は、現在のその子孫たち、少なくとも第一次大戦前の西欧の農民たちと肉体的に比肩しうるか、ということである。

二十世紀に入ってからの二、三世代についてみても、栄養事情や公衆衛生、衛生学的条件により、身長や体重にも、初潮年齢にも、大きな変動のあることが知られている。まして、中世と今日との間には、十五世代、二十世代、さらには五十世代という隔たりがある。そこには、はるかに深い多くの変化があるのではないだろうか?

残念ながら、それを知るための手がかりは、あまりにも少ない。現在の特に血清学上の与件を血液に関する地域的研究に当てはめて調べてみると、はるか遠い先史時代の昔から、人々の交流が盛んに行われていたことが明らかである。このことは、頭骸骨の研究によってもほぼ裏づけられているし、血液型や、クロマニョン人とかバスク人とかの種々の文化的区分けを基にした仮説によっても支持されている。

ときには、ずっと近年になって行われた意外な混血もある。現在のアイスランド人は、血液型からいうと、ノルウェー人よりもブリテン島北西部の人々に近く、イングランドでも東海岸の昔のデーンローあたりの人々はデンマーク人によく似ている。これは、中世の北欧人の移動の結果である。

歴史的な血液型の研究は、骨の残骸でも血液型を特定できる方法が確立されないかぎり、むずかしい。しかし、たとえばハンガリーでの骨の調査によって得られた成果には、現在の人間の血液型の地理的分布をもとに展開された些か冒険的な仮説よりは、ずっと満足できるものがある。

A型は天然痘に対して弱く、O型はペストに対して弱いという考察は、かなりの留保をつけたうえで、つぎのような推測を可能にしてくれる。すなわち、初期中世の天然痘のためにA型人口は減り、今日も西欧の多くの地域でそうであるように、O型人口が多数派になった。一三四八年のペスト大流行でO型の人々が多く犠牲になったが、B型が多かったハンガリー人は、ヨーロッパの他の地域に較べてずっと強い抵抗力を示した。

同様にして、劣性遺伝形質の研究は、明色系の眼や髪をもった人々についての仮説を立てさせてくれるし、そのほかの様々な方法で、現在の子孫から出発してその先祖に遡ることが可能である。

十九世紀に身長が足りないためにはねられたラングドック地方の兵役志願者を郡ごとに調べた結果、小柄で茶色の髪の人々が優勢を占めている地域と、中世にオーヴェルニュの出身または経由でやってきて定着した人々が優勢を占めている地域とがモザイクになっていることが判明した。

外面的特徴については、たとえばカエサルやタキトゥスのゲルマン人についての記述とか、写実的な絵によって、かなりよく分かっており、私たち現代人と違っているのは服装と髪型だけであるといってよいほどである。このことは、ナウムブルク〔訳注・ドイツ東南部〕の『ウタUtaの像』や聖ルイ王の肖像、ファン・エイクの『アルノルフィーニ』の妻のジョバンナ・チェナーミ、さらにルクレツィア・ボルジアなど、幾世紀にもわたって感動的な力と美と魅力を湛えている人物像を見れば、一目瞭然である。

〔訳注・ファン・エイクの『アルノルフィーニ』はルッカ出身の銀行家、ジョヴァンニ・デ・アッリゴ・アルノルフィーニとジョヴァンナ・チェナーミの結婚証明書的意味をもつ絵とされてきたが、実は、兄のジョヴァンニ・デ・ニコラオ・アルノルフィーニと妻、コスタンツァ・トレンタの絵で、コスタンツァは一四三三年に他界し、この絵はその翌年、一周忌の追悼のために制作された絵であるとされている。〕

それに加えて、身長や頭蓋骨の指数といった最も明確な身体的特徴を調べるために、私たちは科学的研究に耐えられる資料をもっている。なぜなら、ヨーロッパでは、ゲルマン的・キリスト教的慣習から、遺骸を火葬にしないで土葬にしてきたため、何百万という骸骨が残っているからで、時代さえ特定されれば、これらは貴重な情報を孕んでいる。

ここでも、問題はある。さまざまな残存物や発掘されたものがあるが、カロリング時代には異教的風習が消滅し、特徴的な遺物が遺体と一緒に埋葬されることがなくなったこと、他方、フッ素の増加と窒素の減少が明確に識別できるのは二千年以上経った古い骸骨に限られること、である。

五世紀から九世紀の間については、短頭系と長頭系の人々が辿った足跡とか、大柄なゲルマン人と小柄なモンゴル系フン人との分布状況、新石器時代以来の地中海人種の特徴、南フランスの墓地に見られるゲルマン人侵入者の数の実態、さらには、栄養状態の悪さや歯の骨粗の多さ、死者の年齢と性別といった種々の情報が得られる。しかし、それよりあとの時代については、体系的な研究はほとんどされていない。人骨による情報は、王侯や聖人たちなど限られた人々のものしかなく、しかも、そういった人たちの骨は、偽物であることも少なくないからである。

いずれにせよ、これ以後の時代については、人口構成に関する情報ぐらいしか得られなくなる。たとえば、考古学的調査によって、その村あるいは町に、どれくらいの家があり、各家には何人くらい住んでいたかといったこと、また、教会やその跡を調べることによって、全体の人口構成を推測したり（ただし、盛大な儀式でも、幼児や若い母親、年寄りなどが参列することは滅多になかったから曖昧さは残るが）、文書を調べることで財政事情を、さらに貴族や裕福な商人とかといった幾つかの階層の人々については、家系図によって調べることもできる。

婚姻と出産

処女（童貞）が礼賛され、独身を強制された聖職者がかなりの数を占めたにもかかわらず、宗教的・心理的理由から、婚姻率は高く、出産も増えた。結婚年齢はきわめて低く、裕福な家庭の娘たちは十四歳くらいで結婚させられ、多くの女性が二十歳そこそこの若さで、産褥熱のために死んでいった。

しかし、一般的に夫はかなり年長であることが多く、妻はまだ子供を産める年齢で寡婦になるケースも少なくなかった。男やもめの場合は再婚したが、女性の場合は、再婚はむずかしかった。こうして妊娠年齢の女性が少なかったことから、《ベビー・ブーム》といった現象は起こらず、とくに都市では、男が家庭を築くだけの財力をもつことが困難であったため、なおさら子供は少なかった。

加えて、婚外出産が罰せられたので、避妊や故意の流産もかなり広く行われていた。この点に関する精神的・心理的問題については、あとで触れることにしよう。

最後に、女性の一生のなかで、受胎可能な期間が、今とくらべて短かったことも無視できない。産褥熱による死や配偶者の若死にも多く、それに加えて、多分、初潮が今より遅かったからである。ノルウェーの娘たちの初潮年齢は、十九世紀の終わりごろには十三歳だったが、同じ世紀の初めには十七歳であった。もとより中世の女性全体についての研究などということは、とうてい不可能である。しかし、たとえばブランシュ・ド・カスティーユ（1188-1252）は十二歳で結婚（のちにルイ八世となる夫は、このとき十三歳）したが、第一子を産んだのは十八歳のときで、以後、十二人の子供を儲けている。彼女の息子の妻であるマルグリット・ド・プロヴァンス（1221-1295）は十三歳で輿入れし（夫のルイ九世つまり聖ルイは二十歳）、十九歳で第一子、以後、十一人の子供を産んでいる。

受胎休止期間は、授乳の結果起きる月経閉止のために増大するはずであるが、逆に狭まっている。その原因はさまざまだが、貴族の妻とか仕事をもつ女性の多くは、産んだ子を里子に出したからである。幼児死亡率が高かったので、乳母志願者はたくさんいた。前述の王妃たちも、十六か月から十九か月という間隔で出産している。

出生率は全般的にかなり高く、三五％ほどであったことが認められている。これは、現在のイラン農村部の五六％とか、女性の結婚年齢が低く、しかも幼児を早く離乳させて妊娠可能な時期の全てを大と過ごすような国の出生率には及ばないが、非常に高いことは確かである。

十五世紀のハンガリーは、夫婦は平均して十五年間結ばれ、子供はほぼ四人であった。九世紀初めのパリ盆地、サン・ジェルマン修道院領の農民たちの場合、産んで、親を助けられる年齢にまで育て上げた子供の数は二・五人から三人であった。

ともあれ、出生率の高さに応じて家族数が増えたわけではなく、栄養面や衛生面の事情、厄介な病気の発生と伝染を助長する諸条件のために、死亡率のほうも非常に高く、出生と死亡はほぼ均衡を保っていた。

伝染病

中世には、多くの伝染病が発生した。なかでも猛威を振るったのが、東方からやってきたペストである。これには二つのタイプがあり、一つは黒色ねずみについた蚤が媒介することによる「腺ペスト」、もう一つは肺炎を発症し、咳などをすると、その飛沫によって感染が広がる「肺ペスト」である。リンパ節が硬くなり膿をもつのが特徴で、感染者の六〇ないし八〇％が死亡。とくに流行の当初は一〇〇％が死んだ。

西暦五四〇年に流行したのは「腺ペスト」で、地中海周辺を皮切りに、九年から十二年周期で勢いを盛り返しながら、七五〇年まで続いた。それに対し、一三四七年に始まった二度目の流行は、「腺ペスト」と「肺ペスト」の両方で、一三七四年に再発、十五世紀はじめまで続き、いったん下火になったものの、十八世紀にいたるまで繰り返し再発している。

いずれの場合も終息の仕方は奇妙で、八世紀の終息は、コレラまたは偽結核（人間にとっては伝染性も緩慢で死ぬことはないが、齧歯類にとっては致死的な疾患）によって駆逐されたか、それとも、黒色ねずみが、もっと獰猛な灰色ねずみの繁殖で後退したことによると考えられている。

天然痘が西ヨーロッパに入ってきたのは、おそらく五七〇年ごろで、このときも恐るべき被害をもたらしたが、その後も、十字軍士によって何度も持ち込まれている。赤痢は、五八〇年から五八二年にかけて、ガリア全土に打撃を与えている。インフルエンザも、しばしば蔓延しており、しかも、今日のそれよりずっと強い毒性をもっていたようである。

粟粒熱は英国で一四八六年から一五五一年にかけて猛威を振るっており、発疹チフスは一四八七年にスペインのグラナダを中心に猖獗を極めた。五八〇年とか八五六年に各地に大きな被害を生じた伝染病はジフテリアと思われる。

これらの伝染病の流行は、農産物の不作による飢饉と結びついており、これに、たとえば船によってペスト菌の保菌者や、この菌をもつ蚤が寄生している黒色ねずみが入ってきたという偶発事が重なり、連鎖反応的に被害が拡大して、西欧の人口のかなりの部分が失われるという災厄になったのであった。

しかし、中世において人々の日常生活を最も深刻に脅かしたのは、風土的な病気であった。こうした病気の細菌は、毒性がさほど強くなく、命を奪うには至らないか、または、ゆっくりと奪う。その最も典型的な病気が「らい病」であるが、実際には疥癬のような皮膚病も「らい病」として扱われていた。

ただ、この病気に冒された人は、通常の社会生活から厳しく隔離され、閉ざされた世界のなかで次第に朽ちていった。そこに、この病気の悲劇性があった。とはいえ、例外がないわけではなく、十字軍でエルサレム王となったボードワンなどは、まったく自由に生活していた。

その流行には波があり、十二、十三世紀には、おそらく西欧人口の一ないし五%を占める広がりをみせたが、その後は急速に減少した。前述したように、原因としては、結核菌が「らい病」を媒介する生物の活動を妨げたため、と最近では考えられている。

しかしながら、広く伝染し多くの死者を出したとして「フティシー ftisie」とか「ラングォール languor」の名で記録されている病気が、はたして結核を指しているのか、そして、それらが流行した地域では「らい病」は下火になったかどうか、といったことは不明である。

そのほか「エクルエル écrouelles」という名で知られている瘰癧のような病気は、ランス大聖堂で聖別されたフランス国王にはこれを癒す力が具わっていると信じられていた。しかし、時代の経過とともに消滅していき、フランス大革命のあと復権したブルボン家のシャルル十世は、久しぶりにこの奇蹟の力を行使したのであった。

以上に付け加えて、栄養不足による「サン・ローランの火」(湿疹)や「サン・シルヴェストルの火」(丹毒)、逆に栄養過多による水腫、肥満症、痛風があるが、後者はルイ六世とかウィリアム征服王、ヘンリー二世といった特殊な立場の人々に限られていた。

五九〇年以後の記録に見られる「サン・タントワーヌの火」(壊疽性麦角中毒)は麦角病に冒されたライ麦を食べることによって起きるもので、身体がひどい麻痺に陥る。この病気は、九四五年のパリとランスでそうであったように、種々の伝染病の予兆となった。

多分、中世の西欧に最大の災いをもたらしたのは、第三世界が今もそうであるのと同じくマラリアであった。先進国がこの災厄から解放されたのは、キニーネ、クロロキニーネ、スルフォン、スルフォンアミド、ベンゼンヘキサクロリド、DDT、HCHなどの薬品ができ、また、沼地などの排水を徹底したり、魚を放流してボウフラを退治し、小鳥やトンボ、コウモリの活躍で蚊が駆逐されたことによる。

中世においては、とくに地中海沿岸地域では、マラリア熱のために「悲しげな目つきで、脚を重そうに曳きづっている」人々が恒常的に、しかも、たくさん見られた。とくに北方からやってきた人は、この「南方の悪い空気」にやられて、多くが死んでいった。ローマでは、ときには数日で何千もの人がこのマラリアで倒れたが、そのなかには、ローマに着いてまもない北方出身の枢機卿や法王や皇帝、ドイツ人の軍人、巡礼者がいた。

梅毒については、新大陸からもたらされたという説があるが、正確なことは分かっていない。ただ、十五世紀末に異常な毒性をもって猛威を振るったのが始まりであることは確かである。当初は罹患者数が膨大で、しかも、たちまち命を落とした。しかし、次第に劇的な威力は失われ、西欧文明の陰湿な風土的病気になっていった。

ペスト患者に対しては、その化膿した横根にカンタリス末〔ハンミョウという昆虫を乾燥させて作った粉末〕で湿布する治療法が施されたが、効き目はなかったようである。そうした治療師(fisiciens)が人々からも信用されていなかったことは民間伝承でも明らかで、モリエールは、そうした話を『ギオの聖書 la Bible Guiot』〔訳注・ギオは十二世紀末のクリュニー修道士で、これは当時の世相を風刺した書〕によって解釈している。

しかし、軽い症状の場合は、膿を吸い出したり瀉血したり、皮膚を焼くとか、煎じ薬で胃を洗浄したり、胆汁を抜き取ったり、さらには、食餌療法、蒸し風呂による発汗療法などが試みられた。そのなかには、それなりに有効なのもあった。

ボーヌの病院の光景を描いた絵

突如健康人を襲う事故に対しては、中世人も、そう無力でなかったことが、幾つもの傷を受けながら治癒した痕跡の見られる頭蓋骨がたくさんあることから分かる。矢尻や短刀の切っ先を引き抜き、傷口をワインや油で洗い、ときには固定膿瘍や焼灼法、開頭手術まで行われ、その幾つかは明らかに成功している。

尿を調べたり問診による診断も行われたし、精神的に力づけることも忘れられていない。しかし、これらの処方のなかには、ヒポクラテス学派に由来するまともなのとは別に、とんでもないインチキや迷信、山師的なやり方もたくさん見受けられる。しかも、広大な農村地帯には医者は少なく、治療師や魔術師、祈禱師が幅を利かせていた。中世社会を根底から特徴づけていたのは、自然治癒と生存競争であり、特別に頑健な人間でなければ、重い病気から逃れられるものではなかった。

とはいえ、大きな都市や修道院の傍らには、《救済院hospices》、《施療院hôpitaux》、《市立病院hôtels-Dieu》、《病院maisons-Dieu》が建てられていたこと、しばしば《らい病院la léproserie, le lazaret》も設けられていたことは、注目すべきであろう。これらは、キリスト教会または信徒たちの慈善事業として建てられ運営されたもので、一般的にいって、産科、病気治療、終末患者のホスピス、病気からのリハビリ、の四つのサーヴィスが行われていた。

まだ若い母親の場合と死んでいく人の場合以外は、一つのベッドに二、三人いっしょに寝かせられたが、衛生上の処置は厳格であった。入浴も頻繁に行われ、シーツは各人にあてがわれ、食事も適切であった。これらのことは、フィレンツェの捨て子養育院、ブルッへの聖ヨハネ施療院、ソワッソンの市立病院などの今も遺っている記録文書によって明らかである。

基本的には、これらの施設は、重い病気を治すためよりも、惨めな健康状態に陥っている貧しい人々に救済の手を無料で差し伸べるためのもので、その点では、伝染病の流行によるもの以外は、かなり多くの病人を救うことに成功した。

死亡率と平均寿命

しかし、こうした社会的努力にもかかわらず、死亡率は下がらなかった。とくに死亡率が高かったのは、誕生のときと幼児期、そして青春期であった。それを裏づける資料には事欠かないが、まず王たちについて見ると、先のブランシュ・ド・カスティーユは、産んだ子供十二人のうち、四人を出産とその直後に、三人を十三歳未満で亡くしている。マルグリット・ダンジュー〔訳注・ルネ・ダンジューの娘で英国王ヘンリー六世の妻。1430-1482〕の場合も、十一人の子供のうち五人が二十歳以前に死んでいる。

医学知識もなく衛生面でも栄養面でも不充分であった当時の社会で、しかも、妊婦や授乳中の女性たちも苛酷な労働に従事しなければならなかった低い身分の人々にあっては、死亡率は、さらに高かった。中世のハンガリーについての研究では、子供の死亡率は十一世紀から十四世紀まで、ほとんど変わっていない。発掘された骨の四〇%から四六%は、十四歳未満の子供のそれであり、しかも、数え切れないほどの乳幼児の死は、このなかに含まれていない。というのは、洗礼を受ける前に死んだ幼児は、小教区の墓地には埋葬されなかったからである。

丈夫で生まれても五歳に達する以前に死んだ子は、西欧全体で、おそらく三分の一に及んだ。十世紀から十四世紀までのハンガリーの農民の場合、平均寿命は二十八・七歳を超えていない。したがって、三十五歳を過ぎた場合は、すでに老人であり、ダゴベルト〔訳注・七世紀のメロヴィング王朝の王〕は三十六歳で亡くなったが、これは文句を言えない年齢であった。カペー王朝で六十歳を超えた人はおらず、シャルルマーニュ(742-814)やハプスブルクのルードルフ(1218-1291)が七十歳を超える寿命を全うしたのは、驚くべきことであった。しかしながら、人生のあらゆる苦難に遭いながら、八十歳台、九十歳台まで矍鑠と生きた人もいる。たとえば十五世紀初めのトスカーナには、七十五歳を超える人がたくさんいた。

このことの結果は、きわめて重要である。中世西欧の人々はみんな若かったということで、四五ないし五五%が二十歳未満の人々で占められていた。彼らは五歳から七歳という年齢で職業生活に入る。ドイツ人の大多数は、十三歳から十五歳で、その職業上の責任を担った。つまり、そうした年齢で王や領主になり、あるいは同業組合員、親方、農園主となり、結婚し、子供も儲けたのである。しかし、彼らが孫の顔を見られることは稀で、一家のなかに祖父母がいないことが、近現代の幾世代かと較べて、彼ら中世の子供たちに残酷な苦しみが押し被さった原因であったことも無視できない。

人間の死そのものが日常茶飯事であった。それは、しばしば突如としてやってきた。具合が悪くなって横になった子供が、数時間後には亡くなっていた。雲を突くような大男も、大酒を呑んで倒れたと思うと、二度と立たないことも珍しくなかった。陣痛で横になった女が、産褥熱で不帰の人となることは、しょっちゅうあることだった。

この世での未来には大した意味はなく、大事なことは死後の彼方にある。死が恐ろしいのは、それが苦しみを伴う場合であり、とくに伝染病の場合のように、異常に頻繁に起きるときである。人々が肉体の死を意識し、生を惜しむようになるのは、中世末のペスト大流行とその後遺症が拡散して以後のことである。

中世の千年間全体を見ると、ヨーロッパの人口は、非常にはっきりした一つの動向を示している。ローマ帝国の末期は人口減少が著しかった。そこに入り込んできたゲルマン人は、活動的で荒々しかったが、数の上では、ローマ人のせいぜい一〇％であった。六世紀には、地中海周辺を恐るべきペストが襲い、古典古代の世界をさらに衰弱させたが、その一方で、ガリア北方のゲルマン化した地域（ブリテン島、ライン河の東、ダニューブ河の北）では、非常に際立った興隆が見られる。それを特徴づけているのが、七世紀から八世紀にかけてのライン＝エルベ間一帯の開墾の進展であり、人口の増加である。カロリング帝国自体、そうした北方の興隆が生み出した結果の一つであった。

ノルマン人やサラセン人、ハンガリー人が、この人口増加を押し潰したなどというのは、妥当性を欠く。

というのは、彼ら（とくにハンガリー人）が惹き起した戦乱と虐殺によって、人口増加は一時的に足踏みしたかもしれないが、ノルマンディーやデーンローのデーン人に匹敵する、若さに満ちた頑健な人々が何百万人（おそらくハンガリー人だけで四〇万人に達した）も西欧キリスト教世界に編入してきたのである。そのあとも、ポーランドのスラヴ人たちのキリスト教化が行われてキリスト教世界は補強され、しかも、十三世紀にはモンゴル人の侵入がハンガリーとシレジアで食い止められたように、キリスト教世界の防衛にも貢献しているからである。

いずれにせよ、十一世紀以後の飛躍には目覚ましいものがあり、K・ベネットが概算的ながら割り出している数値は、これを裏づけている。そこには、エルベ河以東の土地への入植運動、ピレネーの彼方や地中海沿岸（ペロポネソス半島や聖地も含め）への進出、そして、ヨーロッパ各地での都市の発展と符節を合するものがある。彼によると、ヨーロッパの人口の推移は、つぎのようである。

一〇五〇年――四六〇〇万
一一〇〇年――四八〇〇万
一一五〇年――五〇〇〇万
一二〇〇年――六一〇〇万
一三〇〇年――七三〇〇万

ズリヒャー・ファン・バートは、つぎのような増加指数を出している。

一〇〇〇年〜一〇五〇年――一〇九・五
一〇五〇年〜一一〇〇年――一〇四・三
一一〇〇年〜一一五〇年――一〇四・二
一一五〇年〜一二〇〇年――一二二・〇
一二〇〇年〜一二五〇年――一一三・二
一二五〇年〜一三〇〇年――一〇五・八

イングランドだけについて見ると、八世紀には人口八〇万だったが、十一世紀末には一五〇万、十四世紀初めには三五〇万と増えている。J・ラッセルによると、フランスは、中世的な制約に縛られていた九世紀半ばには五〇〇万だったのが、十四世紀初めには一四〇〇万ないし一五〇〇万になっている。メッス一都市について見ると、九世紀には人口五〇〇〇だったのが、十三世紀には三万五〇〇〇と、七倍に増えている。

そのほか、五世紀にゼロから出発したヴェネツィアは、八一〇年にリアルト島だけで一〇万に達し、古代のフィエゾーレの町の麓に建設されたフィレンツェも、十四世紀には一〇万を超える都市になっている。

十四世紀には人口増加は緩やかになるが、停止するわけではない。人口過剰になった西欧は、慢性的な栄養不足になり、ちょっとした気候の変動が飢饉を引き起こし、貧しい人々は死に、大部分の人は体力が低下する。衰弱した身体器官は、それまで知られていなかった細菌に簡単にやられる。

一三四八年のペスト大流行は、黒色ねずみという新しい媒介基体に助けられて、おそらくヨーロッパの人口の三分の一を死に至らしめた。しかも、その後も、しばしば勢いを盛り返したため、ヨーロッパはイスパニアとかドイツ、イタリアの幾つかの地域以外は、十五世紀末にいたるまで、活気を回復することができなかった。まさに、六世紀と十四世紀の二つのペストの狭間に花開いたのがヨーロッパの中世だったといえる。

こうした物質的条件の全体、すなわち、たえず数と力を増大する人間によって烈しい攻撃を受け、そのため敵意を湛えた自然が、西欧人の環境に対する基本的態度を特徴づけてきた。

人々は非常に若かったので、今日の老人支配の文明からは理解できなくなっている反応を示した。冷酷で頑強な騎士たちが、すぐ泣くのである。彼らの年齢は十八歳から二十歳、ときには、それ以下である。熱狂的で、信じやすい。向こう見ずで乱暴極まりないかと思うと、たちまち意気消沈し、諦めきってしまう。繊細かと思うと、常軌を逸して傲岸である。

その変わり様は、私たちを戸惑わせる。感情は極端であり、その中核になっているのは《愛》と《憎しみ》で、なにかというと、ゲームあるいはゲーム的行動に走る。しかし、それが十二歳の小娘であり、十七歳の主婦、十四歳の王であることを考えれば、むしろ、いかに早熟であったかが理解されるであろう。

弱者は、その生まれ持った条件によって容赦なく除去され、生き残るのは、思慮深い人よりも、頑健な人間である。その結果、社会は、より健康で、より逞しく、より力と武勲を示したがり、戦いに備え、人生は戦いであると思っている人々によって占められることとなる。この戦いの感情は、知識人や聖職者によりも、騎士社会とか農民にとりわけ顕著である。

そこでは、文字に書いたものよりも、動作や仕草が大事にされ、有効性をもっている。甲冑を身につけ、首筋を剣の腹で打たれる騎士の叙任式、交渉決裂と決闘を示す、藁を折り手袋を投げる仕草。十字を切ること、手を交差させることは、神の前ではキリスト教徒として、君主の前では臣下として、忠実に仕える意志を表し、農民たちの取引きでは「よし、決まった！」を表す。

自然に抗いがたく左右され、食料事情は劣悪で、生活が不安定な世界にあって人々が夢見るのは、魔術のように自然が手なずけられ、欲しいものが自在に手に入る《桃源郷 Cocagne》である。

力のある人々は余剰によって、自分が他の連中とは違うことを見せつける。すなわち、たっぷりした食事、大きくて堅固な住まい、煌びやかで贅沢な衣装、光り輝く装身具、虚栄であり浪費である気前よさ等々である。栄養過多のため、絶えず鍛錬に励み、しばしば瀉血する必要がある。武器で傷を負うのも、この効果がある。彼らは、異常なヴァイタリティーと驚くような力をもち、性格は粗暴で、気質は《多血質 sanguin》である。

他方、食事にも事欠き、ときには有毒な植物まで口にせざるをえない、栄養事情の悪い人々は、かんたんに幻覚にとらわれ、動揺し恐怖に陥りやすい。自然を敵意をもつものとして恐れ、狼や盗賊が徘徊する、暗い闇に包まれた森に、不安の気持ちを駆り立てられる。このため、集団的結束と共同体への一体化に強く惹かれ、平和を保証してくれる秩序を受け入れやすい。

しかし、その単位は、森と沼地に囲まれた村落や血族小集団で、彼らは、そこに砦を築いて、ますます自己閉鎖的になり、近隣との絆はますます緩くなり、自給自足的生活になっていく。

しかしながら、人口が増大する一方で、飢饉や伝染病によって住民が激減する地域がある。そのため、余剰人口や生き残った人々の、人手不足の地域への移動が起きる。そして、街道でも畑でも、都市でも、さらには、領主の宮殿でも、絶え間ない人の流れと出会いが生じ、それが西欧世界を掻き混ぜ、一つに統合する。

こうして、同じ気候と太陽のリズムに従って生活し、同じ信仰と、この暴君的な自然を自分のために自分のまわりに創られたとする同じ自然観を共有する西欧世界が発酵し、成立していくのである。

第二章　精神構造と社会生活

中世の自然は、今日のそれとはずっと異なっており、人間に及ぼす影響も威圧的で、深く人々の生活を規定していたが、これまで、それ自体が考察されたことはあまりないし、体系的に研究されたこともない。たとえば農民がどのように収穫を増やそうとしたかといった部分的な研究とか、占星術者はある現象の様相をどう見たかといった特殊な研究に関連して、ごく粗雑なやり方で行われたにすぎない。

人間は、自然が自分と不可分に結びついているのを感じ、これを、神がその創造主であり構築者である宇宙の総体的・全体的視野のなかに組み入れて、自らをこの宇宙の中心であると考えた。今日まで残っているたくさんの文献や資料に見られる細部は、その観察の正確さはどうあれ、全てはこの全体的説明のなかに組み込まれなければならないし、そこで位置と意味とをもった。

自然は、古代の人々によって書かれ、宗教によって説かれた一つの別の実在の反映あるいは象徴であり、感覚で捉えうるのは、その仮面にほかならない。古代人の著作のなかでも基本的であると判断されたものが、シリア人、ユダヤ人、アラブ人たちの解釈と解説を経て、キリスト教の教父や初期中世の教会著述者たちによって選別・書写され、それが、説教師や告解師、伝道師といった、聖職者のなかでも最も無知な人々によって初歩的説明を施され、簡略版化して複写されて、信徒全員（ということは、すべての西欧人）に分かるように示され、とどのつまりは、文字を読めない人々のために、教会堂やカテドラルで、その比喩に富んだ光り輝く表現を与えられたのである。

自然を感覚的に捉えるのみで根本的には理解できず、その居丈高な力から自らを解放できないでいる精神構造の人は、全てを説明していると主張する宗教のもとに依存していくことになりやすい。この宗教は、自らが部分的に基盤を置いている古代の学問についても、完成された不動のもので、付け加えるべきものは何もないし、なにかを付け加えること自体、不可能であるとするのが普通である。

したがって、全員がキリスト教徒であるヨーロッパにおいては、日常の諸態度、いわゆる道徳や罪の問題、家庭生活や人間関係などが、この宗教の教える解釈と指示のもとに直接置かれた。その点でいえば、社会は神の先見の明を反映しており、すべての人は神によってその位置を与えられていることになる。

しかしながら、細部においては、キリスト教が利用し採り入れた古代文明の膨大な遺産のほかに、ゲルマンやガロ・ローマあるいはケルトの昔に遡る非常に多くの所作、伝承、風習、知識、迷信などが見出される。それらを同化し、今日まで伝えたのが《中世》なのである。

根底的にはキリスト教的でありながら、蛮族時代や古代の微かな記憶を鏤め、私たちにはとうてい真実とは思えないような信念を人生の糧とし、そこから物事を見ていたデカルト以前の人々の心情を、私たちはとっくに失ってしまっている。現代人が中世人のことを理解しがたい所以は、そこにある。

時間感覚

時間の推移と継続についてどのように理解するかは、空間についてのそれと同じ理由で根本的な問題であり、人間は最も早い時期から意識していたし、哲学者や神学者が関心を抱いた問題であった。トマス・アクィナスやアルベルトゥス・マグヌスのような人が深い神学的省察から述べている見方は、人々の日常生活の次元で役立つものではない。むしろ、ここで想起したいのは、西欧の大多数の人々がギリシア・ローマの古代人の時間観念を引き継いでいたことであり、それが二十世紀半ばにいたるまで、ヨーロッパの田舎の隅々で、人々によって継承されていることである。

実際問題として、時間に律動性を与えているのは太陽であり、短い単位でいえば昼と夜の交替、長い単位でいえば季節と年々歳々の循環的反復である。完璧で永遠なるもののこうした断片の継続は、本来、神に、したがって教会に属する。儀式祭礼は、年間の天文現象と符節を合わせて執り行われ、祈りは、昼夜のリズムにしたがって捧げられた。全西欧に緊密な網目のように配置された教会堂の鐘楼が二つの《アンジェラスの鐘》〔訳注・朝六時・昼・夕六時に行われた「お告げの祈り」のために鳴らされた鐘で、特に夕方の鐘は《晩鐘》として知られる〕に挟まれた一日の基本的区切りを報せたのは、この祈りのためにほかならない。

時間を計測するための知識は、最も初歩的なものさえ、聖職者によって独占され、一般の人は、ごく大雑

1483年の砂時計

十四世紀の機械式時計

シャルトルの「天使の日時計」

把に、太陽が最も高い位置にあるときに「正午」を知ることができただけであった。聖職者の時間の測り方は、ローマ人の習慣に倣って、昼間と夜間それぞれを分割するやり方であった。

昼間については、

日の出――第一時（prime）

正午――第六時（sixte）

日没――第十二時（vêpres）

の三つが基本で、日の出と正午のちょうど中間を「第三時（tierce）」、正午と日没の中間を「第九時（none）」とする。

夜間については、日没を「第一時」として真夜中が「第六時」となるわけであるが、その中間の「第三時」に一日の最後の祈りである「終課（complies）」が行われ、真夜中の「第六時」には一日の最初の勤行である「朝課（matines）」が行われる。そのあと、夜明け前の「第九時」に行われるのが「讃課（laudes）」である。

これらの各時は、昼間のそれも夜間のそれもきわめておおまかで、六十分をもってする今日の一時間とは異なる。しかも、春分と秋分以外は、昼間と夜間との長さが違っている。もとより緯度によって様々だが、冬至のときの昼間の時間は六時間から八時間、つまり三百六十分から四百八十分で、それを十二時間に分けるのであるから、三十分から四十分が一時間ということになる。逆に、夏至のときは、昼間時間が十六ないし十八時間であるから、各一時間は八十分ないし九十分になるわけである。

春分・秋分と夏至・冬至に挟まれた期間は、時間はだんだん長くなるか、または短くなっていく。各時間の長さがおよそのところで等しいのは、同じ一日のなかでのことであり、この現象は、十一世紀から十六世紀にかけて有名であったシャルトルの『天使の日時計ange au cadran』のような、今日に残っている日時計を見ることによって具体的に確認することができる。

その仕組みは、いうまでもないことだが、地軸の向きに設置された文字盤に対して垂直に棒が立てられ、その影が観測あるいは計算して刻まれた線の上にさしかかるのを見て、時刻を知るのである。これらの線のうち、真ん中のそれが正午で、左側に五本、右側に六本、放射状に線が引かれていて、そこに「1」から「12」まで数字が付されている。その一番は日の出つまり「第一時」の終わりに対応しており、最後の十二番は日没に対応している。線同士の間隔は次第に広くなっていて、時間の長さが昼間の長さにしたがって不均等であることを考慮したものになっている。

夜間や、昼間でも太陽が照っていないときのためには、別のシステムを用いる必要があった。夜間用としては、星座（十二宮）と星の位置で時刻を割り出せるようにした珍しいのがあるが、季節によって、まったくずれてしまった。そこで広く用いられたのが、長さと太さを揃えて、燃焼時間を均一にした蠟燭を灯しつづけていくやり方で、一夜に少なくとも三本は必要であった。

また、砂時計も用いられた。二つの鐘状のガラス容器を細い通路でつなぎ、重力によって上の容器から砂が規則正しく下の容器に移っていくようにしたものである。同じ原理で、砂の代わりに水を使った水時計も利用された。いずれも、流出量をコンスタントにするには、ガラス容器を上方へ朝顔型に広がった形にしなければならないが、これを経験に基づくやり方で定めるのはきわめて困難であった。

教会は、これらの時計によって時刻を割り出し、それを鐘によって報せていたが、どの種類の仕掛けを使うかによってずいぶん違ったし、不均等はまぬかれなかった。とはいえ、大部分の人は、そんなことは気にも留めないで、教会が報せる時刻と祭礼に関連して告示される暦によって生活していた。この教会の時間が領主や権力者たちの時間でもあり、封建領地の年貢の納入や軍勢の出陣もこのリズムにしたがって行われた。人々は厳密さなどということは気にもしなかったし、急ぐことも心配することもしなかった。

たしかに、農民たちは時間について漠然たる関心しかもっていなかった。年齢も知ろうとしなかったし、過ぎた年月を数えることもなく、厳密な時間を決めたり、明確な時間労働に従おうということもなかった。しかし、こうした時間に対する無関心を《曖昧》と同じだと勘違いしてはならない。

ジャック・ル・ゴフは、雄鶏が鬨を作らなくなったので途方に暮れた農民たちが、司祭に奇蹟を起こしてくれるよう懇願しに行ったというエピソードを紹介している。こういう場合、農民たちはどのようにして時間を知ったのだろうか？　現代には無くなってしまっているが、当時の農民社会には、そのためのさまざまな目印があった。

中世も末になると、知的成熟とあいまって発展した産業・商業都市に、それまでの聖職者のために時刻を告げた鐘楼に代わって、機械時計が報せる普遍的時間が登場する。合理的で都市的・世俗的なこの《時間》は、天体の運行を基準にしたもので、多分、商人たちの要請のもとに生まれた。

こうした《時間》は、旅行の準備をし、取引の清算を行い、為替の利益を計算しなければならない商人たちにとってこそ、価値をもった。ついで、労働者たちの誤魔化しを防ぎたいと考えた市政の当局者や親方も、これに同調した。最初の近代的な時計が、教会の塔よりも都市の役所の塔を飾ったのは、けっして偶然ではない。

しかしながら、この新しい時間計測法が西欧の世界で勝利を収め、とりわけ、農民大衆や一般の人々の間にそれを受け入れて正確に時に合わせて行動する習慣が定着するには、なお多くの世紀が必要であった。人々は、未来や過去といった時間的な問題を自分の言葉でどのように表現するかを学ぶにつれて、この近代的な時間計測法のもつ重要性を納得していったのである。

とくに田舎では、太陽の動きと季節の循環が拠り所となっていたので、都会と同じ時間が採用されたとしても、人々の時間感覚の発達は緩慢で、二十世紀初めになっても、農民は中世的な時間に従うのを好んだ。

朝、人々は日の出の少し前に、教会の鐘の音か鶏の鬨の声で目を覚まし、夜明けとともに仕事の準備をする。十字を切って祈りの言葉を早口に唱えると、シャツを着てズボンを穿き、靴を履いて身なりを整える。それから大急ぎで顔と手を洗う。服を着てしまっているので、洗い方は至極簡単である。

『秘密の秘密』によると、夏は冷たい水で手足を洗い、木の葉を嚙み砕いて歯と歯茎をこする。ごく稀に、アロエか大黄を基にした練り薬を塗りつけるなどした（これは胆汁を除去する働きがあるとされ、そのまま呑み込んだ）が、それは、時間のゆとりがある場合で、滅多にしなかった。

貴族や聖職者は時間に厳格だった。朝早くから、その身分ゆえの多くの義務があった。ひと段落ついたところで第三時（ほぼ午前九時）に軽い食事か、または、朝食がすでに消化されているので、つなぎとして軽食を摂った。

都市で生活するある人々は、居酒屋へ行って、一杯ひっかけ元気をつけた。それから正午に昼食を摂り、時間の長さはまちまちだが、昼休みをとった。農民や職人は、昼食を済ませると、すぐ仕事に戻った。

領主たちの場合は、アントルメ entremets〔訳注・デザートとして出される甘い物〕を摂ったり、《シエスタ sieste》（午睡）をとりにいったり、遊戯をしたり、狩りに出かけたりした。

聖職者の場合は、休息をとるか瞑想をした。修道士たちは、四旬節の時期は昼食抜きになるので、激しい空腹のため、普通は午後三時ごろに行う《九時課 none》とそのあとの食事を待ちかねて、繰り上げて行うようになっていた。近代英語で正午を「noon」、午後を「afternoon」というのは、その名残である。

日が暮れて、《晩禱 vêpres》の鐘が鳴らされると、いっさいの職業的活動は停止される。農民とその役獣にとっては、夜の帳がおりると何もみえなくなるから、家に帰るしかなかった。職人たちも、みんなから見えるところで仕事をすることが義務づけられていたのに加え、暗くては手許も怪しくなるから、当然、店を閉めてしまう。

当時、照明には樹脂を燃やす松明や、植物油のランプ、動物性脂で作った蠟燭も用いられたが、大部分の家庭では、炉の薪の炎が灯りを兼ねていた。芳香のある蜜蠟の蠟燭は、高価で、金持ちしか使えなかった。

照明が不充分なため、夜なべ仕事は短時間しか行われず、夕食さえ、そそくさと済ませた。

こうして、修道院などで《終課complies》が行われた夜九時まえには、一般俗人は、明日のために熾き火だけ残して、火はすべて消し、家族全員がベッドあるいは藁布団に潜り込んだ。家族は、素っ裸になって、一つの大きなベッドに一緒に眠った。これは、豊かな人々の場合も同じで、領主や聖職者も、寝巻きなどはなく、裸の身体を、シーツの間か掛け布団の下に滑り込ませた。

ただ、三時間ごとにお祈りのために起きなければならない修道士や修道女の場合は、少なくとも部分的に衣服を着けたまま休んだし、ベッドも個人個人のを持つことが許されていた。

暦と祝祭日

キリスト教的西欧にあっては、一日のなかでの時間と同様、一年のなかでの時間の移り変わりも教会によって組み立てられていた。キリスト教以前からの異教的・民衆的祭典の多くも、大なり小なり変形されてキリスト教に役立つように調整された。冬至を中心に、「キリストの誕生日（クリスマス）Noël」（十二月二十五日）、「キリスト割礼の日Circoncision」（一月一日）、「御公現の日Epiphanie」（一月六日）、「キリストの洗礼」（一月十三日）といった大きな祭典が行われた。

その前の「待降節Avent」（訳注・クリスマス前の四週間）の期間は、月・水・金曜日は断食をするのが慣習であった。それ以外の祭に関しては、地方によってまちまちだったが、農村地域では、「四旬節Carême」前の時期にとくに集中している。

二月二日の「蠟燭祝別の日Chandeleur」〔訳注・「聖母お清めの日」ともいう〕は、クレープと大蠟燭で祝う。「灰の水曜日mercredi des Cendres」〔訳注・「復活祭」の四十六日前で、「四旬節」の始まり〕では、信者たちは祝別された灰で額に十字を描いて、自らの身体の未来の運命を示す。そして、「四旬節」中日と各日曜日以外は四十日間にわたる〈肉絶ち〉をしながら、《聖週間》を迎える。

三月二十五日には「受胎告知Annonciation」が祝われ、「花の復活祭Pâques fleuries」すなわち、イエスのエルサレム入城を記念する「枝の主日Rameaux」〔訳注・復活祭前の日曜日〕、貧しい人々十二人を招いて御馳走する「聖木曜日」、キリスト受難の「聖金曜日」（以後三日間はいっさい鐘は鳴らさない）と続いて、いよいよキリストの復活を祝う「復活祭Pâques」となる。これで断食は終わって、人々は卵を配り春を祝うのである。

〔訳注・この一連の行事の核である「復活祭」の日取りは春分後の最初の満月の次の日曜日で、三月二十二日から四月二十五日の間を移動する。〕

このあとは、復活祭から四十日後の「キリスト昇天祭Ascension」を中心に、その三日前の「豊作祈願祭Rogations」、復活祭から五十日後の「聖霊降臨祭Pentecôte」（使徒たちの上に聖霊が降りたことを祝う）が行われた。「聖体の祝日Fête-Dieu」が導入されたのは十三世紀のことである。これらは、豊作の祈りと巡礼と騎馬試合、戦争と大市の時期であり、また、愛の季節でもあった。

夏と農作業の始まりを告げるのが「聖ヨハネ祭」（六月二十四日）である。これから忙しい農作業が九月二十九日の「聖ミカエル祭」までつづく。この間に農作業を妨げるのは「聖母被昇天祭Assomption」（八月十五日）ぐらいである。そして、収穫が終わったあとは、十一月一日の「万聖節Toussaint」があって、クリスマスの準備となる。

時の流れを秩序づけているのは神であるから、この新しい暦のシステムをヨーロッパ全体に次第に導入していったのが教会であったことは驚くまでもない。教会は、恒常的な時の流れのなかに幾つかの固定点を設け、それによって、人々が重要な出来事を位置づけることができるようにしたのだった。

事実、西欧では、ローマ建国を基準にした古代の暦の使用は五世紀ごろに急速に消滅し、司教や君主、法王によって、あるいは、地方によって目印にする出来事が様々に異なる日付法が使われるようになっていた。六世紀には、小ディオニシオス〔訳注・ローマの修道院に住み、教会の歴史などについて研究した人。もっとも、彼が割り出したイエスの生誕年は、数年ずれていた〕がキリストの化肉（誕生）を基準にした、キリスト教徒にとって普遍的で固定的な暦を作り、これが七世紀に尊者ベーダによって広められた。

しかし、本質的な問題が残っていた。それは、これまで相対的なやり方で位置づけられてきた過去の出来事を、絶対的なもののなかに位置づけることである。この仕事は厄介で、歴史家たることを使命とした聖職者たちは、何代にもわたってこれに努力を注いだ。B・グネーが考えているように、この問題を解決することが、中世的学殖にとっての課題であったことは間違いない。

一年の始まりも、ローマ時代のように一月一日とか三月一日ではなく、クリスマスの十二月二十五日とか受胎告知の三月二十五日、あるいはキリスト教で最も重要な祭日である復活祭が選ばれた。これは、貨幣の鋳造年号に見ることができる。

天体観測儀

しかし、復活祭を一年の始まりにした場合は厄介であった。春分のあとの最初の満月につづく日曜日という移動祝日であったことから、一年の長さが十一か月しかないこともあれば、十三か月になることもあるからである。たとえば一二五二年の復活祭は三月三十一日で、一二五三年のそれは四月二十日であるから、一二五二年は三六五日プラス二〇日になり、三月三十一日から四月二十日までの日付が同じ「一二五二年」のなかで二度あることになった。

最終的には、「キリスト割礼の日」つまり一月一日を一年の始まりにすると決まって、ローマの慣習に戻ったわけであるが、これは、多分、商人たちの影響によると考えられる。とはいえ、西欧の諸民族は、心情面で互いに親近感があり、同じやり方の時間計測を押しつけてくる一つの宗教を共有していることもあって、さまざまなシステムが共存しても邪魔にならなかったことも確かである。ヴェネツィアは三月一日を一年の始まりとし、フィレンツェやイングランドは三月二十五日、法王庁は十二月二十五日、フランスは十二世紀以後は復活祭を年初とした。イスパニアは、キリスト誕生の三十八年前のある日付を基準とした。〔訳注・のちにローマ初代皇帝アウグストゥスとなるオクタウィアヌスがイベリア半島を征服したのが前三八年である。〕したがって、いずれの暦法も基本的なものではなく、時間の観念については、多分に無関心な態度が残っていたと見てよい。

曜日については、ローマやゲルマンの神々の名を用いていた古来のものが、ほとんどそのまま使われた。変わったのは、《太陽の日》を意味する日曜日（英語では「sunday」、ドイツ語では「Sonntag」として残る）がラテン諸国では《主の日》という意味の名称になったことくらいである。（ラテン語では「dies dominica」。これがフランス語では「dimanche」になった。）

〔訳注・フランス語の「月曜日lundi」は月lune、「火曜日mardi」はローマ神話の軍神マルスMars、「水曜日mercredi」はローマ神話の使者の神メルクリウスMercure、「木曜日jeudi」はローマ神話の主神ユピテルJupiter、「金曜日vendredi」は美の神ウェヌスVenus、「土曜日samedi」はユダヤ教の安息日サバトSabbatから来ている。他方、英語やドイツ語の曜日名はゲルマン神話に由来するものが多い。〕

同様に、十二か月の呼称も、ローマの宗教で使われた名称から来ている。

〔訳注・ラテン語では、「三月Mars」から始まって「四月Aprilis」は《開けるaperio》から来た言葉であるが、「五月Maius」はメルクリウス神の母、マイアMaia、「六月Junius」はユピテルの妻、ユーノJuno、「七月」はカエサルの名であるユリウスJulius、「八月」は《第六》の意の「Sextilis」（のちに、「アウグストゥスAugustus」になった）、九月は《第七》の意の「September」、十月は《第八》の意の「October」、十一月は《第九》の意の「November」、十二月は《第十》の意の「December」、一月はローマ神話の《ヤヌス神Janus》から来た「Januarius」、二月は《贖罪》を意味する《februo》から来た「Februarius」である。〕

反対に、一か月のなかの日付の呼称は、ローマでは《一日》を「カレンダエCalendes」三、五、七、十月の

《七日》とそれ以外の月の《五日》を「ノナエNones」、同じく三、五、七、十月の《十三日》とそれ以外の月の《十五日》を「イドゥスIdus」といっていたが、中世になって、今のように単純に数字や、その日に祝われる聖人の名で呼ばれるようになった。たとえば六月二十四日は「夏の聖ヨハネの日」という具合にである。ごく稀には「七月のカレンダエの第八日」というような呼び方も使われた。

年号が記されるのは、公的な法令や年代記、歴史記録などに限られていた。文字を読めない庶民が過去の出来事について述べる場合は、日付を明示することはなく、それがどのような季節で、どんな祭が行われた時期か、また、身近に起きたことや、その地方を襲った災厄などで時期を指示しているだけである。したがって、個人的にせよ集団的にせよ、記憶の領域は、口頭で伝えうる範囲に限られていた。おそらく百年を超えることは滅多になかった。

未来の見通しという点についていうと、死が迅速で頻繁であった中世の世界にあっては、遠い世俗的未来を予見することなどは、なんの意味もなかった。つまり、地上的な《投資》は支えにはならなかったのである。唯一、価値ある《投資》は死後の永遠的・絶対的時間に立ってなされるそれであり、ヨーロッパ人の大多数は、したがって、《目前の今》と《超時間的未来》との間で引き裂かれて生きていたといえる。

空間的観念と度量衡

空間の見方や計測法も、今日のそれとはかなり違っていた。中世の度量衡の基本を教えてくれる記述が、風変わりな巻物に見られるが、その仕組は複雑なくせに粗雑で、現在でいうと、どれほどの距離になるのかを厳密に割り出すことは、とうてい不可能である。

容積、重さ、長さ、広さのいずれについても、小さな地域ごとで、ときには村ごとに、固有の測り方があった。それらは、全般的には古代ローマ時代のものを引き継いでいたが、すぐ隣り村なのに、タイプも単位も異なっていることが多かった。

ある程度、広い範囲で交易が再開されるようになっても、合理的で普遍的、簡明な度量衡システムが採用されるには至らなかった。ただ、たとえばラングドックで行われたように、地方ごとの差異の幾つかは単純化されたものの、多くの不便は相変わらずであった。商人たちは、換算表を使ってそれに対処したが、それが、いかに厄介なものであったかは、十四世紀前半のフィレンツェ商人たちの『手引き』を見ただけで分かるであろう。

ヴェネツィアの一〇〇小リブラはジェノヴァの九六リブラ。

ヴェネツィアの重さ一マルコの銀はジェノヴァの九オンチャ三ディナール。

ジェノヴァの長さ一ミナはヴェネツィアの一・二スタイア。

ヴェネツィアの一〇〇大リブラはジェノヴァの一四七リブラ。一オンチャ二〇・二五カラトまたは一四四カラト、または一オンチャ三ディナール九グラノ、または二四ディナール、一ディナールは二四グラノ。

ジェノヴァの一〇カンナは、ヴェネツィアでは三五ブラッチョ。

ヴェネツィアの一〇〇小リブラは、ピサの九二ないし九三リブラ。

布の大きさを表すヴェネツィアの一八ブラッチョは、ピサでは一七ブラッチョ。

ヴェネツィアの銀一リブラまたは一・五マルコは、ピサでは一三オンチャになる。


西欧では、フランス革命の産物であるメートル法が取って代わるまでは、地域ごとに独特の度量衡が使われ、その数は何千にも達した。ある商品の分量の測り方にしても、共通の基準はなかった。たとえば「ワイン大樽一個」とか「小麦一袋」といっても、樽も袋も大きさは区々であった。同じ枡を使っても、「升目すり切れ」か「山盛り」かで違った。

さらに、単位の呼び名は同じであっても、扱う品や方法によって、その量はかなり違っていることがある。パリでは、同じ「一ミュイ muid」が、オート麦の場合は二四〇ボワソー boisseaux（二六〇一リットル）であるのに対し、小麦の場合は一四四ボワソー（一五六一リットル）であった。

ワインについても、「ミュイ」が単位として使われたが、同じ「一ミュイ」がオート麦の場合とワインの場合とでは、その量に一〇対一くらいの違いがあり、さらに同じワインでも《精製ワイン vin tire au clair》

重さをはかる秤（右）と、量をはかる升（左）

と《澱ワインvin sur lie》とでは分量が異なっていた。

もっと根本的にいえば、《数》そのものがよく知られておらず、扱い方がいい加減であった。これは、農民ばかりではなかった。領主たちにとっては、臣下や召使いの数を掌握して領地を管理するためにも、また、軍勢を編成し、必要な物資を補給するためにも数字は欠かせない手段であったにもかかわらず、彼らがこのこの知的手段を使いこなせたかどうかは怪しい。

優れた記憶力の配下がいて、臣下たちを掌握している場合は、領地管理もできるし、軍を編成し作戦を立てることもできたわけだが、それでも、人数などは何十人単位で数えられていることは稀で、ほとんどは何百人単位でしか把握されていないし、指揮官が配下の数や必要な物資について明確な認識をもっていることは例外的であった。

数字がもつ意味合い自体、今日とは必ずしも同じではない。たとえば徴税係りは地代の収入について一銭一厘にまで拘っているが、数字の扱いは大まかで、実際と合っていなくても、また自家撞着していても気にしていない。当時は、ドイツ皇帝やフランスやイングランド、シチリアの国王たちでさえも、集めることができた戦闘員は数千がやっとという実情であったのに、ある年代記者は、「殺された敵兵二十万」とか「戦場に臨んだ騎士五万」とかと書いている。しかも、その同じ年代記者が恥ずかしげもなく、別の箇所では「命を散らした騎士」として五人とか十人とかの数を挙げ、その名前を列挙している。

これは、単純に「不正確」ということでは説明できない。数字に対する感覚が、前の場合とあとの場合とで全然違っているのである。今日の感覚と合致しているのが後の場合で、当時の動員力からいって、犠牲者の規模もこれくらいだったと考えられるし、これでも充分に重大な損失であった。しかし、初めのほうの数字は正確を期したものでは全くなく、読者にインパクトを与えるための一種のレトリックに過ぎない。

現代の私たちが感覚的に失ってしまったそうした数の使い方は、単に年代記者や聖職者の個人的癖ではなかった。一三七一年、イングランド王室の参議たちは国内の小教区数を四万五〇〇〇と述べているし、フランスでも、王国全土にある鐘楼の数を尚書局の役人たちは一七〇万と言っている。これらは、数字についての誇張癖とか曖昧さとかではなく、その時代の君主の威光を称え、その御代を美化して後世に伝えるために採られた手法だったといえる。

イーペルの助役たちが市民の数を二〇万と言っているのも、同じ愛郷心の発露として出てきた表現であったに違いない。アンリ・ピレンヌは、この「二〇万」という数字について、当時の記録を拠り所に、正確には「四万」であったとしている。そうした記録文書があること自体、この助役たちが正確に把握していたことの証拠であり、したがって、数の合理的な使い方を歪めさせているのは、むしろ神話的嗜好であって、「中世的精神の曖昧さ」などと安易に結論づけるべきではない。

そのうえ、中世の計算法に完全に自分を合わせることなど、できるものではない。これは、最初に数字を実地に使った商人たちについてもいえることで、彼らの帳簿に記されている収益の数字を丹念に辿ってみると、一見したところは厳格そうなその運算の仮面の下に、忘却されたり無視されたデータがたくさんあることに気づく。

ましてや、聖俗領主に仕えた書記や僧侶によって作成された帳簿においては、いうまでもない。彼らが残している収支の明細書から貸借対照表が作られたように思えるが、収入の項目だけ見ても、信じられないような混乱がある。本来なら支出欄に書かれるべき、借入れ金や購入品の決済額も収入欄に書き込まれているのである。

そうしたいい加減さは、計算の間違いや帳簿の体裁にも見られる。初めは丁寧に書かれているが、次第に投げやりになっていったり、余白や行の下の書き込みや、決算の欄の間違えた数字が、消されないままに生きていたりする。書記も領主も気分屋だったらしく、帳簿をつける目的を忘れてしまったり、早く終わりにしようと焦ったり、計算を中途半端なままで放り出したりしている。

いまも空高く聳えている何万という城や教会堂など、中世の最も偉大な作品のことを考えると、こうした統一性の欠如、仕事の不正確さと中途半端さには驚かざるを得ないであろう。もちろん私たちは、これらのすでに実現されたものを嘆賞し、その並外れた大きさそのものが完成の妨げであったことを理解する。そして、これからも、それらのなかの最も完全なもの、並外れて成功したものに目を向けていくだろう。それとともにまた、もしこれがもっと完成された、あるいは、もっと幾何学的に完璧な建物だったら、その魅力と感動させる力は半減しただろうと言うこともできる。

いずれにせよ、これらを建てた親方たちは、数学的知識や物理的手段を僅かしか持たず、正確な仕事をする道具も根本的に欠如しており、真に効率的な機械などなかったことを思い起こしたうえでなくては、そうした批判は成り立たない。

建築師は、同時に建築作業場の親方でもあり、親方として、経験に頼って仕事をしたのであって、厳密さには欠けていた。たとえばボーヴェのカテドラルの場合のように、丸天井や尖塔が崩れ落ちたり、建設そのものが中途で放棄されたものが、いかに多かったことだろう。それは、財政面での行き詰まりによるものばかりではなかった。

現在にまで残ってきているのは、幾世紀もの間、絶えず修復され、細心の注意を注いで保存されてきたものか、長い作業の中断のあと、十九、二十世紀になってやっと完成を見たものか、あるいは、いまだに完成に至っていないものか、である。バイユーやエヴルー、シャルトル、アミアンのそれらが、十四、十五世紀以来、免れてきた幾多の災厄を考えてみよう。また、ケルン〔訳註・その大聖堂は一二四八年着工、一八八〇年完成〕、ウルム〔訳註・一三七七年着工、一八九〇年完成〕、ミラノ〔訳註・一三九六年着工、十八世紀に完成〕の例のことも考えよう。

細かく調べてみると、カテドラル内部の小礼拝堂の高さが区々であったり、対称形になっていなかったり、身廊や側廊の軸線で見ると、薔薇窓の位置が少しずれていたり、といった出来上がりの不完全さだけでなく、もっと根本的な《構想》そのものの不完全さも見えてくる。

たとえば、丸天井の重みを受け止める柱を支えている控え壁が、重心のかかる所を外れていることがしばしばある。無知によって生じた結果を糊塗している例は一、二にとどまらないし、多くのカテドラルの図面や装飾デザインを残している十三世紀の建築家、ヴィラール・ド・オンヌクールも、ランスのカテドラルにそうした誤りがあることを明確にしている。

たしかに十三世紀以後、少なくとも何人かの哲学者や数学者(たとえばロジャー・ベーコン)とか商人たちの次元では、計算や厳密さの精神における進歩が見られる。しかし、大部分の民衆に関していえば、時間と空間の把握については相変わらず無関心あるいは非力であったといっても過言ではない。

しかし、さらにいえば、こうした時間・空間の捉え方には、私たちの論理的規範とは別の規範があったのであって、《曖昧》の一言では片づけられないものがあると考えるべきだろう。フランス王国の地図は、十五世紀より以前のものは現存していないが、それ以前から、少なくとも十三世紀には、国王やその役人、家臣たちは、国境とその政治的意味について明確な意識をもっていた。領主権、城主権、裁判区、代官区などといった各種の管轄区域では、それぞれの権限を持った人々は、自分の管轄下にある人々のことをよく知っていた。

したがって、いわゆる《中世精神の曖昧さ》なるものは、間違いなく修正されるべき概念であり、より正しくは、次のように言うべきであろう。

――中世人の心情のなかには、一方では、人間が観察したこと、厳密な数の観念、明確なデータといったものと、他方で、口伝えの噂話や古代の師の言ったことを絶対視するか、あるいは、それを否定して自分の教えることこそ真実だと主張する宗教的提要から受け継いだものとが、ごっちゃに共存していたのであって、それはまさに《矛盾命題》の権化のようであった――と。

中世人の世界像

中世人をして、論理的で近代的な空間把握と数学的理解を困難ならしめていた原因は、部分的には、科学と技術の欠如にある。当時も古代からの遺産は充分にあって、中世人が正しく選択していれば、今日の私たちから見ての《進歩》も可能だったのではないかと思える。とはいえ、フランス人のゲルベルトゥスから、イングランド人のロジャー・ベーコンとか、カタルーニャ人のライムンドゥス・ルルス、ドイツ人のアルベルトゥス・マグヌスを経て、イタリア人のトマス・アクィナスにいたる、人類史に輝くような、独創的で深遠・偉大な魂を無視してよいというわけではない。

しかし、彼らでさえ、古代末期に選び取られ、大なり小なりキリスト教によって歪められ改悪されたそれより約八百年前のアリストテレスなどの哲学に自己を合わせざるをえなかった。ましてや、それ以外のあらゆる哲学者・知識人・聖職者・教養人と彼らを仲介にした全西欧人は、約千年にわたる中世の間、そうした世界観・自然観を不可欠のものとして受け入れていった。

その間にも絶えず、古代に由来する細々した知見が無批判に編入され、臆面もなく写し直されて世に出されてきたのであって、C・ラングロワがいうように、彼らは学問を進歩させる力をもった人々ではなく、「千年にわたって同じ事を信じてきたか、あるいは、そう認識してきた俗人」であった。

彼らにとっては、世界が神の創造物であることは自明の真理であった。しかし、神がどのようにそれを創造したかについては、考察のレベルによって様々でありうる。神は世界の創造をずっと前から考えていたが、聖書にあるように、六日間で無から物質を抽き出し、万物を支配する《法》を打ち立てた。この《法》は、創造のあとも常に創造主の手中にあるゆえに、さまざまな《奇蹟》の行われることが可能なのである。たとえばイエスの十字架刑の日、不可解な日蝕が起き、偉大な天文学者のディオニュシオス・アレオパギテスが回心した原因の一つとなった——と。

万物の基本は土・水・空気・火の四大要素であり、万物は、卵の殻のように丸い天によって包まれている。円形が最良の形であることは、家や橋のアーチ、トンネル、管、車輪などが証明している。《丸い》ということは「欠けるところがない」ということであり、また、神がそうであるように「始まりもなければ終わりもない」ということである。

この《卵のイメージ》は、通俗文学の常套句の一つである。神学者ジャン・ボネ〔十三世紀〕の作とされる『プラシデスとティメオ Placides et Timéo』で、ティメオはプラシデスにこう説明している。

——卵の殻は天空、薄い膜は大地、白身は水、黄身は火を表している。大空の彼方には天使たちと至福の人々の天、つぎに堕天使が投げ込まれている圏があり、最後に、神の住む緋色の天がある。われわれが見ることのできる天は、光り輝く微細で非常に純粋な幾つもの層の空気から成っており、妙なる音楽を奏でながら回っている。われわれは、天国にいたると、この音楽を聞くことができる。

そして、――星はずっと遠く離れたところにあるが、多くは、非常に巨大で、その力は大地に直接に影響を及ぼしている。星の数は、プトレマイオスの『アルマゲストAlmageste』〔天文観測集〕によると、一〇二二個で、これらが四七の星座を構成している。なかでも重要なのが「牡羊座」「牡牛座」「双子座」「蟹座」「乙女座」などの《十二宮Zodiaque》で、それらを七つの惑星が通過し、太陽は、それぞれに一か月間、滞在する。

これらの動きが季節と各月を直接支配している。週の各曜日の呼称には、それぞれが影響を受ける惑星の名が名称に使われる。〔訳注・英語では、曜日名はゲルマン神話の神、惑星はローマ神話の神の名前が使われているので分かりにくいが、フランス語では、曜日名と惑星名は共にローマ神話の神の名で対応している。〕

惑星は、ほかの星よりも地球〔訳注・大地が球形をしていることは、古代の学問ではかなり認められていた〕に近い。地球に近いほど、描く円周は小さい。土星Saturneはその軌道を巡るのに三十年かかり、木星Jupiterはその後ろにある。火星Marsと太陽はあらゆる熱の源で、宇宙の中心にある。金星Venus、水星Mercure、そして、月がちょうど鏡のように太陽の光を反射しながら、最も地球に近いところにある。

『世界の姿L'Image du Monde』〔訳注・メッスの聖職者、ゴシュアンの著〕には、こうした天体の位置関係について詳しく書かれている。残念ながら、数値は写本によって違っているだけでなく、同じ写本のなかでも出てくる箇所によって異なっていたりするが、例として挙げれば、恒星層は地球の直径の一万五十五倍の距離にある。太陽は、同じく五百八十五倍のところにあり、その大きさは地球の百六十六と二十分の三倍である。地球は月の三十九と四分の一倍の大きさがある。

天は、もっぱら空気と火という二つの軽い要素で構成されている。火は、非常に乾いた、輝く空気で、しばしば風の衝突によって作り出され（稲妻）、地上に落ちてくる（雷）。空気は、重い要素との近さによって、その濃さが異なる。鳥たちは、ちょうど魚が水中でそうであるように、空気によって支えられ、空気のなかを泳ぐ。空気は、振り回される鞭をしならせる。空気の運動が風である。

水は、基本的には深い海によって代表される。海の水が苦い〔訳注・塩辛いという単語「salé」もあるが、海の水に関しては苦い（amer）がよく使われる〕のは、河川が塩の大きな山を溶かして流し込んでいるからであるが、大地の静脈を通るとき、大地によって濾過され、苦みが除去されることもある。たとえばエクス・アン・ガスコーニュ Aix-en-Gascogne（Dax）やエクス・ラ・シャペル Aix-la-Chapelle（Aachen）のように、硫黄の洞窟を通過することによって、塩分が消えたり、熱くなったりすることがある。水はまた、地震を起こす原因にもなる。

すべての基礎となっている要素は土である。土つまり大地は世界の中心であり、天と星と惑星は、この大地（地球）の回りをまわっている。そして、地図で分かるように、大地は周りを大海によって囲まれている。人間とそれを取り巻くものは全て、大地によって養われ支えられている――。

以上の説明でも分かるように、しばしば大地は球状をしていると考えられた。そうした学者たちによると、周囲は二〇四二八ミレース、直径は約六五〇〇ミレースである。一ミレースは約一五〇〇メートルで、この数値はエラトステネス〔訳注・前二八〇年ごろに北アフリカのギリシア人植民都市キュレネで生まれ、アテナイ、アレクサンドリアで活躍した学者〕が計算したもので、実際とそう違っていない。大地は平らな円盤状になっていると考えた人々もいたが、どちらも表すには二次元の平面によらなければならないので、これは、あまり重要な問題ではなかった。

庶民が特に関心を寄せたのは、人間がじかに接する鉱物・植物・動物から成る環境である。種々の《金石誌lapidaires》は、古代の著述家の受け売りが常であったが、そこでは、宝石の数々が、さながら賢人のように扱われている。宝石は多くの場合、貴重なお守りであり、人々は、病気を治すために、それを呑んだり、じっと見つめたり、触れたり、身につけたりした。

たとえばフィリップ・ド・タオン〔十二世紀初めごろ〕は、磁石について、こう書いている。

「磁鉄鉱はヨルダンの湖やインドで得られ、眠っている妻の頭の上に翳すことによって、貞節かどうかを見分けることができる。純潔な妻は俯せになり、淫らな妻は仰向けになる。また、磁鉄鉱には水腫患者を治す力があるが、続けざまに三回呑むと効き目はなくなる。炭火の上に置いておくと、泥棒を助けることになってしまう。というのは、堪らないほどの臭気を発するため、家人はみな逃げ出してしまい、泥棒は悠々と仕事ができるからである。」

石は普通、七十八種挙げられて説明が加えられているが、ありふれた鉱物素材については関心が薄く、瑪瑙やアラベスク、緑柱石、珊瑚、紅玉髄（カーネリアン）、水晶、エメラルド、黒玉炭（ゼット）、碧玉、瑠璃（ラピズリー）、縞瑪瑙（オニックス）、サファイアなどといった珍しい石や架空の石に、とくに大きな関心が寄せられた。とりわけ、人々の研究対象になったのは、『出エジプト記』（28-17-21）にある《胸飾り》

の十二種類の石で、これは、あらゆる象徴の根本と考えられた。〔訳注・原著では『出エジプト記』の（29-10-13）となっているが、正しくは（28-17-21）。そこには、黄金で作られた枠のなかに、第一列は赤瑪瑙、トパーズ、エメラルド、第二列はトルコ石、サファイア、ダイアモンド、第三列はヒヤシンス、瑪瑙、紫水晶、第四列は緑柱石、縞瑪瑙、碧玉を嵌め込むよう指示されている。これがユダヤ教の祭司の胸当てになった。〕

植物については、体系的研究はなされていないが、アロエ、ニクズク、没薬、乳香、胡椒、樟脳、白檀、そのほか高価な、あるいは薬効のある芳香性植物などが挙げられている。しかし西欧では、これらの多くは、名前が知られ、言葉としては使われていても、実物がなかったので、明確なイメージを人々の心に呼び覚ますにはいたらなかった。日常的にありふれた植物については、農民たちがその知識を独占していたが、そうした物が思索を誘うことはなかった。

それとは反対に、動物界は、中世人の心にずっと強く刻まれていた。貴族にとって大型獣は特別の狩りの対象であり、彼らは狩猟用の犬や馬、鷹の飼育に余念がなかった。農民にとっては、種々の家畜獣が身近な存在であったし、家畜を脅かす猛獣や猛禽とも無縁ではありえなかった。

動物界は哲学者にとっても関心の的であったし、聖職者にとっても、聖書の記述との関連で、不可欠の知の対象であった。文学作品やカテドラルや世俗的建物の装飾に現れる動物には実在するものも空想上のものもあるが、多くの《動物誌 bestiaires》や図像によって知ることができる。

昆虫について書かれた物は少ない。例外的に多いのが蜜蜂と蟻であるが、蜜蜂は鳥の一種とみなされ、蟻は獣の一種とされていた。魚については、水の中で生きているもの、また、地上にいるものでも手足のないものが「魚」とされたようである。セヴィーリヤのイシドルスはプリニウスの説を踏襲して魚の種類を「一四四種」としたが、中世人は、数え切れないほどいると考えた。

なかでも注目されたものに、旧約聖書のヨナのおかげで有名になった鯨がいる。これも魚の一種とされ、その背中は砂に覆われ草や灌木が茂っているので、船乗りたちが騙されて上陸し火を起こすと、急に海にもぐるため、死ぬ人が絶えないという。

海豚 marsouin（豚の意で「porc」ともいった）は、豚が地上でするように、海底の土を掘り返すとされたが、一方では、嵐が近づいてくると人間に報せてくれるなど、奇妙な親密さを示すともされている。ウツボや鰻は蛇に近い生き物とされた。ナイル河の鰐は体長が二〇ピエ（一ピエは約三〇センチ）あり、泣きながら人間を喰うとされた。蟹は牡蠣を襲い、殻の蝶番を小石で壊して中身を喰うといわれた。

そのほか、河馬は、半ば空想から、馬の一種とされた〔訳注・河馬をフランス語でhippopotameというが、hippoは馬の意〕が歯は猪、脚は牛のそれをもっていると考えられた。完全に空想上の生き物としては、半人半魚の海の魔女、セイレーンsirene、眼光で人を殺す怪蛇バシリスクbasilic、尻尾の一撃で象を倒す巨大なドラゴン、火の中に住むサラマンダー salamandre（火蜥蜴）、交尾中に雄は雌に喰われ、雌も産んだ子供たちに殺されるとされた蝮などもいた。

しかし、動物寓話のなかで最も有名なフェニクスphenix、グリフォンgriffon、巨大なロック鳥（roc）といった想像上の鳥は、古い寓話を引き継いで説明されているのに対し、鷲やコンドルなどは、事実に即して正確に描写されている。実在の鳥でも、駝鳥については、鉄を食べ、卵は砂のなかに生んで太陽の熱で孵化させるなどと書かれている。

もっと身近にいたカワセミ、アオサギ、鳩、烏、白鳥、コウノトリ、朱鷺、鶴、ツバメ、ヤツガシラ、ペリカン、山鶉、孔雀、オウム、鶏（脚に拍車、頭に冠をつけ、戦士に似ていて、高貴な美しい鳥とされた）などについては、丹念な観察に基づいて、よく個性が捉えられている。

獣の類については、多すぎて挙げきれないほどである。そのなかでも、ライオンは、ギリシア語で「王」を意味し、あらゆる生き物から畏れられる。彼自身は、白い雄鶏と火と蠍、そして車の軋む音以外は、何者をも恐れない。眠るときも眼をつぶらず、移動するときは、自分の尻尾で足跡を消していくなど、きわめて用心深い。しかし、理解力があり、寛大で、人間にとって友であるとされている。

鼬は耳で孕み、口からお産をするとか、カメレオン、猿についても種々の空想的な説明が見られる。象については、賢くて貞節であるが、膝がないので、ひとたび倒れると、立ち上がることができないなどと書いてある。しかし、狼、大山猫、鹿、ノロ、熊などについては、正確である。

とくに明確で写実的に描写されているのは家畜動物たちである。牡牛は太くて四角い脚、大きい耳、広い額、開いた鼻孔を持ち、咽喉部が膝のところまで垂れ下がり、尻尾の先にはふさふさした毛が生えている。羊は愚直で臆病であるが、気性は優しく、乳と肉と羊毛と皮革を人間にもたらしてくれる。駱駝は、瘤が一つのと二つのとあり、百年も長生きし、三日間、水を飲まなくても平気だが、交尾では力を使い果たしてしまう。犬と馬については、品種と特徴が詳しく類別されている。馬は、戦争用の軍馬、騎乗用の飾り馬、荷物を運搬する駄馬などに区別されている。

地表の有様を描いた地図は、分析的・叙述的ではあるが無秩序で、しばしば信じ易さが表れている。人が住んでいる土地は、大きく三つの地域に分かれている。東のほうにあるのが「アジア」で、そこには、アダ

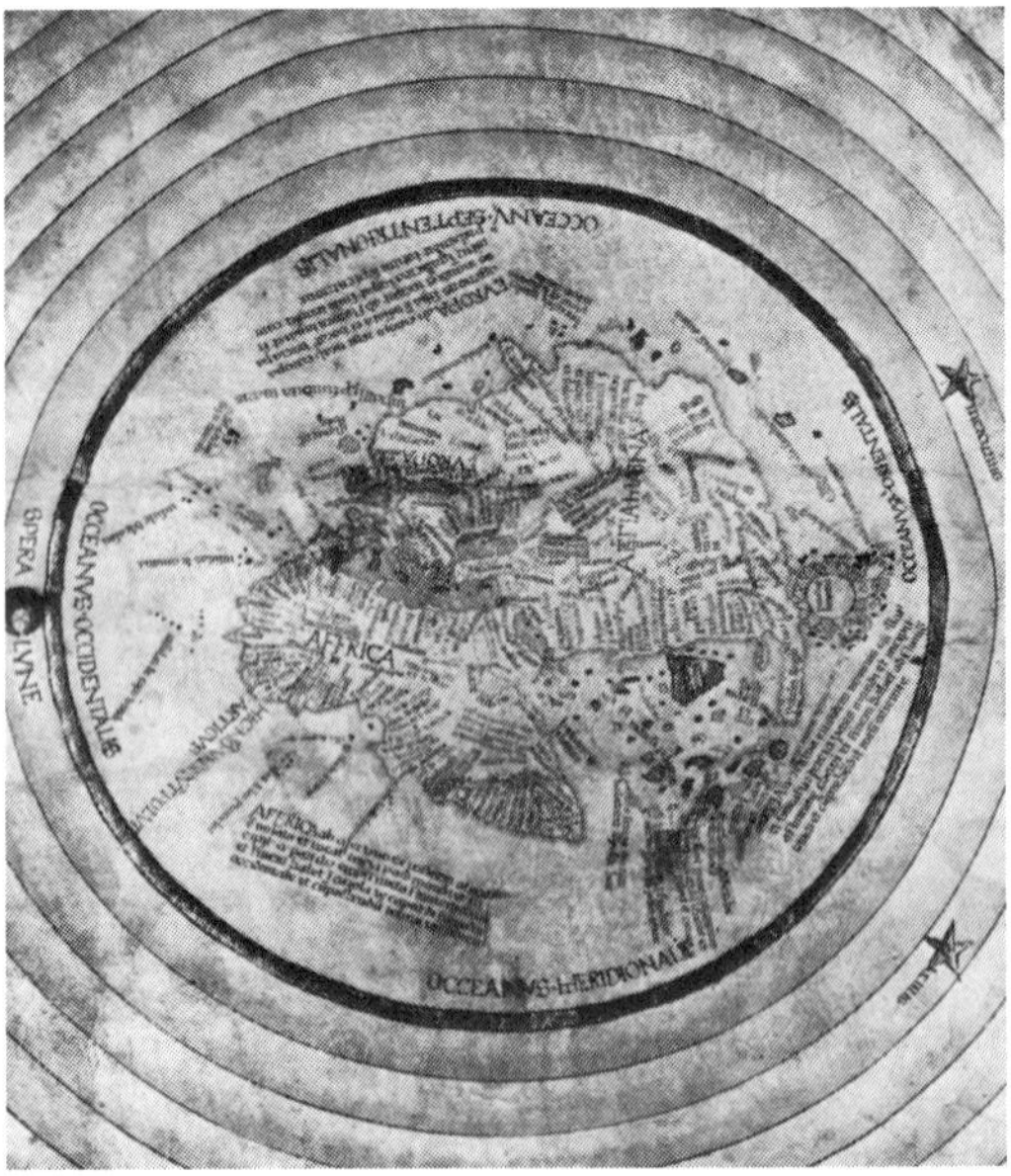

コロンブスも使ったとされる世界地図

ムとイヴが過ちを犯して追放されて以来ずっと門が閉ざされ、猛々しい獣たちと炎のカーテンによって守られている《楽園》がある。

この《楽園》にある泉から四本の川が流れ出ている。エチオピアとエジプトを貫いているナイル川、インドを潤しているガンジス川、そして、チグリスとユーフラテスである。アジアは、他の二つの地域〔ヨーロッパとアフリカ〕を合わせた大きさがあり、二十四の国から成るインドと、ペルシャ、カルデア、イエス誕生のときにやってきた王たちの国々、また、カスピア山の近くにはアルメニア、アマゾネスの国、ゴグとマゴグの国がある。もっと手前には、ビザンティンと聖地巡礼や十字軍遠征によってよく知られていた小アジアがある。

「アフリカ」は一番小さく、ガデス（カディス）と《ヘラクレスの柱》（ジブラルタル海峡）から始まる。ここには肌が桑の実（mures）のように黒いことから「ムーア人Moures」と呼ばれる人々が住んでおり、それがエジプトにまで続いている。

カルタゴは背後に二つの流沙（syrtes）を控え、前面の海は波が荒く、船で近づくことは容易でない。南方には、トログロディテス人Troglodytesやガラマンテス人Garamantes、そしてエチオピア人がいる。北方のメッスの聖職者が書いた前出の『世界の姿』では、イスパニア、イタリア、シチリア、シリア、パレスチナなど、地中海のほぼ全域が「アフリカ」に含められている。

いずれにせよ、こうした遠い彼方の諸大陸の《驚異に満ちた世界》のことは、ソリヌス〔訳註・三世紀のローマの著述家〕などの妄信的で知力に欠ける剽窃者たちが残した書物をもとに喧伝されたものであるが、人々はそうした世界に関心を向けるようになるにつれて、「ヨーロッパ」に対する興味を薄れさせていった。たしかに、コンスタンティノープルはしばしば驚異と羨望の的になったし、ローマ（もっとも、現実のローマではなく、伝説のローマであったが）もまた、そうであった。だが、《西欧》の中核であるフランス、ドイツ、イングランド、イタリアが通俗的著述家によって引き合いに出されることは滅多になかった。彼らは、現実の西欧は知られ過ぎていると考えたし、事実、大衆は、自分の身近な狭い地域から遠く離れた国々、もっといえば、ヴェズレーやオルネーそのほかのカテドラルの入り口に描かれている、聖書や寓話のなかの架空の世界を見たいという熱望に囚われていった。『プラシデスとティメオの対話』では、近隣諸民族を気性によって次のように類別している。

――ドイツ人、フランドル人、イングランド人は、冷静で物に動じない。ロンバルディア人、ポルトガル人、イスパニア人、カタルーニャ人、フランス人、ピカルディ人は、血の気が多く陽気で熱しやすく、恋愛には眼がない。ブルゴーニュ人、オーヴェルニュ人、プロヴァンス人、ガスコーニュ人は、熱しやすく冷めやすいうえ、無能である。ブリトン人、スコットランド人、ウェールズ人、アイルランド人は、憂鬱症である。――

しかし「ヨーロッパ」を構成している人々でも古代の著述家が言及していないスラヴ人、スカンディナヴィア人、ハンガリー人については、例外的にしか触れられていない。とはいえ、これらの民族についても、知られていなかったわけではない。まず、こうした辺地の民族を訪ねて布教したり、彼らから献納金を受け取ったり、助言や援助の請願を携えてやってきた巡礼者を迎えたりしたローマ人聖職者たちがいる。

同様に、ドイツやフランスの多くの領主たちは、組織的な巡礼や十字軍遠征の大冒険が行われるより以前から、彼らと行動を共にしていた。しかも、フランスとイスパニア北部がサン・ティアゴへの巡礼路であったのと同じように、コンスタンティノープルやエルサレムへの陸路はハンガリーを通過していた。

そのうえ、今日では、スラヴやスカンディナヴィアの国と住民に関して専門的に研究できる資料も幾つか残っている。たとえばスカンディナヴィア人については、七世紀の尊者ベーダの『世界編年史』とか、九世紀のアンスカリウス〔訳注・ハンブルクで布教し《北方の使徒》と呼ばれたフランク人。801-865〕の伝記、十一世紀にブレーメンのアダムが遺した素晴らしい記述などである。もっと近年になって見つかった十～十一世紀のデーンローやノルマンディの伝承や記録については、いうまでもない。

しかし、中世にあっては、これらの諸民族は西欧共同体のなかに溶け込んでいて、その異教時代の過去のことは忘れられ、関心も薄れていた。『デーン人オジエ Ogier le Danois』などの《騎士道物語》はあったが、実際には「デーン人」でなく「アルデンヌ人」で、デンマークについての記述はない。『ナンセのゾーネ Sone de Nansai』の主人公は、長期間、ノルウェーに滞在するが、その地の状況については詳しく述べていない。

十三、十四世紀以後、西欧人もアジア奥地、モンゴルのステップ地帯や、極東、インドやシナ、また、アフリカの海岸からサハラ砂漠にまで足を踏み入れ、あるいは、エチオピア（アクスーム Axoum）のキリスト教王国についてのより明確な情報を手に入れるようになった。こうして、西欧人の伝道師や商人、探検家たちによってもたらされた情報が、古代の古い神話に組み入れられ、『驚異の物語 Livre des Merveilles』の内容を豊かなものにしたのだった。

この時代から、さまざまな世界地図が作られるようになり、そのなかで、千年以上昔の原典についての解釈や、出てくる土地がいったいどこなのかが、より明確に措定されるようになる。その結果、聖書の記述にしたがって、自然のすべてが人間のまわりに、人間に対応する形で配置される。このことを見事に表しているのが、フィレンツェ人、ブルネット・ラティーニ〔訳注・『百科宝典 Livre de Tresor』を著した〕の次の言葉である。

「天が下の万物は人間のために作られた。しかし、人間は人間自身のために作られた。
Toutes choses dou ciel en aval sont faites por l'ome, maiz li hom est faiz por lui-meme.」

中世人が人間について記述したものは、無益であるとともに退屈でもある。たとえば、小宇宙である人間は、大宇宙と同じように四元素で形成されている。熱と湿り気の両方を具えている血は《空気》に対応している。冷と湿であるリンパ液は、《水》と対をなしている。熱と乾である胆汁は《火》、乾と冷である黒胆汁は《地または土》である。これらの元素の間の均衡が壊れると、病気になったり、死に至ったりするとしている。
身体の基本部位も四つに分けられる。心臓は動脈が出ている元であり、脳は身体を動かす神経の出ている元である。肝臓は静脈が出ている元であり、生殖器は、種の保存のために貢献している。魂は人間の生命で、それは神によって創造された永遠なる存在である。この魂の有する真実と偽りを見分ける能力が理性であり、理性こそわれわれ人間を他の動物から区別しているものである。

ごく大雑把ながら、ここに描いた《世界認識》は、純粋に記述的かつ分析的であるように見えるかもしれない。だが、そのように信じるのは、大きな誤りである。なぜなら、《世界》は《人間》を中心に成り立ち、グレゴリウス大法王が言うように、万物すなわち世界を構成している要素と出来事、事物の全ては、《小宇宙》である人間の上に反映してこそ、その意味をもつのであって、これを理解することが大事だからである。万物は、もう一つ別の実在のサンプルであり、一つの古代文化によって育まれ万人に開示された聖書的・福音書的展望のなかに置き換えられるシンボルなのである。

符号と象徴

これまで見たような世界像は、そこに付された意味や象徴について私たちが無知であるため、馬鹿げて見えるかもしれないが、中世においては、だれにでも理解できただけでなく、唯一受け入れることのできるものであった。もし私たちがそれらの意味づけを速やかに把握し、今では文字だけで残っている事物や現象についての解明がなされるならば、それは、中世精神を本質的に特徴づけるものであり、シュテルク師が「人間自身の実存的啓示をもたらす宇宙論的経験」と呼ぶ、大宇宙と小宇宙との密接な相互依存を、瞬間瞬間に確認することになるだろう。

ギヨーム・ド・ディギュルヴィルの「巡礼物」(たとえば『人生の旅路 Pèlerinage de Vie humaine』や『魂の巡礼 Pèlerinage de l'âme』)のように多くの著述が、懇切な註釈つきで《シンボルの森》のうえに打ち立てられた。ヤン・ファン・エイクの『アルノルフィーニ夫妻』のような世俗的な絵画が素晴らしい成功を収めたのは、その驚くべき技巧や感嘆すべき写実性によってよりも、それらが呼び起こす深い象徴によるのである。

数の象徴性

聖アウグスティヌスは《数》を神が考え出されたものであり、したがって永遠性をもつと考えた。《数》は豊かな意味づけをもっている。とくに「1」から「12」までの数字には多くの意味が付された。「1」が《唯一者》、「2」が《肉体と精神》、《光と闇》、《右と左》、《男と女》、《湿と乾》などの「二元論」に通じていたことはいうまでもない。

「3」は《三位一体》であり、神または人間の《身体と魂と精神》を象徴している。「4」は「2×2」であるとともに、「3＋1」で、これは「1」を加えることによって《三位一体》の完全さが壊されること、つまり空間的世界を意味する。また、楽園から流れ出る四本の川であり、同じ一つの泉（すなわちキリスト）から流れ出た四人の福音書家、四つの枢要の徳（賢明・正義・剛毅・節制）、基本的方位（東西南北）、四季、四肢、「アダムADAM」の四文字などである。

「3」と「4」の結合は、空間世界と聖なる時間が結びつくことであり、ここから「12」が生まれるが、それはまた「6×2」「8＋4」でもあり、《達成された時》を象徴し、十二使徒、星座の十二宮、十二か月、イスラエルの十二支族などを表す。「5」は人間とともに宇宙を象徴しており（四肢を伸ばすと星の形になる）、意志を意味する。

「7」は、とりわけ神聖な数で、《ダヴィデの七枝の燭台》、七つの惑星、週の七日、世界の七不思議、紋章の七色である。「8」は「4×2」で、復活の象徴である。

形の象徴性

加えて、単純な幾何学的図形も《数》に結びついて重要な意味合いをもつ。アーヘンの宮廷礼拝堂の三階まで吹き抜けの内陣は八角形になっている。皇帝の玉座はその二階にあって七段の石段の上に設けられている。

世界は四つの図形で表される。

まず円形で、これは完全性と均一性、無始無終を象徴している。惑星や恒星はこの円形の軌道上を永遠に運動しており、したがって、《円》は天空を表し、時間を象徴している。《円》は車輪・循環を想起させ、永遠回帰、さらには螺旋へと発展していく。それは、渦巻きのように循環的・継続的に発展していく創造性を表し、最終的には「卍」(svastika)に到達する。「卍」記号は、中心へ向かっていく運動と十字を組み合わせたもので、インドの象徴体系のなかでも最も重要なものとされる。

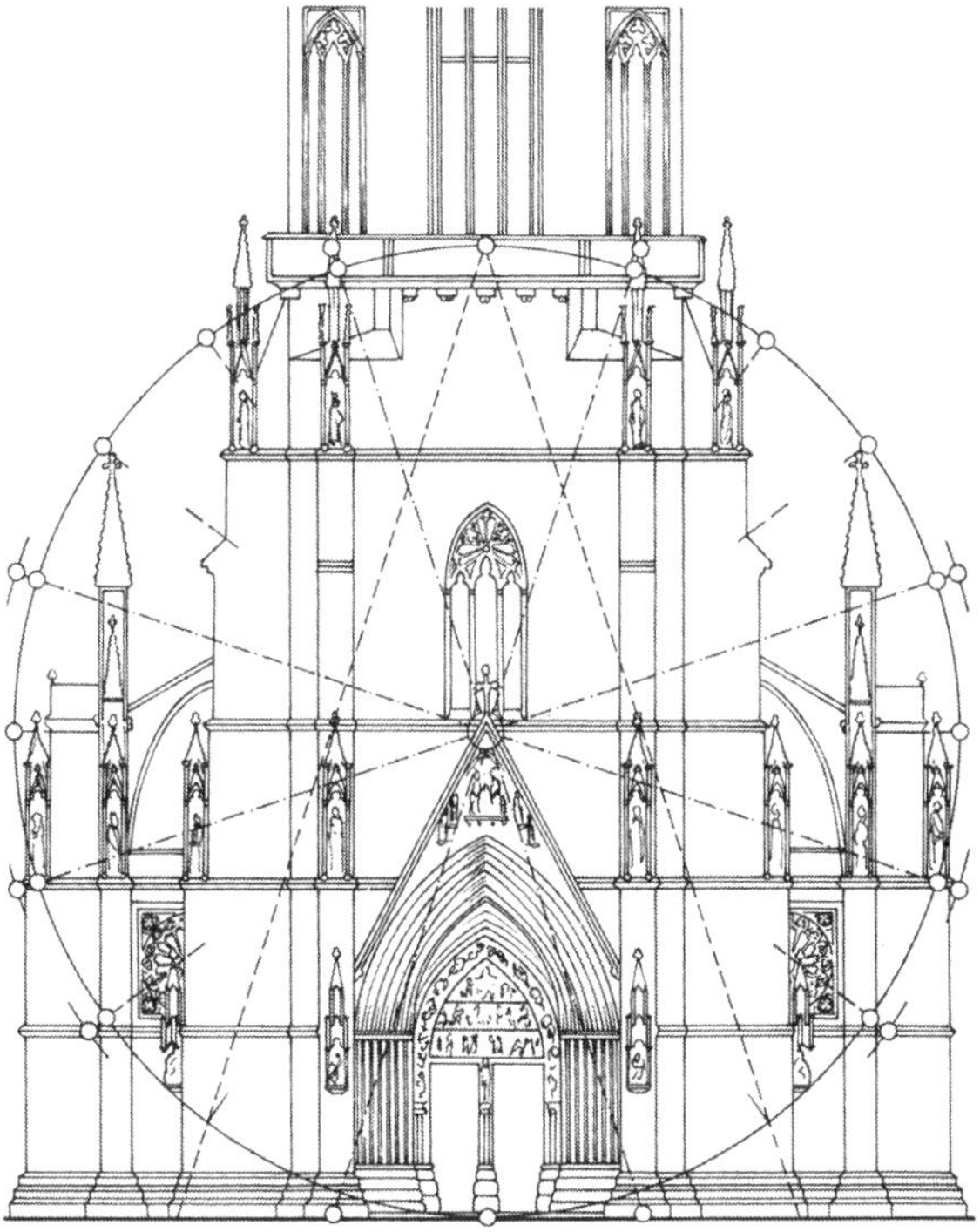
宇宙の調和を具現したカラドドラルのデザイン

《円》の、したがって全空間の中心は、万物を生み出し組織化している核であり、統一性と創造的原理、不可分なもの、無形で言語を絶する完全なもの、のイメージである。それこそ、純粋にして先験的・絶対的な《存在》そのものである。

《正方形》と《十字形》は、数の「4」と空間世界を図像化したもので、これもまた、一つの中心をもち、一つの円のなかに完璧に含まれる。《正方形》は四隅をもった一種の円にほかならない。ただ、四つの角と方向性によって堅固に支えられていることから、静止と安定、空間の分割を表している。この四つの角に中心点を加えると、「５」の象徴体系、したがって、天と地、空間、時間、永遠を結合した《宇宙》に到達する。

しかし、なによりも統合的で、したがって、互いに正反対にある要素を媒介し仲介するのが《十字形》である。これは、《円》のなかに描かれた正方形の対角線によって形成され、この十字形の交差する点は《円の中心》と重なる。

このように、中世の象徴体系のほとんどは《数》と図形に基盤を置いたものである。《地上の楽園》は、有名な泉を示す正方形を中心にもつ円形で表される。それに対し《天上のエルサレム》は、上部がアーチになった四角形の門を四つの辺に三つずつもつ正方形をしている。《円》と《正方形》は、三次元空間にあっては《球形》と《立方体》になり、これらを基本要素としたのがロマネスク建築である。

色彩の象徴性

基本となる色彩は七色である。これは、惑星に当てはめられただけでなく、非常に普遍的な意味をもち、あらゆるところに流布していた。

黒（紋章学の「サブル sable」）は土星と結びつき、悲しみと凶暴な心を呼び覚ます。

赤（紋章学の「グル gueules」）は火星と結びつき、慈愛と勝利の色である。

白（紋章学の「銀 argent」）は月と結びつき、純潔と正直、誠実を象徴する。

黄（紋章学の「黄金 or」）は太陽と結びつき、知性、判断力を象徴する。

緑（紋章学の「シノプル sinople」）は金星と結びつき、希望を象徴する。

青（紋章学の「アズュル azur」）は木星と結びつき、天を想起させる。

紫（紋章学の「プルプル pourpre」）は水星と結びつき、これも天を想起させる。


これらの基礎的な象徴体系が明確化し、厳密で不変の規範として規定した紋章学が普及したのは十二・十三世紀ごろからである。しかし、すでに九五三年から九六二年の間にオットー大帝のために作られた神聖ローマ皇帝の冠は、十一世紀に若干手を加えられただけで、ほぼ原型を留めており、いかに形と数、宝石と色彩の象徴的意味を考慮されたかを証明している。

それは、上部がアーチ型になっている黄金板を八枚並べて繋いだもので、正面の板の上部には十字架が聳えており、この正面の板と、反対側の真後ろの板とを、アーチ状の板が結んでいる。八枚の黄金板は、《地上のローマ》と《天上のエルサレム》とを表す二つの正方形が結合したことを象徴している。

その黄金の城壁と門の全てに全面、宝石の《飾り鋲》が打たれている。その宝石の数は、黙示録に則って百四十四になっている。正面と真後ろの板には、大粒の緑色のエメラルドや青いサファイアなどが三列に並べられている。これは、より直接的には旧約の律法の祭司が身につけた胸飾りに範を摂り「十二支族」を表すが、また、新約の「十二使徒」をも表している。

このことは、この帝冠を頂く人が、旧約聖書と新約聖書を同時に両立させる人であることを象徴している。彼は、福音を伝え、正義を行い、平和をもたらすキリストの僕であり、彼があらゆる王たちの上に立って支えている神聖ローマ帝国こそ、ダヴィデやソロモンの《地上のエルサレム》を《天上のエルサレム》に結合する鎖の環の一つであることを示している。

星の象徴性

《徴 signe》と《象徴 symbole》とは常に混同されていたわけではない。中世人が星の運行についてどう考えていたかを見ると、この区別ははっきりしていたし、そのことが中世思想を豊かにしていたことが理解される。

近代の占星術は社会的あるいは個人的星占いを普遍化したもので、なんでも説明するが、曖昧で怪しげなものと見られている。しかし、中世においては、実在するすべてのものの基盤として受け止められていた。「どんな小さな星も、人間世界に影響を与えないものはない」——この断言に対して、私たちは、宇宙線そのほかの放射線の働きについて、まだ知らないことがたくさんあるため、真っ向から反論することはむずかしい。

星は大きければ大きいほど、近ければ近いほど、〔とくに惑星の場合〕動きが速いほど、「神の意志によって、大地と水、風、人々、獣や鳥や魚たち、そして、存在する全てのものを支配する」。――シドラック〔訳注・十三世紀後半の人で、占星術に関する民間信仰を集めた『シドラックの書』を著した〕は更に、こう述べている。

個人の運命は、生まれた日に現れた《徴signe》と惑星に緊密に結びついている。たとえば金星Venusは《愛amor》と《楽器estrumens》、《快楽delit》、《喜びjoie》の惑星で、「この惑星のもとに生まれた人は、心臓が弱く、幼いときは大事にされ、栄養もよいが、成長すると、高慢で貪欲になる。ともすれば人を裏切り、享楽的で欲張り、吝嗇になりやすい」。また、土星Saturneのもとに生まれた人は、痩せて陰気で、人から相手にされず、無愛想で動作がのろく、意志薄弱である。木星Jupiterのもとに生まれた人は、温厚で思いやりがあり、愛情豊かで、頭は禿げるが髭が濃い。火星Marsのもとに生まれた人は、短気で争い好き、おっちょこちょいで高慢。頭は禿げやすい。

こうした惑星の支配力に加えて、《徴signe》も、種々の影響を及ぼす。たとえば同じ金星でも、「双子座」と遭ったときに生まれた人は、「長い間、貧乏な暮らしをする」。乙女座と出会ったときに生まれた人は「貧しい吟遊詩人になり、若くして亡くなる」。獅子座と遭ったときに生まれた人は「金持ちになり、人から重んじられ、長生きする」。

これらの「十二宮」の《徴》は、それ自体、三つずつのグループに分かれる。
「牡羊座Bélier」「獅子座Lion」「射手座Sagitraire」は《火》の性質をもち、熱く乾いている。
「牡牛座Taureau」「乙女座Vierge」「山羊座Capricorne」は《土》の性質をもち、冷たく乾いている。

「天秤座Balance」「双子座Gemeaux」「水瓶座Verseau」は《空気》の性質をもち、熱く乾いている。「蟹座Cancer」「蠍座Scorpion」「魚座Poissons」は《水》の性質をもち、湿って冷たい。

個人に対する十二宮の影響力は、惑星の性質によって強くなったり弱くなったりする。たとえば、月は冷たく湿っている。惑星は、ある《徴signe》のなかに「家」をもっている。太陽は「獅子座」に、月は「蟹座」に、土星は「山羊座」と「水瓶座」に、という具合である。そして、もし性質を同じくするものが結びつくと、その性質はより強くなるが、逆の性質である場合は、互いに抑制し合い、両者の比率に応じて、そのぶん弱まる。

最後に、特にこの惑星との依存関係のもとにあるのが週の七日で、さらに、七時間ごとにそれぞれの影響に違いがある。曜日の名称は、その一日がどのような日であるかを表している。たとえば第一時から金星Venusが支配しているのが金曜日vendrediである。

そのうえ、この考え方にあっては、目に見えるすべての天文現象が人間にとって重視すべき《徴signe》である。なぜなら、それは直接に人間に影響してくるからである。彗星が太陽の道筋を通過することやオーロラ、とくに日蝕や月蝕は恐ろしい事件の予兆である。同様に、大洪水や蝗の大群、灰の雨が降ることなども、不吉な《徴》である。カロリング時代の年代記は、八四〇年五月五日の日蝕について記したあと、こう述べている。

「この驚くべき出来事は、自然の秩序のなかで起きたものであるが、しかしながら、そのあとに続く悲惨な事件によって仕上げられた。というのは、それが予告していたのは、神の家の全ての人々のために働いているこの燭台上の至高の光、すなわち敬虔なる皇帝が、遠からずして人の世から奪い去られるであろうということ、そして、それが奪われると、全世界は苦悩の闇のなかに取り残されるということだったからである。」

〔訳注・八四〇年はシャルルマーニュの息子であるルートヴィヒ敬虔帝が死んだ年。このあと八四三年、ヴェルダン条約で帝国は三つに分割された。〕

宝石と動物の象徴性

同じように、宝石や動物も象徴的な意味をもっていた。宝石を身につけたり手で触れたりすること、ある動物を見たり、その皮や牙で身を飾って人に見せることは、ある警告を含んでいる。『出エジプト記』の胸飾りの十二個の宝石については、次のように説明される。〔訳註・碧玉に赤・緑・白とあるのを始め、前出の十二石とは必ずしも一致していない。〕

赤い碧玉は《愛》を表している。緑の碧玉は《信仰》、白い碧玉は《優しさ》、サファイアは《天国》を約束し、玉髄は《神の接近》、エメラルドは《キリストへの信頼》、紅縞瑪瑙は《貞節》あるいは《謙遜》、紅玉髄は《義人の苦悩》、黄玉は《天上の生命》、緑柱石は《清浄》、トパーズは《聖なる生命の栄冠》、緑玉髄は《徳の報賞》、ヒヤシンス石は《創造主の恩寵》、アメジストは《神のための殉教》を表している。

石は「地または土」に属する重い要素であるが、宝石はその透明性と輝きとによって、最も軽く、最も純粋な元素である「火」へと変質する。

花や草では、薔薇は《聖母》、リンゴは《悪》、マンドラゴラ（曼珠沙華）は《淫乱》と《悪魔》、ぶどうの房は《キリスト》であり秘蹟の圧搾機によってその血を人類に与えたのである。

ふたたび獣に戻って、その象徴的な意味を見てみよう。

雉鳩は素直で操正しく、悲嘆に暮れる寡婦で、「神を夫とするキリスト教会」に準えられる。鷲は太陽の光に堪えられない雛を捨て去ってしまうとされ、これは私たちに、もし子供が神への奉仕を心がけない場合は、その子を捨てるよう教えているとされる。

ライオンは「聖母マリアの子、世界の王たるキリスト」で、最後の審判の日にはユダヤ人たちを厳しく罰する。前方から見ると四角、後方から見ると細長いライオンの形は、神性と人性とが混じり合っている印とされる。その尾は手の働きをもち、私たちに、神の裁きに服すべきことを教えている。ライオンが怒って大地を踏みしめるのは、イエスが私たちを踏みしめることをあらわしている。神は、私たちをよくしようとし、愛のゆえに打ち、懲らしめるのである。

ライオンは追跡を受けると、その尾で自分の足跡を消すとされるが、これは、この世に肉身を受けることを表している。というのは、神は悪魔を騙すために、そっと人間になるのであって、悪魔が気づいたときは、もう遅いのである。ライオンは、目を開けたままで眠るが、これは、神の死が見かけだけであることを表す。

また、ライオンが始めて人間を見たとき、身を震わすのは、神が自らへりくだることを表している。牝ライオンは仔ライオンを死んだ状態で産み落とすが、これは聖母マリアがキリストを産んだことにあたり、死産した仔ライオンが牡ライオンの咆哮で甦るのは、神の恩寵をあらわす。

このようにして、古代の知識は、細部にいたるまでキリスト教の教義に照らして見直され解釈され、復活させられる。別の角度からいうと、すべての動物が人間のある面を表しているのであって、こうした様々な意味合いの大部分を、単純化して教えてくれているのが『狐物語 Roman de Renart』である。ライオンは《高貴さ》を象徴し、熊は、強いが《鈍重》であることを、野兎は《臆病》を象徴する。こうした解釈は、なによりも紋章に反映しており、そこでは、みすぼらしいとか、粗野であるとか、あるいは下劣とされた獣は、系統的に排除された。

しかし、象徴的あるいは寓意的解釈は、すべてについて可能である。四角い物の上に鳥が一羽いるのは、「箱船の上の鳩」か「薪の上のフェニクス」で、これは《永遠性》《甦り》を象徴している。騎士の武具のなかでも剣についていうと、輝く刃はその騎士の純潔を表し、両刃は聖と俗の二つの法であり、鋭い切っ先は教会の敵を倒す働きを示す。剣身に名前が刻まれているのは、イエスが常に念頭に置いてくれていることを象徴する。馬の四肢までも、正義・英知・力・節制の四つの徳を表すとされる。

聖職者の衣装についても同じである。「アミクトゥス amict」（肩衣）は、聖職者が人を誹ったり嘘をつくことを禁じられていることを表す。「アルバ aube」（白衣）は、彼が悪事に手を染めないことを表す。「帯 ceinture」は、贅沢を避けるべきことを表しており、ミサのときに司祭が左腕に垂らす「白絹 fanon」は、彼が魂の刈り入れ人であることを表す。というのは、麦を刈り入れる人の手拭いと似ているからである。

これらのシンボルの幾つかは、著述家の個人的想像力の産物であり、必ずしも一般には受け入れられていなかったかもしれない。しかし、大部分のシンボルは、聖職者の配慮で懇切に教えられていたもので、文字を読めない信徒たちも、カテドラルが彼らに呈示している《世界の鍵》を、さほどの苦労もなく解読することができたのであった。

Ｃ・テラッスやエミール・マール、ヨハン・ホイジンガらが指摘している、一〇二五年のアラス公会議で司教たちが決議した事項を思い起こしてみよう。

「素朴な魂をもつ無学な人々は、書物によっては知ることのできないものを教会のなかで教えられる。彼らは、それを絵像によって知るのである。」

私たちは、その反響を十五世紀末、ヴィヨンが、老いた貧しい母の口を借りて語らせている言葉のなかに見出す。

Femme je suis, povrette et ancienne,
Ne rien ne scait, oncques lettres ne lus.
Au moustier vois, dont suis paroissienne
Paradis painct, ou sont harpes et luts,
Et ung enfer ou damnes sont bouillus,
L'ung me fait peur, l'aultre joie et liesse....

わたくしは貧しい老婆でございまする。
何も存じておりませぬ。皆目文字が読めませぬ。
わたくしの属する僧院の教会堂に描かれた絵に、
天国には琵琶や竪琴、地獄には
罪人の亡者が煮られている様が見られまする。
一つはまことに恐ろしく、一つは楽しく思われまする。

（遺言詩集のなかのバラッド。鈴木信太郎訳）

日常生活の振舞い

宗教は世界観を厳密に規定し条件づけているとともに、各個人の振舞いに対しても根底的な影響力をもっていた。中世の人々の生活について真面目に研究しようと思うならば、たんに教義にどう説かれているかだけではなく、キリスト教的道徳が説いていたことから始める必要がある。

罪はいたるところに満ちている。死は間近にうろついているのであるから、恐ろしい地獄は差し迫っている。それを逃れるには、聖人たちや聖母さまに神へのとりなしをお願いするか、さもなければ、聖職者が示す掟に従って、もろもろの誘惑をはねつける決意をするか、少なくとも、そうしたいという気持ちを起こすか、である。

宗教の信仰に生き実践している人なら理解できることだが、幾千万もの粗野な人々が、人間としてもっている基本的欲望のために、自分の信じる宗教によって永久的に拒絶され罰の恐怖に晒されることがあり得るのである。

たしかに、この懼れには個人的差異がある。罪のなかに生きている人は無数にいる。しかし、多くは、ためらいながら、あるいは、良心の呵責と戦いながら、罪をおかしたのであることは、これまた無数の事例が物語っているところである。

ここで思い起こされるのが、中世キリスト教の基礎として際限なく繰り返し説かれ、大なり小なり人々の意識に染みついていた「神の十箇条の戒め」と「信仰十二箇条」であり、さらに、聖霊の贈り物として、折りに触れ述べられた、美と思慮、勇気、力、率直さ、なかんずく黙示録の怪獣の頭で象徴される七つの大罪（高慢・嫉妬・憤怒・怠惰・吝嗇・淫蕩・貪欲）から身を守ることの「枢要の徳」である。

ここに挙げられた罪の一つ一つが根っことなって、そこから七つの枝が生じる。たとえば《高慢》からは不誠実・軽蔑・厚顔・野心・虚栄・偽善・恥知らずが派生し、それらがさらに、小枝を生じる。たとえば《不誠実》からは、恩知らず・狂乱・変節などのように。

キリスト教徒は、これらの罪に対して戦う《神の兵士》である。彼らもしばしば誘惑によって圧倒されるが、それに打ち勝たせてくれるのが、慈善行為や身近な人々への愛といった福音的徳義の絶え間ない実践である。しかし、そうしたことを長々述べても退屈なだけであろう。そこで忘れてならないことは、横糸というべき日常のあり方の問題である。

それを明白に示すものとして、人々の瞑想を刺激し、あらゆる個人にとって対応すべき基本的テーマであった「救済」「黙示録」「悪魔」「超自然的なもの」などの問題を採り上げることができる。《死》それ自体は人を驚かせはしない。《死》はあまりにも頻繁であり、むしろ馴染みでさえあった。子供たちはつぎつぎと死んでいったし、災害や伝染病、戦争などのために、家族全員が犠牲になることも珍しくはなかった。人々は、この肉体が何ほどの物かを、よく弁えていた。『神のお宝Besant de Dieu』(一二二六年、ギヨーム・ルクレールが書いた説教詩)は、ルイ八世が「幾ばくの時を経ずして腐った死骸となった」と記している。

いずれにしても、幸せはこの世にはない。生きていても、病苦と貧困、譴責、非難に遭い、最後は恐ろしい老いに辿り着くのが、この世の人生である。「頭は揺れ動き、歯は腐って抜け落ち、息だけでなく身体全体が悪臭を発する」。大衆の心を動かすことができたのは、十一世紀に流行した麦角性中毒により激烈な苦痛と全身の痙攣のなかに息絶えていく死であるとか、一三四八年のペスト流行による大量死とかだけである。しかし、目撃した人々に最も衝撃を与えたのは、これらの死者たちの常ならぬ面、とりわけその悪魔的な意味合いではなかったか、と思われる。

そのうえ、魂の不滅についての公準は無条件に認められていたから、死は仮初めの現象でしかなかった。したがって、ほんとうの問題は、不完全と不平等と罪に支配されたこの世を去ってのち、永遠の生に到達することができるかどうか、であった。

キリスト教会は、高潔な人は天国へ行くこと、そのチャンスは全ての人に平等にあること、さらにいえば、苦しみに堪えて戦った人にこそ、このチャンスはいっそう大きいことを保証していた。このことは、福音書の教えを文字通りに解釈すれば明らかであった。「最初の人は最後となろう」「心の貧しき人は幸いかな」などの言葉、また、パリサイ人と収税吏の寓喩などが、それである。この教えは全ての人によって認められ、西欧社会における秩序維持の役割を果たした。だが、金持ちやお偉方たちが、この教えに不安を抱くことはあっても、貧しい人々が苦しみを軽減されることは、ほとんどなかった。

他方で、聖書についての別の解釈から、新しい恐怖が生まれた。というのは、もしもキリスト教会がいうように、全知の神は選ばれた人々の名前を原初の昔から知っていたのだとすると、人間の運命はあらかじめ定められていたことになるからである。この『運命論』を楯に、多くの人々が「善をなそうと、悪をなそうと、そのために何かが変わるわけではない」と言い出した。この恐怖の反響は、ボエティウスの著作や『薔薇物語 Roman de la Rose』のような広く読まれた作品のなかに見ることができる。

《自由意志》（自由な裁定）を擁護する論議は骨が折れるものである。最も鈍重な人々にも説得力をもつ議論として、往来を行き来する人々を物陰から見ている人の話がある。右の方へ行く人もいれば、左のほうへ行く人もいる。神は、こうした人々がどこへ行こうとしているかを知って見ている観察者である。行く先を知っているが、この人々に強制力を加えることはしない。それと同じだというのである。

しかし、一方で、多少とも洗練された思考力をもつ人は、《全知全能》《正義》《善意》といった神の属性を《偶発的な自由裁定》と関連させ、折り合わせて位置づけようとする。他方、罪深き平均的な人々は、どのようにして自分が正しい道を歩んでいると確信できるだろうか？　これらの疑問への答え如何で、様々に異なる態度が可能である。

そこでは、あらゆるロジックがあり得るが、《寛容主義》もその一つである。運命は原初から刻み込まれていて、何をしても変えられないとしても、この世の人生でもっているものは、気難しい検閲官たちに逆らってでも行使すればよいではないか？

しかも、強靱な精神をもつ人々は、そうした行き方を支持している。すでに六世紀に「その邪悪な知性のため、書かれていることも更々信じようとせず、眼前に証明されていることにも従おうとせず、自ら見たことさえ作り事だとして馬鹿にして、気にも留めない」人がいた。十二世紀には「死なぞ、どうということはない。その日その日を楽しく過ごせばよい。あとは、野となれ山となれ、だ」と言う者さえ現れる。死は戦いを終わらせてくれる。しかも、死ねば、身体も魂も、なにも残らないのだから、と。また、このように言う人もいる。——「神が善であるなら、地獄など作るはずがないし、人間を苦しめ、働かせ、不幸に陥れるはずがないではないか」。

同じころ、地獄の沙汰もカネ次第の堕落した体制社会を皮肉って『聖マルコ福音書Evangile selon saint Marc』をもじって『ゼニ・マルク福音書Evangile selon le marc d'argent』〔訳注・これは、福音書記者の聖マルコと通貨のマルクとが同じ綴りであることから来ている〕と洒落のめして遊びと酒と恋愛を謳いながら路上を流して歩く、貧しいがおどけた聖職者や《ゴリアールgoliards》〔訳注・放浪学生〕たちが見られた。

さらに心の中の不満を爆発させたり、異端信仰に走る人々も出た。十二世紀末には、フランス南部の多くの人々が、教育的で簡明な教義をもち、その適用において脅迫的でない新しい宗教、《カタリ派catharisme》に帰依した。また、そこまではいかないが、罪を犯しても自ら悔悛せずとも、教会に気前よく寄進し、自分の代わりに有徳の聖職者に贖罪してもらえばよい、あるいは、聖者さまに祈って、罪の赦しをとりなしてもらえばよい、という人々は数え切れない。

しかしながら、おそらく大部分の人々は、それにもかかわらず、極限の不安と苦悩のなかで、キリスト教徒らしい生き方をしようと努力した。そのことは、メロヴィング時代以来の文書記録のなかに表れている。この時代、人々は天の怒りの剣が打ち下ろされるのを眼にし、『ヨハネ黙示録』に予言された《世の終わり》と最後の審判の日が近づいていることに恐怖した。「人々はまだ、人間を支配し押し潰す恐るべき悪魔的な復讐の神のもとでの千年が呼び覚ます恐怖を味わっている」（ジョルジュ・デュビィ）。

西欧は《儀式的・儀礼的宗教》から《行動のキリスト教》へ少しずつ移行するにしても、その道のりが長いことには変わりない。ロマネスク様式の教会堂のティンパヌムtympans〔訳注・教会入り口のアーチと楣の間の三角形あるいは半円形の部分〕を覆ったのは、正義と恐怖の神による《最後の審判》の場面であり、ゴシックの教会堂が「善きキリストの美と優しさ」で飾られるのは、もっとあとのことである。しかも中世は、鞭打ち行者とサヴォナローラ（1452-1498）によって仕上げを見るのである。

地獄と悪魔への恐れ

注目すべきは、地獄の恐怖の前に、この世の富など、価値を失ってしまったことである。多くのキリスト教徒が俗世を捨てて隠遁生活に入り、それ以外の人々も、苦労して手に入れた資産のすべてを擲った。何十万の西欧人を、聖人の遺物を祀る各地の寺院への巡礼や、ローマ、コンスタンティノープル、サン・ティアゴといった国際的な巡礼の旅へと押し出し、さらには十字軍へと駆り立てた感情は、ある種の強い不安感であった。

とはいえ、そこには一つの大きな希望も混じっていた。それは、巡礼であれ、十字軍遠征であれ、それによって罪の赦免が得られることであった。すなわち彼らは、心に描いた《天上のエルサレム》への超人間的な旅を成し遂げることにより、日常の行動は変えないままで救済が確保されると信じたのである。こうして《天上への希望》が《地獄の恐怖》に取って代わった。

悪魔は、どこにでもいて、よく知られ、恐れられた存在である。この《闇の貴公子》は、悪事を成すためには、ありとあらゆる奸計を弄した。鈎爪と翼をもち、悪臭を放ち、子分の悪魔たちを従えた、いかにも恐ろしげな姿で描かれる。しかし、人々を惑わすために様々な策略を巡らし、多様な姿に変身することも知られていた。たとえば、美しい若者になったり、蛇になったりして、もっともらしい理屈をこね、いかにも正直そうな言葉で人々に憎しみの心を注ぎ込む。聖者でさえ迷わされるのだから、無垢な人は簡単に騙されてしまう。

悪魔の目的は、明らかに一つである。人々に罪を犯させ、地獄の苦しみへ落とすことである。キリスト教徒の人生は、このような敵に絶え間なく付け狙われているのであるから、苦難に満ちているのは当然である。最終的に悲劇的結末から救われるため、あるいは、信仰心を補強してもらうためには、天使たちや奇蹟による助けが必要となる。

したがって、迷信や軽信を伴いつつも、超自然的な出来事が日常生活の一部をなしていたのは無理からぬことであった。彼は根本的にはキリスト教徒でありキリスト教化されているが、そこに表われている信条は明らかに異端的な《二元論》である。

《奇蹟》は、物事の正常な推移を断ち切るものであり、直接にせよ、あるいは、種々の媒介（不可視の天使や天国の聖人とその痕跡、可視的な地上の聖者・隠者・隠修士・巡回説教師・熱狂的説教師・苦行者などによる）を通じてであれ、根源は神に由来する。十三世紀末、のちにジェノヴァ大司教となるヤコブス・デ・ヴォラギネが、昔から各地で語られ広く知られていた聖人たちの奇蹟物語を集めたのが『黄金伝説 Légende dorée』である。

この精神風土は種々の年代記や宮廷恋愛物語にも反映しており、これらに活力を与えているのは、日常的に表れて最後に永遠の救いを確保してくれる《純真》と《善意》の力への信仰である。

しかし、その一方で、悪魔とその手下たちは、魔術と妖術を行ってこの世界に恐ろしい働きを及ぼす。キリスト教徒たちは、一見それらしい《奇蹟》を起こしてみせる魔術師たちや偽予言者に、しばしば誑かされる。トゥールのグレゴリウス（v.538-594）の昔だけでなく、かなり時代がくだってからも、「いかさま魔術師」の例には事欠かない。

中世には、当然起きることも、人を驚かせたり恐れさせたりすることは全て、超自然的現象と考えられた。そして、そこに参画したのが神であったことが解明されない場合は、悪魔の仕業とされた。この信仰は農民世界だけでなく、全社会に行きわたっていた。今日に伝わっているそうした文学は、すぐれて聖職者や貴族たちの著述であり、彼ら自身が経験したことに基づいている。

『フランス大年代記Grandes Chroniques de France』〔訳注・『サン・ドニ年代記』ともいい、一二五〇年ごろ、それまで伝わっていた記録がラテン語で年代記としてまとめられ、それを一二七四年にサン・ドニ修道院長、マテュー・ド・ヴァンドームがフランス語に訳し、その後も書き継がれていったもの〕には、十四世紀に魔術によって地中に埋められた猫の話が報告されているが、これには高位の聖職者も関わっていたことが述べられている。

同じ十四世紀に書かれたベルナール・ギィの『審問官の手引きManuel de l'Inquisiteur』は、題名どおり、魔法使いや占い師に対する審問の仕方を述べたもので、審問官たち自身、魔術の力を信じていたことを示している。この文献には、魔法使いたちが種々の薬草などを集め、蠟人形や鉛の人形を使い、依頼者を東向きに跪かせ、体毛や爪を吞ませ、呪文を唱えて、病気を治したり、未来のことを予言したり、不思議なことを言い当てたりすることが詳しく述べられている。

この世界は、魔法使いやサタンの手下たちで満ちていたが、彼らを見分けることは簡単であった。「奇形、びっこ、やぶにらみ、つんぼ、めくら」といった人々は、それだけで、普通の人間の眼には「悪魔の邪悪さを帯びた存在」と映った。まして、精神錯乱の発作を起こす人は、たちまち《悪魔憑き》とされた。

事実、当時のヨーロッパでは、栄養不足やヴィタミン欠乏、さらには、断食や幻覚作用を伴う植物の摂取などに起因する精神的トラブルが頻繁に見られた。また、ドイツではしばしば、自分を狼と思い込む《狼化妄想lycanthropie》が見られたが、これは研究の結果、飢饉と関連のあることが明らかにされている。

ヒステリーや箒に跨る奇行は、性的タブーによって圧迫されている社会で多く見られるが、地獄の恐怖など、聖職者の説くイデオロギーによって精神が型にはめられると、もっとさまざまな病的神経症が宗教的定型の形をとるようになる。神秘主義的宗教は《鬼憑症 demonomanie》〔訳注・悪魔に取り憑かれたと思いこむ病〕の直接の引き金になるし、民衆も、その軽信から、神経症患者を《悪魔憑き》とか「邪悪な力によって魔術的能力を授けられた人間」だと思いこんだ。

そうした病人は、悪魔払い（エクソシスト）により鞭で打たれ、あるいは聖水を振りかけられることで治ることもあれば、それでは治らないで、ますます魔法に耽り、サタンに魂を売り渡した者もいた。後者に対しては、足枷をはめたり、逆さづりとか赤々と熾っている炭火とかで拷問にかけることによって、悪魔と肉体関係をもったこと（女の場合は男の夢魔 incubes と、男の場合は女の夢魔 succubes と交わる）、そして、全くありそうもない非道な交接や、考えられないような罪を犯したことを自白させた。

ときには、本人自身が幻覚にとらわれ、悪魔の《サバト》（夜宴）に参加したり、幼児を殺し、その血をすすったとか、邪悪な淫奔の限りを尽くしたとかの行為をやってしまったと信じていることもあった。こうして、拷問によって《悪魔の印》（それらは、過度の痛みによって麻痺したための無痛点であった）が見つかり、彼らの有罪を審問官が確認しているとき、偏狭で熱狂的に信じたがっている貴族や、無教養で欲深い僧侶、呪いや媚薬に目がなく、護符や魔除けの札を身につけ、不思議な力や運命についての知識を得たいと願っている農民たちに何ができたただろうか？

自然を支配できるだけの物質的力を持たない彼らの脳裏にあるのは、夢や魔術的次元での支配力だけである。そして、魔法使いならそんな力をもっているはずだという確信が強くなるにつれて、この粗野な信仰は、西欧社会においてますます蔓延していった。

おそらく、それに加えて、金持ちや権力者が主人であり、キリスト教会がその魂となって秩序を支配している社会に対する、積もり積もった怨念や敵意も、考える必要があるだろう。つまり、彼は、悪魔に我が身を捧げることによってこの社会と秩序を壊し、自分たちが支配できるようになるかもしれない、と考えた可能性がある。

彼らが古代のケルト的、ゲルマン的な、インド・ヨーロッパに由来する祖先崇拝や、キリスト教会から悪魔と同一視された古代の神々と異教の習慣に回帰していったのは、このためと考えられる。その例としては、九八三年のリュティチ人Luticiens〔訳注・エルベ川とオーデル川の間のスラヴ人〕や、十世紀から十三世紀にかけてのプロイセン人の、キリスト教支配（ということは、ゲルマン人やポーランド人による支配）に屈することを拒み、自分たちの神々を守ろうとした頑強な戦いがある。

しかし、遡れば、それは、以前のゲルマニアやガリアでも同じだったに違いない。彼らの古来の迷信的慣行をキリスト教風に変えさせようとした教会が、異教の神に代えてもたらしたのが聖人崇拝であり、魔術的な護符に代えて聖牌を身につけさせ、絶えず十字を切る仕草を教えたのであった。

それでも、ガロ・ローマやケルト、ゲルマンの遠い過去に深く根ざした記憶が完全に消えることはなかった。人々は、メロヴィング時代にもディアーヌ女神やヴィーナス、ユピテル、メルクリウス〔訳注・いずれも、ローマ神話の神々。ガリアでは、ガリア人古来の神に代わって定着していた〕への礼拝を続けていたし、さらには、古来、神聖視された泉や木々、巨石などのうえに十字架を立てて、これを崇拝しつづけていた。

農民に伝わる民俗信仰の多くが、太陽信仰やキリスト教によって覆い隠された古い地下の神々の信仰に源をもっている。炉端で語られ、その幾つかが私たちの祖母のころまで受け継がれてきた小話や物語、騎士や貴婦人を巡る一連の宮廷ロマン——これらには、ついに壊すことのできなかった異教神話の息吹が湛えられている。

たとえば、マーリンやヴィヴィアンとエーモン四兄弟が、偉大な馬バヤールとともに住むブロセリアンドの森、ゴーヴァンとペルスヴァルの成人式と太陽の象徴主義、さらには、ラブレーのガルガンテュアの背後に垣間見られるケルトの三位一体や、眠れる森の美女とか白雪姫と七人のこびとなどの妖精や魔法使いの世界にいたるまで、それの表れといえる。このように、古代の信仰と神話の奇妙な流れが、キリスト教によってもあまり濾過されることなく、中世によって今日にまで運ばれてきたのである。

教会は、ときにはそれに制約を加えたものの、ときには、かえって新しいテーマと関心を付け加えさえした。このことにより、キリスト教会は、日常生活のなかに多くの迷信的慣習を継続させたり、新規に導入したりしたのだったが、それとともに、西欧の精神性の特徴となる道徳的抑制と自己完成への欲求を、あらゆる面に持続的に吹き込み、あるいは装わせた。

キリスト教的家族

ゲルマン社会の基盤を成していたのは《家族》である。同じインド・ヨーロッパ人種であってもローマ人の家族と異なって、ゲルマン人の家族は、強固に組織化された基礎的社会集団である。

ローマ人の家族にあっては、《家長pater familias》ひとりがその直系の子や孫たちを支配し、代表し、生殺与奪の権を握っていた。それに対し、ゲルマン人の家族では、祖先を共にしていることが全体を束ねる基盤になっているにしても、戦闘要員である男子は全員が発言権をもっていた。一方が個人的富を享受しながら公共の正義に従うのに対し、もう一方は、集団で開拓した分離不可能な土地に富の基盤を置き、その固有の正義を行った。

中世初期には両者は融合の道を進んだが、実際にはゲルマン的家族のほうが幅を利かせた。血の繋がった友の助けと精神的絆だけが個人の頼ることのできる唯一の社会的集団であり、これなくしては、個人は打ち砕かれてしまったことであろう。なかでも貴族たちは、長い間、同族への帰属意識を保持してきた。その原因と結果の関係については、あとで見ることにしよう。

働く人々の世界では、《信心会confréries》《ギルドguildes》《コミューンcommunes》《農村共同体communautés rurales》といった、家族とは別のタイプの集団を舞台として、人々が互いに結合しあい、助け合い、共同体意識で結ばれていたいという中世的欲求が継続されていた。しかし、十二世紀、さらに十三世紀になると、いたるところで大家族集団が破綻を見せる。

その原因の一つは、明らかに人口問題で、人口の急激な増加が世襲財産の細分化を招いた一方で、耕作方法の改良と新しい土地の征服により、集約的で生産性の高い農業経営が行われるようになり、人手も少なく、土地も狭くても、なんとかやっていけるようになったことにある。こうして、G・ボワがノルマンディについて明らかにしているように、十一世紀から十三世紀にかけての経済の膨張は、農民の家族的枠組の狭小化によって実現されたわけである。

しかし、それだけでなく、キリスト教の影響力と中央集権的な権力とが結びついた宗教的・政治的条件も、夫婦を核とする細胞の勝利を確固たるものにした要因である。《神の平和》や君主たちの様々な努力によって暴力が次第に抑制されると、血族集団による保護は、それほど必要不可欠ではなくなっていった。

しかも、そのうえ、ローマ法とともに地中海地方の公証人制度が普及し、キリスト教会の影響のもとに遺言が幅広く遂行されることによって、世襲領地の細分化が加速された。とくにこの種の贈与の第一の受益者であった教会は、教会裁判所に委ねられた証書がもたらす利益を守ろうとした。

しかし、小単位家族への進行具合は地域によってさまざまで、とくに中世末のように苦難にぶつかった場合には逆戻りした。たとえば十五世紀初めのトスカーナ地方では、構成員五人以下の家族が全家族集団の七七％（人口では五六％）を占めた。六人以上から成る家族が長い間続いたのは、西欧世界のダイナミズムの新しい要素である都市よりも田舎においてであった。

キリスト教教義に後押しされた《結婚の秘蹟》の勝利が明確になったのがほぼ十二世紀である。このように遅くなったことに驚かれるかもしれない。しかし、中世初期にあっては、奴隷や小作人、季節的小作労働者、浮浪者はもとより、結婚で入ってきたよそ者も、司祭によって祝別された家族員とは区別されたとしても、しばしば、その配偶者の家族によって養子として扱われた。しかも、こうした人々は、自身もその子供の大部分も、同じ土地の同じ場所で、まとまって生活し、同じ氏族に仕えたのだった。

お偉方連中にとっては、結婚とは相変わらず家族や氏族集団同士の結合であり、教会法の掟などは眼中になかった。カロリング時代までは、内縁関係や重婚すら当たり前で、その後も、実質的には消滅していない。シャルルマーニュ自身、王位継承の有資格者が増えることを恐れて、娘たちを結婚させないで貸し与える方式を採った。彼の娘たちがたくさんの私生児を生んでいるのは、このためである。デュビィが書いているように、「同棲関係が盛んに行われたのは、そのほうが家族の利益にかなっていたからで、それによって、若者を束縛しないで相続財産を守ることができた」のである。

反対に、妻を娶ることは、狩りと同様、一つの冒険であった。《結婚》が秘蹟として勝利を収めたのちも、その脆さは変わらなかった。これは、離縁される妻が膨大な数にのぼったにもかかわらず、教会が何もできなかった事実に表れている。七親等までは近親結婚になるとか、代父母との結婚は禁じられているとか、性的不能や不妊の場合は離縁してよいとか、結婚の無効に関する教会法を拡大解釈して捻出された様々な理由から、多くのカップルの解消が行われた。

それが、死亡率の高さとあいまって家庭の崩壊を招き、妻と別れた男や夫から離縁された女性が、配偶者を亡くした人々と同じように、血縁家族のなかで未婚の弟や妹、子持ちの甥や従兄弟たちと一緒に生活する光景が広く見られるようになる。

にもかかわらず、キリスト教の結婚規範が、ゲルマン的・ローマ的契約よりもずっと、夫婦の結びつきを強いものにしたことは事実である。したがって《結婚の秘蹟》は、それによって築かれた家族の結合を強め、安定性を高める働きをしたが、教会は、クリスマスと復活祭、聖霊降臨祭といった神聖な時期には申し込みを受け付けないよう、またカップルが所定年齢以下である場合も、これを認めないよう指示していた。年齢でいえば男子は十四歳、女子は十二歳以下、またパートナーのどちらかの意志に反するものである場合は、《秘蹟》は授けられなかった。その反対に、キリスト教徒はすべて平等であるから、社会的身分の違いは障碍にならず、極端な場合、王女が羊飼いと結婚することも可能であった。

厳粛な婚約の儀式に先立って、司祭の立ち会いのもと誓いが交わされた。この儀式のなかで指輪の交換が行われ、当初は右手の中指にはめられたのが、次第に左手の薬指にはめられるようになった。これは、静脈を通って心臓につながっていると考えられたからである。その後、キスが交わされた。

それから四十日間の公示のあと、婚約者たちが互いに同意を確認し祝福を与え合う結婚の儀となるのであるが、このときは司祭が教会堂のポーチの下にいて出迎え、二人を中へ招じ入れ、ミサを行う。

花嫁の白いウェディング・ドレス、ゆったり靡かせた髪、小麦粉をカップルに振りかける儀式、祭壇へ向かっての行列、花びらを撒き、宴会を催し、おみやげを配る……等々、これらはキリスト教化されていると否とを問わず、民間伝承から生み出されたセレモニーである。

式が終わると、花嫁は腕をとってもらって新婚の家の敷居をまたぐ。そして、友人たちに手伝ってもらって衣装を脱ぎ、夫と同じベッドに横たえられる。こうして、婚姻は有効に結ばれ、もはや壊れないものになる。夫婦は互いに誠意を尽くして生活を共にし、子供を生み育てなければならない。夫は家庭を主宰し、夫としての権力を行使する。

十三世紀の幾つかの著作、たとえば『平信徒への光Lumière aux Lais』では、結婚は悪徳への予防と生殖の手段であり、多くの秘蹟のなかで、品格においては最も低い位置を占めると考えられていたようである。しかし、だからといって、その社会的役割を過小評価することはできない。

結婚はまた、キリスト教会がその権威によって、これを尊重するよう後押しした一つの契約でもある。とくにローマ時代には、女性の立場はひどく軽視されていたため、女性保護を目的としたたくさんの条項が定められた。男性は、婚約すると、保証金を出さなければならず、婚約破棄の場合は、その四倍の額を慰謝料として払わなければならなかった。また、夫は妻が寡婦となったときも生活していけるよう、自分の財産の三分の一から半分を充てて《寡婦給与財産douaire》を設置しなければならなかったし、そのうえさらに、処女を奪った償いまたは感謝のしるしとして《朝の贈与Morgengab》が加わった。ローマ法では、妻のほうから持参金（dot）をもってくることを認めていたが、これは普通、女性側の親からの相続分の前渡しであり、婚姻関係が解消したときには女性の手に戻された。

たしかに夫権は強く、夫は《寡婦贈与財産》や《持参金》も含めた二人の資産を独断で運用できるとされていた。しかし、その一方で、不動産は、夫婦の共同生活のなかで獲得された《後得財産conquêts》も、妻または彼が相続した《固有財産propres》さえも、妻の許可なしに処分することはできなかった。

女性の地位

女性は根本的に劣っているとして夫をもつ女性が法律上の力をもたないとされることはなかった。夫が資産を管理できなくなったときは、妻が代わって管理した。たとえば夫の領主が軍事遠征しているあいだは、妻が城も領地も管理した。商業の発展にともなって、夫の許可さえあれば、妻が取引を行う権利も認められた。中世社会での女性の立場は、中世全体を通して、とくに一一〇〇年から一三〇〇年の間に、明らかに改善されている。

キリスト教会が常に、儀式参加や公的責務の分担から女性を排除してきたことは事実である。その根底には、女はアダムの身体の一部をもって作られた存在であり、アダムの堕落に大きな責任があるという、聖書に由来する観念があった。ここから、女は男に従うべきで、家庭のために身を捧げ、子供を生み育てることに専念すべきであるとされたのである。十三世紀、トマス・アクィナスは「女は種の保存と飲食を調えるために欠かせない」として次のように述べている。

「女は男を助けるために創造されたが、それは、あくまで子を産むためである。なぜなら、それ以外のすべての仕事については、どんな男も、女よりずっと有能だからである。」

しかし、フォントヴローやモンスのサント・ウォドリュに高貴な女性たちが現れた時代や、ヴェズレーのマドレーヌのような偉大な聖女が各地に出現し、さらに、至るところの礼拝堂やカテドラルに「ノートル・ダムNotre-Dame」の名称がつけられ聖母マリアが異常なほど称えられマリア崇拝が高まった時代には、女性が霊的に男と平等であることが容易に認められている。

法律の次元でも、女性は法廷に出ることができたし、十三世紀以後は、証人として証言台に立つこともできた。一二六五年ごろの有名な著作『人生の四季Quatre Ages de l'Homme』の著者はフィリップ・ド・ノヴァールで男性であるが、そこには、男の女に対する優越感などといったものは全くない。

また、サント・ジュヌヴィエーヴやブリュヌオー、ビンゲンのヒルデガルト、アリエノール・ダクィテーヌ、ジャンヌ・ダルク、シエナのカタリナといった女性たち（修道女、王妃、羊飼いの娘と立場はいろいろだが）が歴史の上に果たした役割の大きさは、よく知られているとおりである。

モラリストたちにいわせると、男性に較べ項目は少ないが、女性も幾つかのキリスト教社会での原則を守らなければならない。女性は、話し方においても行動においても、大胆であったり、だらしなくてはいけない。尻軽であったり物欲しげであったり、おねだりしたり、浪費的であったりしてはならない。

とりわけ気前がよいことは、女性にあっては一つの欠点である（ただし、教会へのお布施は別である）。なぜなら、結婚前は贈り物をする必要がないわけだし、結婚している場合は夫に任せるべきで、もし夫が気前がよい場合、妻も気前よければ家政は破綻してしまう。夫が吝嗇である場合、妻が気前よくすることは、夫に恥を掻かせることになるうえ、他人に対して、財産についてと同じように自分の身体についても、夫から自由であるような幻想を抱かせる恐れがあるからである。

しかも、女は男に対して一つの利点をもっている。それは、男が「寛大で礼儀正しく、しかも賢明でなくてはならない」のに対し、女は「自分の身体について正直であること」つまり、若い娘は処女であり妻は貞淑であれば充分で、これだけで女の欠陥はすべて消えてしまうからだ（ここには、とりあえず男性の肩をもった教会の影響が見られる）。

したがって、女は美しく清楚な態度を身につけるべきで、そうすれば、貧しい娘も、その素養にふさわしい結婚をし、金持ちの奥方になることもできる。逆に悪い評判が立つと、身分の高い娘も、結婚できないで終わるか、それとも、低い身分の男としか結婚できないことになるであろう。

修道女にでもなるのでないかぎり、女が読み書きを習っても、あまり役には立たない。読書は悪い思想を吹き込むし、文字が書けると、恋文を寄越してくる男と文通をするようになるのかもしれない。役に立つのは、楽器を演奏し、歌い踊れることだ。裁縫と機織りはまず必修である。貧しい女は当然それらができなければならないし、裕福な女性も、召使い女にそうした仕事を指図し、出来映えを評価できなければならない。

一般的にいって、家事を切り盛りできることは、女性にとってきわめて大事であった。十四世紀の『パリの家政Ménagier de Paris』を読むと、私たちは、当時の女性たちに求められていた、それでいて、この著者の若い妻が知らなかったあらゆることについて知ることができる。

娘たちは、まだ幼いときから、年配の好色漢からだけでなく、男の子たちからも、身を守らなければならない。

「なぜなら、しばしば男の子と女の子は、小さいうちから、愛し合うあまり、自然が欲求することを一緒にするようになるかもしれないからである。

car mainte foy est advenu que les garçons et les garces s'entr'aiment des petitesce et si tost comme il le pueent faire il s'assemblent, ainz que les autres genz cuident que nature lor requièrent.」

普通、娘が十四歳になると、両親は嫁にやるよう努力した。

結婚した女性が、夫やほかの男からどのように見られていたかについては、非常に多くの民衆文学によって知ることができる。少なくとも十二、十三世紀の文学作品には、鬼のような妻に叱り飛ばされ、ぶたれ、虐げられ、しかも間男される話が見られる。多くの場合、妻は股引を穿いていて、口うるさく仕切る独裁者である。それに較べて、夫によって躾けられた慎ましい妻などは滅多に登場しない。

確かに、これは割り引いて考える必要があるし、男を誑し込むために羊の胆汁や犬の脂身を身体に塗りつけて呪いをかける女、夫に毒を盛ったり、嘘を吐いて騙したり、同じ事を何十回も早口で捲し立て夫をいじめたり、耳がつんぼになるほどの声で夫を怒鳴りつける妻、夫がワインを飲みたいというとビールを出し、パンを食べたいというと麩がいっぱい入った粥を食べさせ、夫が眠ろうとすると揺り起こし、黙っていると文句をいい、何か話そうとすると、話の腰を折り、等々の場面は、誇張したカリカチュアに過ぎないのでは、と疑ってみる必要はある。

妻の尻に敷かれる男（男はアリストテレスを表しているとされる）

　そうした女は、迷信深く信心家ぶり（教会へはまじめに出かける）、わがままで焼き餅焼き、喧嘩好きで気むずかしい不平家、薄ら笑いを浮かべ、残忍で淫乱である。夫には夫婦の務めを果たすよう激しく求め、「夫が疲れていてそれを拒むと、髪を引っ張ったり頬をぶったりする si le mari est trop fatigué pour s'executer, elle lui arrache les cheveux ou le gifle」。ところが、別の日、夫のほうが求めると、彼女は邪険に拒絶するのである。

　『マユーの悲嘆 Lamentations de Mahieu』にあるような酔いどれ女や女衒《ぜげん》への当てこすりをそのまま現代に当てはめるわけにはいかないが、こうした作品はいずれも、中世社会とあらゆる環境で女性が占めている例外的な立場を誇張してみせる傾向をもっている。とはいえ、一家の主婦らしく夫のために食事を調え、子供を養育する責任を果たしている妻だけが、社会のなかで女性が占めるべき位置を公的に認められていたと思うのは間違いであろう。

貴族の女性たち（そのある者は、農奴と結婚したり、聖職者や平民に熱を上げたりした例もあった）もまた、無関係ではなかった。そして、とくにカタリ派の隆盛期、トゥルバドゥール〔訳注・南フランスの吟遊詩人〕が活躍した時代には、父や夫、兄弟たちが《アルビジョワ十字軍》で出かけて留守したり、まして遠征先で命を落としたりした場合は、彼女たちが土地の配分や年貢取り立ての仕事をして、封地管理のうえで重要な役割を果たしたことは、よく知られている。

この時代、女性は「神によって選ばれた人々」であった。十二世紀のトゥルヴェール〔北フランスの吟遊詩人〕、ロベール・ド・ブロワがいうように「神は楽園で女（イヴ）を創り給い、また、自ら一人の女性（マリア）から生まれることを望まれ、復活の際は、まず女性たち（聖母マリアとマグダラのマリア）の前に姿を見せられた」から、である。

《クルトワジー》の発展

《クルトワジー courtoisie》〔訳注・女性に対して礼儀正しく振る舞うこと。宮廷風作法〕ということが最初に言われるようになったのは、南フランスの貴族社会においてであるが、権限をもち、活動的で、しかも才芸の豊かさを讃えられ仰がれる女性のイメージは、それまでの時代の「男勝りの女」とも「虐げられる女性」とも全く違っている。

それと同時に、思いを寄せてくる騎士は彼女の夫ではないが、彼女は、最後はその騎士の情熱に酬いる。このようにキリスト教の教義に反する不義も、彼女にとっては当たり前のことであったことも、注目に値する。たとえばアーサー王の妃、ゲニエヴァも、最後には騎士ランスロットに肌を許している。

この《クルトワジー》の時代には、法律も、女性の不義に対し寛大さを示す。メロヴィング時代であれば、こうした過ちへの処罰は、離婚は当然のこととして、見せしめのため死刑に処されることもしばしばあった。教会法が、男女を問わず全ての個人に、罪に応じた種々の刑を課すようになるのは、もっと後のことである。

しかし、十二、十三世紀の女性に対する処遇の改善は、キリスト教会だけのせいではない。教会の態度は、初期キリスト教時代とそれほど変わっておらず、秘蹟によって結ばれた夫への忠誠義務に背く自由を女性に認めるなどということは考えられないことであった。他方、一千年間もほとんど変わらなかったのに、この時期に突如として変化したとは考えにくいので、ロベール・フォシエなど現代の最新鋭の中世史家たちは、一つの興味深い仮説を提起した。

それは、一一〇〇年から一三〇〇年の時期は、女性人口が男性人口に較べ減少したことで、その要因としては、時代による男女の出生比率の変動という生物学的サイクルも考えられるが、もっと可能性があるのは、分娩による女性の死亡率の高さである。つまり、男は物質的条件の改善の恩恵に浴したが、女は、その恩恵からはずれたからではないか、というのである。

この時代の記録書類から統計学的に割り出してみると、十二世紀は人口二〇〇のうち、男は一一〇、女は九〇であり、十三世紀になってもなお、男一〇五に対し女は九五である。十五世紀初めのフィレンツェ、アレッツォ、そしてトスカーナ地方の人口調査では、それぞれ、男性の占める比率が一一〇、一一八、一三八となっている。結局、こうした女性の数の少なさが女の威信と価値を高める要因になった、というわけである。

時代は少し下るが、ドイツでは、男女比率は逆になっている。一四四九年のニュルンベルクでは、男一〇〇に対して女は一二一であり、一四五四年のバーゼルでは、同じく、女が一二四・七である。このため、ドイツでは、男が優位を保持し、近代に至っているというのである。

この問題は、男女の関係が提起する日常生活の基本的諸問題と密接に結びついている。とりわけ《愛》は、今日と同じように理解され感じられ、実践されていたのだろうか？

文学作品を表面的に見ると、はっきりと異なる点があるが、前提となる行動では、それほど違ってはいない。アルネグンデを見初めたキルペリック〔訳註・メロヴィング朝のネウストリア王〕から『トリスタンとイズー Tristan et Iseut』にいたるまで、一目惚れというのがほとんどである。

『ジャンとブロンド Jehan et Blonde』〔訳注・十三世紀末の作品〕でも、ジャンは、はじめてブロンドを見たとき、衝撃で身動きもできない。ブロンドが近づいてきたときの彼の様子、その精神的な愛の純粋さと強さ、恋患いにかかった青年の内気な態度、それに対して、相手の患いを癒してあげようと決心する乙女……。これらは、時代によっても変わることのない人間の真理を伝えてくれる。

しかし、細部においては、私たちを驚かせる点が幾つかある。ジャンとブロンドは二年間、毎夜、激しく愛し合う。

「つづいて二人はキスを交わし、あらゆる愛の技巧を尽くして愛撫し合う。ただ一つのことを除いて……。mox s'entrebaisent, de tous les jeux d'amour s'aaisent...for un.」

彼らは何年間かの別離のあと、ついに結婚するのだが、婚姻の夜、少なくともブロンドのほうは処女であった。それは、

「愛と自然が教えてくれること以外、卑しい遊びは、だれも彼らに教えなかった　En petit d'eure maistre furent du jeu c'onques mais ne connurent---qu'Amours leur enseigne et Nature.」

からで、「卑しい遊び petit jeu」は司祭の祝聖を受けてはじめて行われたのだった。

したがって、教会は肉体関係に「穢れた事」という烙印を押したが、その影響は中世の性生活にそれほど深く及ばなかったのではないか、と疑ってみることが可能である。前のほうの一節でその実態が見られるように、この罪への恐れ、とくに、少なくとも夫婦以外の男女の淫蕩の罪に対する恐れが、はたして男たちに、その最も自然な傾向に身を任せるのを禁じる働きをしただろうか?

他方で、初期キリスト教社会のエリートを形成していた信仰公言者や、寡婦と処女の礼賛は、処女を守ること、童貞を貫くことの奨励には繋がらなかったのではないか?　近年アメリカやフランスで種々の『贖罪早見表』や『告解の手引き書』の研究が進んでいるが、これによって、この疑問に対する答えが幾つか明ら

かになってきている。

さまざまな肉体的愛の形態については、細部に立ち入らなくとも必然的に非常にはっきりしており、修道女を誘惑したり強姦する罪よりも、男色（sodomie）や獣姦（もっと軽い修道女同士の同性愛でも）といった《自然に反する行為》のほうが重い罪とされていた。

強姦や姦通が罪とされたことは確かであるが、宗教的忌避に由来する性的タブーということでは説明できない。なぜなら、単純な密通に課せられた罰はずっと軽く、贖罪に要する日数でいうと、少なくとも男についていえば、男色に較べて一対一八〇ほども違った。自慰行為に関しては、禁止と許容とが相半ばした。

売春に関しては、思春期の性欲を鎮め、姦通や処女凌辱を回避させ、あるいはその頻度を少なくするということから、大なり小なり認められていた。特に都市では、売春は組織化され、パリでは警察の指示で、貧民用であれ金持ち用であれ、売春婦は一目で分かる目立った姿をしなければならなかった。ヴェネツィアの売春婦の評判は赫々たるものがあり、彼女たちの家は、よく分かるように特別の色に塗られていた。

農村地帯の大部分については、売春婦の実態は分かっていないが、そうした世界でも「みんなの娘っこfillettes communes」として、召使い女や身を持ち崩した娘、ときには「気軽に相手をしてくれる」ことで評判の既婚の女たちがいたことは確かである。男たちの結婚年齢が遅い社会では、そうした女たちの存在が不可欠だったのである。

結婚についての考え方

結婚自体にも、非常に厳格な幾つかの規制があった。事実上認められていたのは、ただ夫婦間の愛情行為であったが、たとえば過度の快楽を追求してはならないとか、受胎に適した正常位で交わるようにとか、妊娠中は交わりを避けるようにとかの幾つかの条件があった。

結婚はあくまで子供を作るため、という条件で認められたのであったが、これは一つの重大な問題を提起した。西欧社会では、貴族の大部分においてすら若い人々の立場は厳しく、とりわけ男性は、性欲が盛んになる十代で結婚できる可能性はほとんどなかった。結婚が正当化されるには、子供を作って立派に育てるだけの経済力が必要だったからである。

女性たちについていえば、国と時代によって大きい違いがある。たとえば英国では、エドワード一世(1272-1307)の時代は二十四歳が平均的結婚年齢であったが、チューダー王朝の時代(十六世紀前半)には二十歳になっている。その反対に、フィレンツェやトスカーナ地方では、都市と農村とを問わず、娘たちの四分の三以上が十九歳以前に結婚しており、十六歳以前というのも三四%にのぼっている。

夫の年齢は、平均して妻より十四歳上である。修道女以外の女性の九〇%が、二十二歳以前に結婚したり寡婦になっていたのに対し、男で四十二歳以前に結婚している人はかろうじて七五%に過ぎず、少なくとも一〇％の男性は、生涯結婚できないで独身のまま過ごした。

いずれにしても、男の結婚年齢が非常に遅いのは普通のことである。そうした何百万の人々と、思春期に達し、さらには成人しているにもかかわらず、家庭を築くことができないでいた何百万の人々は、どのようにしていたのだろうか？　教会の命令どおり、姦通を犯さないよう自制しながら、愛を見つけて結婚できる時が来るのをじっと待っていたのだろうか？

少なくとも、多くはそのようにしたと考えられる。とくに中世も末期になると、名門の家庭の場合は別にして、未婚の母から生まれた私生児の立場は、ゲルマン法のもとでよりもずっと厳しかった。市民の家庭の場合は、私生児は別扱いされており、容易に見分けられる。私生児は貴族や有力者の家系でもかなり多い。ノルマンディーでは、その資産相続を見ると、私生児であったことが見分けられるし、ブルゴーニュでも、「私生児の分け前 échoites de bâtards」は、土地の領主のものになった。

しかし、嫡出子に較べて私生児の数がそれほど多かったようには見えない。そのうえ、中絶は、しばしば魔法使いや魔術的儀式によることがあり、これは、嬰児殺しと同等の罪とみなされ、残酷な処罰が課せられたから、婚外妊娠、少なくとも独身女性の妊娠はかなり稀であったと見られる。このタイプの愛人関係は意外と少なく、肉体関係はあっても、妊娠を避ける愛撫で済ませたと考えられる。

それは広い意味では自慰行為であり、いわゆる「自然に反するもの」であった。たしかに『告解手引き書』は、このような関係を罪とし、それに対する罰を定めている。しかし、ジャンとブロンドのようなカップルにあっては「愛と自然によって結ばれた」と述べられている。それ以上のことは明確ではないが、奔放な姦淫はそれ自体が罪であり、最後まで到達しないで途中でやめるとか、膣外射精によって、《罪の子》を妊娠しないようにすることは、おそらくまだしも受け入れられうる解決法とされたのであろう。

次第に妻帯と子供を作ることについて厳しく禁じられていったニコライ派 nicolaïtes 〔訳注・小アジアを中心に存在した、聖職者の独身を認めない派〕の聖職者は、どうしたのだろうか？　彼らは、正常位をとると妊娠の危険性があるということで、その罪の大きさを強調したのだろうか？　ジャンとブロンドの「何千もの愛技」については、どう考えたらよいのだろうか？

『小姓ジャン・ド・サントレ Petit Jehan de Saintré』のなかでベル・クージーヌの奥方と、彼女の部屋の鍵を持っている騎士との関係については、どうであろうか？　そして、一人の領主が彼女のベッドで休んだことを全面的に認めながら、「なにも淫らな行いはしていないし、そうしようなどと考えもしませんでしたわ」と言って、罪を犯していないと抗弁するこの貴婦人について、どう考えるべきだろうか？

絶えず周囲を気にし、壊れやすく不確実であるこうした婚姻外の愛情関係に較べると、周囲から認められ、教会からも満足できるまで快楽を貪ることを許されている正規の結婚は、はるかに堅固さを増したにちがいない。宮廷ロマン（とくにロワール川以北の）でさえ、結婚が情熱の最後の仕上げとなるような恋を当然のこととしている。クレティアン・ド・トロワは『クリジェス Cligès』や『エレクとエニード Erec et Enide』では、子供作りを目的としない夫婦の間の愛の歌い手になっている。

ましてや、大部分の文学作品は、結婚を男女間の愛に正当に報いるものとして描いている。道徳家や諷刺家も、さまざまな女を非難する一方で、そうした女たちに対比して、夫を愛し助言し支え、夫にとって名誉である女性たちを宣揚している。マイユーでさえも、自分が結婚したのは愛のゆえであることを確認している。『作法の書Livres des Manières』〔訳注・レンヌの司教、エチエンヌ・ド・フージェールの著。一一七四年ごろ〕がいうように

「よき妻たることはきわめて尊いこと
Bone femme est moult haute chose」

なのである。

多くの絵画や彫刻、物語は、愛によって結婚し、信頼しあい、誠実を貫いた多くのカップルの手本を伝えている。しかし、そうした愛は、恵まれた上流階級の人々の結婚から生まれたものであること、しかも彼らにあっては、私生児の数もかなりにのぼり、放縦な恋愛が普通であったことも事実である。

王冠を頂いた人で、夫婦愛を貫いた例も少なくない。その代表として、フィリップ・ル・ベル〔フランス王フィリップ四世〕とジャンヌ・ド・ナヴァール、ドイツ皇帝、マクシミリアンとマリ・ド・ブルゴーニュ、同じく、カール五世とイザベル・ド・ポルテュガルなどが挙げられる。彼らにも『ゾーネ・ド・ナンセSone de Nansai』の作者が結論として言っていることが当てはめられうるだろうか？

ゾーネは皇帝であり、その息子のうち三人は王に、一人は法王になる。彼の妻のオデ・ド・ノルヴェージュは子供たちを愛しているが、しかし、「二十人の子供たちよりも夫であり主人である皇帝を愛している。この愛は、当初から彼女の内にあったが、年月を重ねるごとにしっかりと心の中に根を下ろし、成長し、新たになり、増していったのであった」。

こうしたことは、あらゆる時代にあったことではあるが、夫婦の結合の強化、女性の立場の改善、結婚という枠の内と外とで異なる愛に関する責任は教会にあり、その厳格な規範が西欧社会に影響を及ぼしたことを、どうして否定できようか？

子供の地位

このキリスト教的結婚のロジックは、直接的には次のような結末をもたらした。トマス・アクィナスは、それを次のような有名な言葉で公式化している。

「子供が騒ぐ声のしない家は、まったき家庭にあらず
Tout foyer n'est pas parfait, s'il n'y a pullulement d'enfants.」

そして、この壊れることのないカップル（その本質的関心は子供を作ることにある）から生まれた子供たちは、原則的にいって、イエスと同じく《王 les rois》である。

事実、統計的に言うと、子供の数は多かった、多分、栄養失調ぎりぎりの状況にあった貧しい家庭にあっては、多すぎるほどであった。母親は、一時的に月経閉止することがしばしばあったにもかかわらず、かな

り長い間、受胎可能であった。しかし、そうして生まれた子供は、おそらく三分の一が五歳未満で死んでおり、幼児死亡率はきわめて高かったことも注目する必要がある。

たくさんの子供を産んでも、一人でも思春期まで生長できれば上々であった。『作法の書』には、ヒヤフォード伯夫人の例が挙げられているが、そのほか、カペー王朝からリモージュの商人、エティエンヌ・ブノワの例など、今日に残っているさまざまな人々の家系図を繙いたり、墓地を調べてみると、その悲惨な実態が明らかになる。

子供の数が多く、しかも、彼らのほとんどが「執行猶予つきの死」に晒されていた（R・フォシエ）ことから、彼らが父母から受けた愛情は薄かったと結論すべきだろうか？　哲学者や芸術史家が指摘しているところでは、中世は《子供に対する無関心》を一つの大きな特徴としていたように見える。

たとえば『幼子イエス』を描いた絵は数え切れないほどあるが、いずれも表情は無愛想で、明らかに象徴的に描かれているだけである。天使たちも、ルネサンスより以前は、翼をもつ大人でしかない。子供を描いても、あるがままに観察し表現した芸術家や著述家は、ほんの少ししかいない。

フランス語語彙でも、幼年期に関連したものは少なく、意味もあまり明快ではない。「enfant」とは一般に、ゲルマン法における《成年 majorité》である十三歳から十五歳の人を指し、「petit enfant」はその小柄な人をいい、「jeune enfant」は、結婚していない青年を指している。

しかし、そこから演繹して、父性愛や母性愛はなかったとし、中世社会において「子供」が市民権をもつのはルネサンス初期になってからである、ということができるだろうか？

男女間の愛の場合と同様、子供に対する感情の表現も制約を受けていて、それが、歴史家たちの探求にとって障碍になっているということもあり得る。中世は、少なくとも量的に社会の本質部分を占めている庶民に関して述べた文書がきわめて少ない時代なのである。愛情の問題について記した物はとくに少ない。

しかし、裁判記録のように、これを第一義的に記したものではないにしても、周辺的に述べているものは存在する。たとえば偶発的に嬰児を死に至らしめ、有罪判決を受けて、涙を流し告白している男だとか、あるいは、自分の息子を教会の墓地に埋葬させてもらうため、必要なカネが欲しくて盗みを働いた男の事例などである。

したがって、道徳家が子供について言っていることや、芸術作品のなかでデフォルメされステレオタイプ化された表現を、鵜呑みして決めつけてはならない。P・リシェが言うように「中世の子供は、歴史がまだ書いていない未知なるもの」なのである。

しかしながら、子供に対する感情を物語る幾つかの証言を点検することは可能である。幾人かの両親は、自分たちの子供が偉大な人物になり《良き実り bon fruit》をもたらしてくれるのを待望していることを述べている。多分彼らは、それまでは「辛い通過点」であると考えているのである。

フィリップ・ド・ノヴァールもまた、子供が生長するにつれて、彼らに対する愛情は豊かになると述べ、「幼児は汚くて退屈であり、少し大きくなった時期は我が儘で、不愉快である。もし神がわれわれに愛というものを与えてくださらなかったならば、子供を育てることはできなかったであろう」と言っている。

子供の生長を待ち焦がれる心情を示している資料もたくさんある。マユーは、子供を作って名前を継がせるために結婚する人間（そういう人々が多い）を嘲っているが、『作法の書』は、子供を生み育てることの素晴らしさを感動的に述べ、そのために彼はさまざまな貯えをすべきであると強調している。その内容はきわめて興味深い。というのは、人々はそのために盗みを働いたり、借金したり、税金を誤魔化したり、命を削る思いをすることが語られているからである。

まさに「子供の微笑は親の正気を失わせる dont les caresses les affolent」。シドラックは「人間は自分の子供を愛しすぎてはならない」と警告し、子供を自分以上に愛するのは誤りであると言っている。また、フィリップ・ド・ノヴァールは、神がいかに幼き者を慈しまれ、幼き者のほうは自分を乳で養ってくれた人を愛し感謝し、そして養ってくれる人の愛情と憐れみの対象となることを述べている。

こうして、多くの子供は、周囲の人々の大きな喜びに包まれて人生の第一歩を踏み出すことになる。たしかに、育つだけの力がなくて直ぐに死んでしまう子供も多いし、不具で生まれてくる子供も少なくない。後者の場合は、神の下し給うた罰として抹殺されたり、私生児の場合と同じように、夜のうちに教会の前に置き去りにされることがあった。『贖罪早見表』を見ると、望まなかった赤ん坊を、産んだばかりのベッドのなかで押し潰して殺してしまう若い母親が多かったようである。こうした《圧死》が故意になされたことが証明されたときは、厳しく罰せられた。

だが、多くの子供は、望まれて生まれてくる。その場合は、産婆の手で取り上げられたあと、丁寧に洗われ、産着に包まれて、小さな揺り籠に入れられ、家族の人々によって優しくあやされた。誕生からしばらくすると、教会で洗礼を受けさせられる。これで、早死にしても、天国へ行くことができるのである。キリスト教会は、次第に、復活祭やクリスマス、聖ヨハネ祭といった、昔から行われてきた祭のほかに、この洗礼の儀式の執行を受け入れるようになり、誕生から三日以内で洗礼を受けることができるようになっていた。

この厳粛な儀式では、貧しい人々の場合も、親族と代父・代母をはじめ、友人たちが集まり、白い布に包まれた赤ん坊を洗礼盤に浸す手伝いをした。今日のように、水を頭に振りかけるやり方になったのは、中世も末期以後である。

洗礼とともに、赤ん坊には名前が付けられ、名祖《なおや》の聖人と守護天使に託される。ついで、おとなたちは宴席につき、持参した贈り物を台の上に置く。

子供の遊戯と躾け・教育に関する研究から、子供たちに向けられていた関心の中身が分かる。遊び道具としては、羊の小骨や独楽《こま》、人形、カルタなどが与えられた。また、デュゲクランが幼いころに腕白仲間とやったように、戦争ごっこに夢中になった。

子供は幼いうちに躾けられなければならなかった。「鞭は細く柔らかいうちに撓ませなければならない」のであって、手遅れになってしまうと、折れてしまう。したがって、ためらうことなく叱り、たとえ泣いたとしても、打ち据えるべきである。放っておけば、暴力を振るい、盗みなどの悪事を犯し、人を罵るようになってしまうからである。

まず《神の二つの戒め》が教えられた。すなわち「神を敬い隣人を愛すること」、そして「できるだけ早く、仕事を愛するようになること」である。いろいろな仕事のなかで最も美しい仕事は、聖職者（なぜなら、高位の聖職者、聖人、法王になることに反対する人間などいるはずがないから）と騎士のそれである。

これらは、中世初期から、うんと早くから始めることが必要であった。完璧な教育を受けさせるためには、赤ん坊のときから修道院に預けられた。十二世紀のサン・ドニ大修道院長、シュジェは、五歳か六歳で聖職者の道に入れられている。騎士の場合も、七歳か、遅くても十歳で訓練を始めた。

フィレンツェでは、十五世紀初め、娘は八歳で後見人のもとに託され、仕込まれた。男の子も、同じ年齢で両親のもとから引き離され、見習い奉公に出された。親許に帰ることができたのは、結婚する年齢になってからである。ただし、十三歳になると、成人として認められ、自立さえできれば結婚することも可能であった。

要するに、キリスト教社会にあっても、子供たちは、ある部分では保護されていたのであって、堕胎や嬰児殺し、夫婦における避妊措置は、死刑という罰則をもって抑制されていた。そして、月経中は奇形児を産まないため、妊娠中は胎児を傷つけたりダメにしないために、禁欲すべきであるとされた。哺乳中も、禁欲が勧められたが、これは、母乳は血から作られるので、哺乳期間中に新しく妊娠すると、血が変質し乳飲み子を死に至らしめると考えられたからである。

したがって、子供に対する愛情があったことは確かである。ただし、物質的条件の厳しさのために歪められることも少なくなかった。子供の多くは早死にしたので、つぎつぎと産むのが普通であった。人生の短さということから、子作りの活動は、今日の私たちよりずっと早い時期から始め、その終わりは更に早かった。

さて、十二世紀以後、物質的条件の改善によって、若い人々も増えたが、老人層も増大した。この高齢者たちが必ずしも力と才能をもっているわけではないにもかかわらず、女性と財産と名誉を独占していることは若年層の活躍を遅らせることになり、彼らの不満を醸成していった。貴族や聖職階級においても、年長者たちとの抗争のために若手貴族・若手僧侶の集団が結成され、盛んに集会が開かれた。

ところが十四世紀には、数々の不幸によって、若年層のほうが多数派となる。この時代の若者たちの年配者に対する本能的な軽蔑的態度と熱狂的・暴力的反発は、このことから説明できる。

それ以前の時代については、うぬぼれによって左右されない七十代、八十代の老人たちの知恵から出た論議がたくさん残っている。年寄りたちからすると、若い者は何も見ず、聞かず、考えない。若者たちは病気のことも、死をさえ意に介さない。老人を馬鹿にし、打ち、傷つけ、殺し、君主に逆らい、高位の聖職者に食ってかかる。彼らは性欲が激しいから、早く結婚させるにかぎる。

マユーは付け加えて、「若者たちはみな、自分の親が早く死ぬことを願っており、貧しい場合は、親許から離れることを、金持ちの場合は、早く家督を譲ってくれることを祈っている」と慨嘆している。

家庭内暴力は頻繁である。母親は娘のなかに一種のライバルを見て、遠ざけたがり、父親と息子は畑や領地をめぐって争い合い、殺し合いさえする。兄弟同士の裏切り合いも日常茶飯事である。母方の叔父は甥を唆して父親や一族に背かせた。

これらのことを物語っているものとしては、フレデグンデからプランタジュネット王家やフリードリヒ二世にいたる歴史的事件の数々、『ローランの歌 Chanson de Roland』や『ユオン・ド・ボルドー Huon de Bordeaux』といった半ば空想的な作品、そして、個人が次第に確立されていった事実がある。

初期中世から引き継がれてきた家族的絆に最後の一撃を加えたのは、この世代間の抗争とともに、夫婦に自立性を認め、女性が新しい法的・社会的・道徳的立場を認められたことであった。

法律の整備

初期中世からローマ教会によってゆっくりと練り上げられてきた『教会法』が、明確な形に整備されたのが十二世紀である。これは、西はポルトガルから東はポーランド、ハンガリーまで、北はノルウェーから南はパレスチナ、シチリアにいたるまで当てはまる法であり、それとともに、西欧世界が、一〇五四年に東方教会から決定的に分離し、ユダヤ人共同体とは非妥協的、イスラム世界と厳しく対峙しつつ、一つの大家族を形成していくうえで、他の何よりも貢献した。

「法概念」そのものが再定義された。ローマ法の場合は、現代と同様に、その基本は、特定の領域内の人々に適用される《属領主義 territorialité》であったが、初期中世は、同じ領域内でも、属する部族によって適用される法が異なる《属人主義 personnalité》を基本とし、あらゆる法的行為にあたっては、まず「汝はいかなる法のもとにありや Sub qua lege vivis ?」と訊ねることから始められた。

同じゲルマン人でもブルグンド族かゴート族かフランク族かで違うし、同じフランク族でもサリィ支族かリプリア支族かで、拠り所としている法は異なった。この多様性はとくに刑法と私法で見られた。公的統治に関する法は、ローマ法を手本に調整されていたからである。

たとえばサリィ人とブルグンド人の間で刑法がらみの訴訟が起きると、ほとんど解決しようのない事態になった。しかも、封建制度が定着し、ふたたび《属領主義》が基準になると、さらに複雑で厄介なことになった。というのは、裁判を行った領主は自分の法律を適用したから、領主領と同じ数の法律が存在することになってしまったからである。

そうした《法律》は、「法loi」の語彙を当てはめること自体、適切ではない。どうしても、「法」ということ、文字で記されて編纂され、調整して普遍化されたものを想起させるからである。

西欧は長い間、経済的に細かく分かれており、その組織化は、各地方で多様な人々が底辺から法的環境を創造しながら進めるなかで生まれた《慣習法coutumes》によって行われた。こうした慣習法は、グループ同士がぶつからないよう平和的合意によって維持されてきた異教古代からの風習を考慮したものであった。

本来、《慣習法》とは、一種の法律ではあるが、文字に記されず、ただ口伝えによって伝承されたもので、あまり厳格でなく不確定であるうえ、多くの場合、具体的場面しか想定しておらず、普遍的原則として表れてくることは滅多にない。したがって、まさに私たちが指摘してきた中世的心情の特徴を表しており、それだけに、小さな地域のそれぞれが、自分たちの地域に伝わる慣習法に強い拘りを見せたのだった。フランスでもとくにロワール以北は《慣習法》が優位を占め、それが《成文法》になるのは、かなりあとのことである。個々の法律の蒐集は十二世紀から行われていたが、王室の命令で完璧な編纂がなされるのは十五世紀以後である。

こうした《慣習法》と、それを集めた「法典」は、ローマ法や今日の法律とは異質の概念を拠り所にしていた。その基盤となる《正義justice》〔訳注・「裁判」の意味もある〕の概念、裁判の機構と手続き、ヒエラルキー、控訴をするうえでの細かい規則も違えば、都市と農村を問わず人々の日常生活を動かしている基本的な事柄も、何が問題とされたかさえ、現在とは異なっていた。

しかも、その解決法は、きわめて素朴で原始的である。たとえば法廷を構成するのは、職業的裁判官ではなく、古代ゲルマンの場合のように、「百人管区centaine」にせよ「伯管区comte」にせよ、その地域の自由人たちで、それを法律に詳しい幾人かの長老たちや《ラキンブルギRachimbourgs》〔訳注・「法律発見人」と訳される〕や役人たちが補佐した。裁判を主宰したのは王(あるいは伯)の代理人または伯領の代官または下級裁判の判事の一人であった。

しかし、九世紀以後になると、自由人が判決に関わることは少なくなる。「百人管区」の下級裁判にかろうじて残っていたが、それも時代とともになくなり、殺傷事件を裁く上位の裁判も、小さな犯罪を裁く下位の裁判も、公的な裁判は伯あるいは有力領主が主宰するようになる。

しかし、《同輩による裁判jugement par les pairs》の原則は、貴族でない人々の間でも全面的に消滅したわけではなく、北フランスでは、いろいろな形で、その名残が見られた。神聖ローマ帝国でもフリースラント〔訳注・現在の西部ドイツからオランダ〕などの幾つかの地域で、貴族でない自由人の手に委ねられる伝統が続いているし、また、裁判における「ラント法Landrecht」と「封建法Lehnrecht」の区別は、どこでも尊重された。

イングランドでは、「百人管区hundred」と陪審団制度(jurys)は長期にわたって機能し、一一九四年になっても、自由人たちのために席が用意されていた。だが、この《仲間》によって構成される非職業的裁判官という古代ゲルマン以来のやり方が、とくに根強く維持されたのは、なんといっても騎士社会においてであった。

ローマ的な法律は、ゲルマン民族の大移動によって大きく変えられた。ローマ法的概念で生き残ったのは、《贋金作り》や《逃亡》、《裏切り》といった、王や社会全体への反逆、公共の利益を危機に晒すような重罪裁判に関するものであった。単純な殺人やまして傷害事件は、あくまで私的な問題であり、ゲルマン社会の基礎単位である家族と、その傷つけられた個人の問題とされた。

そのうえ、今日の私たちにはひどいことのように見えるが、どんな罪を犯し捕らえられた罪人も、身代金を払えば、まったく刑罰を受けないで済んだ。罪人は、犠牲者の社会的地位とその蒙った損害の大きさにしたがって念入りに定められた賠償金を支払うだけでよかった。

この賠償金、つまり《罰金 fredum》は、三分の一が国王のものになった。殺人事件の場合の「殺人賠償金」、あの有名な《ヴェールゲルト Wergeld》（血の価）は、近親度に応じて親族で分けられた。もしも、犯人およびその家族がこの賠償金を支払わなかった場合は、殺された者の家族は《フェーデ faida》と呼ばれる私的報復権を行使した。

一般にガロ・ローマ人を殺した場合よりもゲルマン人を殺した場合のほうが二倍は高くついた。これは、命の値段に差がつけられたということではなく、判決では同じ一〇〇スゥであっても、ローマ人の家族には《フェーデ》という考え方がないから一〇〇スゥだけで済むが、ゲルマン人の場合は《フェーデ》を要求する家族にも一〇〇スゥを払わなければならなかったからである。しかも、これに国王に支払うべき額が加わるから、ローマ人の場合は一五〇スゥ（一〇〇スゥは相手への賠償金、五〇スゥは王に納める罰金 fredum）であるのに対し、ゲルマン人の場合は三〇〇スゥ（一〇〇スゥは賠償金、一〇〇スゥは家族のフェーデへの弁償、一〇〇スゥは王に納める罰金）となった。

裁判の仕組み

裁判のやり方も、まったく原始的であった。基本的に被告人は有罪と想定されたので、告発者が被疑者の有罪を証明する必要はなく、証明が求められたのは、無罪を主張する被疑者の側であった。そこでは、客観的な観点からの審問も証言もなく、被疑者は煉獄墜ちを賭けて自己の無罪を弁明し、犯したとされている罪の大きさに応じて、無罪放免を懇請してくれる人間を連れてこなければならない。

無罪放免を懇請してくれる人間の数が多ければ多いほど、無罪を勝ち取れるチャンスは大きくなる。「これほどたくさんの廉潔の士が、罪ある人間を擁護するわけがないから、これらの人々の臨席と誓いによって、被疑者の無実は完璧に証明されている」というふうに考えられたのである。

被告人は、もし充分な懇請人を用意できないとか、必要な自由が与えられていない場合は、《神明裁判 ordalie》に頼る道が残されていた。

『ギヨーム・ド・ドール Guillaume de Dole』〔訳注・北フランスの宮廷詩人、ジャン・ルナールの作〕のなかでも、ドイツ皇帝の家令がこれによって無罪を証明しているように、煮えたぎる熱湯のなかに手を入れたり、真っ赤に焼けた鉄棒を素手で掴んでも、やけどをしないか、または、ある期間内にやけどが治るとかが、無実である証拠とされた。

また、身体を縛られて水の中に投げ込まれる方法もあった。斧のように沈めば無罪とされた。なぜなら、水は聖別されていて純粋であるから、有罪の人間を拒絶し排斥するはずだからである。

双務的な神明裁判もあった。被疑者と告発者とで行われた《決闘》がそれである。この場合、無実の者は神の助けによって勝利するとされたが、現実には、ほとんどの場合、武器を扱う実力と策略がものをいったし、ときには、プロの剣士を雇って決闘に臨ませたから、金持ちのほうが勝つことが多かった。根本的にいって、封建時代の騎士社会にあっては、こうした「力の証明による神の裁き」が当たり前で、証拠物件や証人をそろえての合理的な裁判がこれに取って代わることは容易ではなかった。

相手が有罪を宣告されながら賠償金の支払いを拒んでいるとか、支払えないでいるとかの場合は、《フェーデ》すなわち私的報復が堂々と行われ、その結果、二つの血族全員を巻き込んでの戦いへと拡大していった。キリスト教会と君主たちのなかには、この慣習を多少なりとも緩和しようと努力した例もある。教会による《神の平和 paix de Dieu》と、聖ルイ王による「諸侯同士は、宣戦布告から四〇日間は休

夫の無実を証明するために熱した鉄棒を握ってみせる女性

戦期間を設けよ」という原則、いわゆる《王の休戦》である。後者は、その内容から「王の四〇日間quarantaine le roi」「保証assurement」とも呼ばれた。

しかし、決闘の慣習は、聖ルイ王による禁止にもかかわらず、生き続け、ルイ十四世の治世にも盛んに行われたし、近代にいたるまで、少なくとも《果たし合い》という形で生き残っている。

封建時代には、領主やその陪臣が「誤審」ということで非難され、上級の君主の前で武器を執っての争いとなることがあった。農民の場合は、せいぜい鉄具を付けた棒ぐらいしかもっていなかったから、このような手段に訴えるのを躊躇したと考えられる。例外的に聖職領主が農民的武器をもった決闘者を代理に出したケースがある。しかし、一般的にいって、裁判で負けたほうが判決を不当と考え、やり直しを求めるのが普通で、当事者双方とその家族から受け容れられないかぎり、決定的な判決になったとは考えられなかった。

ローマ法では、属州政府や幕営の長官によって裁判が行われ、さらに皇帝の裁判所に上告することができた。メロヴィング王朝やカロリング王朝でも、このやり方が常設的にではないにしても、行われたようである。しかし、上告が行われた場合、下級裁判の裁判長は、その責任を問われた。とくに、判決が覆った場合、《ラキンブルギ》たちは責任をとって罰金を払わなければならなかったし、請求を却下された場合、告訴人は棒叩きの刑にあうか、または、かなりの額の賠償金を払わなければならなかった。したがって、そこでは、裁判官の有罪性を認めず、したがって罰しなかったローマ的伝統を踏襲しながらも、同時に、誤審への追求も行われたのであった。

それに加えて、カロリング帝国が崩壊すると、裁判機構も細分化されたため、伯や上級裁判所（かりに、それが存在したとしても）に上告するということも、国王が紛争当事者の仲介に乗り出すこともなくなる。

国王による裁判や議会まで上訴していける仕組みが再び整うのは、フランスでは十三世紀のフィリップ・オーギュスト王、とりわけ聖ルイ王の治世を待たなければならない。それまでは、貧しい人々にとって、すべての裁判が最終決定であり、権力や富の力をもった人間だけが、その力によって好きなようにやり直しをさせたり、決闘や私闘によって片を付けることができた。

そのような状況のなかでは、牢獄は滅多になく、あっても無用の長物であった。被疑者は、無罪を宣告されて釈放されるか、有罪宣告を受けても、罰金か死刑か、だったからである。少なくとも中世に関して言えば、「城塞の地下牢」という陰惨なイメージは、十九世紀のロマン派作家たちの想像の産物にのっかって、二十世紀のセンセーショナルな観光ガイドが宣伝したものにすぎない。

そのうえ、牢獄に幽閉する刑を課されたとしても、建物の管理は、清掃さえ滅多に行われないほど手薄だったし、専門的に監視する人もいたわけではないから、囚人はかんたんに脱獄できた。

拷問に関して言えば、少なくともフランスでは、十三世紀より以前にはなかったようである。拷問が行われるようになったのは、とくに国王による法廷の場合、裁判にかける時間を短縮するためであったと考えられる。フィリップ・ル・ベル王がテンプル騎士団裁判のときに苛酷な拷問を加えたことがよく知られているが、これは非常に特殊な例であり、体系的・全般的に適用されたわけでない。

これまでに述べてきたことから、私たちの先祖たちがいかに今日の私たちとは異なる考え方や習慣のもとに日常生活を営んでいたかが分かる。そこでは、《国家意識》というものはなく、あくまで主役は《個人的関係》である。権力は集約的で身近にあるが、その及ぶ範囲は狭い地域に限定されていた。

《所有権》と《利用権》とは別で、法律よりも慣習が支配していた。法律自体、《属領主義》に立ち戻る以前は《属人主義》で普遍性に欠け、裁判の権限は弱く、基本的には当事者間の賠償で決着がつけられた。裁判そのものも、証拠物件よりも《神明裁判》や《決闘》が正義を立証する方法であった。

「神の望みたもう秩序」

これまで述べてきた諸点を構成要素として、それらを完璧に秩序立てていたのが、《神の摂理に基づく世界》という西欧人の持っていたヴィジョンであるが、これを現代的基準で特色づけることは非常にむずかしい。

周知のように、一方で法的自由が経済的あるいは政治的自由と必然的に結びついておらず、他方で、さまざまな自由が相対的なものでしかないような社会では、《自由》といっても、ほんとうの意味ではナンセンスである。中世キリスト教社会では、法王自身、「神の僕の僕serf des serfs de Dieu」であり、キリスト教徒は、ある程度は意志の自由を許されていたとしても、並外れて束縛的な《神の法》の遵守を義務づけられていた。《兄弟愛fraternité》も、理論上でしか存在していない。たしかに人類はみな兄弟であるが、敵対し合う兄弟もたくさんいるのであって、それは《西欧人》という大家族においても同じである。日常生活でも《兄弟愛》は、身分が違って付き合いがないというだけで、大部分の人から顧みられないのが実情であった。

中世における《平等égalité》と《一体感unité》の概念を中心に、さらに検討してみよう。

キリスト教徒は、男女を問わず《秘蹟》と《死》と《神の裁き》の前で平等であり、同様に、全てのキリスト教徒は、神への奉仕に身を捧げることができ、女も尼になって至高の責任ある立場に進むことが可能であった。農奴の息子でありながらサン・ドニ修道院長になりフランス王の摂政となったシュジェはじめ、ヒルデブラント（法王、グレゴリウス七世）やゲルベルトゥス（法王、シルヴェステル二世）も、出自は卑賤の身分であった。

西欧社会は、基礎的細胞である城主領地や領主領、小教区などに細かく分かれていたが、そうした全てを超えて、一つの社会的一体性の理念が支配していた。民族と言語、法制度、社会的・経済的階級に違いがあっても、西欧人全体が《キリスト教徒》という一つの大家族であり、パウロの『コリント人への第一書簡』や聖マタイの「様々な才能の喩え」に基づいて中世によく使われた表現でいえば、《一つの身体》であり、それを構成している全員は、互いに連帯して全体のために平等に力を出し合うのである。

ただ、各人が固有の役目をもっているということは、すでに帝政末期にも言われたことであり、遡ってはローマ共和制時代に、メネニウス・アグリッパが説得に用い、くだっては、十二世紀にオータンのホノリウスが言っているところである。いわく、

――高位の聖職者を《頭》とすると、博士たちは《眼》、教師は《口》、戦士は《手》、夫婦は《腹》、そして農民は全身を支えている《脚》である。神の御心は、そのように各自に役割を用意し、全体の調和ある働きに保証を与えることにあった――と。

こうして八世紀末から九世紀初めには「神は、すべての人にその立場を用意されたのであり、各人は教会

法の権威に従って自分にあてがわれた役目を果たしていくべきである」という観念が明確化し具体化したのであった。

この基本的理念は、人々の心にしっかりと根を下ろしていたように見える。というのは、神の望み給う秩序を侵し、自分の立場を変えようとする試みはすべて、それが表している罪とは別に、最もきびしい処罰を受けるべきであるとされたからである。

中世に広く知られていた《運命の環 la roue de la fortune》は、これを象徴している。王も乞食も、同じ環の上を回っているのであるから、きょうは王様でも、あすは乞食になっているかもしれない。だが、王様になろうと狙っている乞食にはご用心！　というわけである。

《秩序》を規範とする社会では、上昇志向は封じられる。「自己の運命は自分が動かすことができるのだ」という言葉が聞かれるには、ペトラルカやギヨーム・ド・マショーのような開明的精神の人々が出現する十四世紀を待たなければならない。そのとき、《ユマニスム》《フマニスム》の誕生が見られるのである。

さて、中世社会が各人にどのような立場を付し、そのためにどんな基準を用いたかを明確にしなければならない。

原則的に、宗教的な基準だけに限定していうと、そこには二つの機能があり、それが二つの身分を確定していた。《神に仕える聖職者 clerus》と《俗人 populus》とである。あるいは、聖性を熱望する俗人もかなりの重要性をもっていたことを厳密に考えると、《修道士身分》、《聖職者身分》、そして《普通の俗人》となる。

これが、カロリング朝時代にルートヴィヒ敬虔帝が師と仰ぐ聖職者の口述を受けて規定し、歴代法王たちによって繰り返された考え方であった。しかし、末期ローマ帝国で採用されていた基準は、もっと多くの法的・職業的区分から成っており、十世紀の幾人かの高位聖職者は、これを引き継いで、社会のなかにたくさんの階層を区別している。その一方で、権力の大きさや豊かさの程度を基準とする人々もいた。大きな変化が起きるのは十世紀から十一世紀にかけてである。これは多分、発展期にあるすべての原初的社会に共通する、インド・ヨーロッパの古典的三区分を再発見し聖化するとともに、宗教的基準と経済的基準とを統合したものであった。

すでにイングランドのアルフレッド大王は、「祈る人 jebed」「騎馬の人 fyrd」「働く人 weorc」について語っている。一〇二〇年ごろ、ランの大司教、アダルベロンは、フランス王、ロベール二世に、こう説いている。

「神の家は一つであると信じられているが、三つに分かれており、ある人々は祈り、別のある人々は戦い、さらにある人々は働くのである」

アダルベロンによれば、この「働く人々」とは農奴 serf（法的には自由人である人々も含まれる）で、富を生じる唯一の源泉である土地を耕して富を生み出す人々である。彼らは《主人》に服従し、《主人》を養うが、《主人》のほうは、それと引き替えに、彼らを保護し守るという役割を担っている。したがって、このアダルベロンの定義は、《聖職者》と《俗人》の二分法を更に進め、《俗人》のなかに、農民たちとそれを支配する戦士を分けたものである。しかも、彼によれば、戦士たちも聖職者に対しては、一歩譲らなければならない。聖職者こそ、自分たちの祈りにより、聖人たちの聖遺物により、聖人と天使たちとによって、獰猛な庇護者たちの魂を買い戻すことのできる仲介者として絶対的に欠かせない存在であることは言うまでもない。

この《三身分》の図式は、フランスでは一七八九年にいたるまで、その残響が見られるが、これは、騎士階級が形成され、聖職者が特権階級に変貌し、土地が経済活動の基盤であった時代の社会体制に対応している。しかも、それは《三位一体》の神によって裏打ちされているので、触れること自体が瀆聖の罪になる基本的枠組を作り出した。だからこそ、社会的平和の保証になったのだったが、半面では、そのために、あらゆる発展が妨げられたことも事実である。

ところで、十二、十三世紀になると、この区分は経済的立場と矛盾を来すようになる。農民でも戦士でもない、まして聖職者でもない、しかし、それでいて優れてキリスト教的であり、非常に活動的な人々が現れる。「商人たち」がそれである。彼らを「働く人々」に入れるべきだろうか？　幾人かの神学者はそれを認めたが、他の人々は昔から神聖視されてきた区分に立ち戻るべきであると主張した。

そうした《身分的範疇 catégories》《社会的地位 conditions》《階層 états》は、ますます増えていくが、大きくは二つのグループに再編成される。一つは、精神的・天上的な人々であり、もう一つは現世的・地上的な人々である。前者には盛式誓願修道士（女）から法王まで、学生から僧侶まで含まれる。後者には、百姓女から王侯・皇帝まで含まれる。

ギヨーム・ディギュルヴィルの『魂の巡礼』は、かのバビロンのネブカドネザルが、夢の中で、この俗世を、頭が黄金（王）で、足は鉄と土（労働者と農民）から出来ている像として見たことを記している。したがって、これは、二つの階層に分かれた社会のヴィジョンであるが、ほぼ明確な区切りが残っているのは、聖職者と世俗の上層部（貴族）であり、都市とか街道とかを動き回る人々が農民世界に付け足し始めた新しい世界には、さまざまな色合いの違いがある。

すなわち、《修道士》も、基本部分は田舎に残っているが、フランシスコ会やドミニコ会といった新しい宗教家たちは、街道へ出たり、都市に入って、教区付き聖職者や高位聖職者たちと混じり合っていく。貴族階級も、田舎の貴族、都市の貴族、宮廷の貴族というふうに分かれ、十四、十五世紀には、富という昔から隠然と続いている基準と、利益追求の新しい精神によって、これら相互間の差別は急激に加速される。《世俗の人々》にあっては、王侯の贔屓を勝ち取った大商人、事業家、戦争屋、買い占め屋などのように上昇していく連中もいれば、貧乏貴族や農奴に下落していく人々もいて、事実上の階層化が生じる。貴族と農民との間にも、豊かさの度合いは様々だが、《富農》という中間層が生まれ、法律上でも新しい色合いが加わる。聖職者にあっても、生活水準と道徳的基準の惨めさからいって、最も不遇な俗人に近い「下級僧」が姿を現してくる。

最後に指摘しておかなければならないのは、《キリスト教社会》そのものから排除され隔離された人々の存在である。

まず、キリスト教社会を乱す最も危険な存在とされた《異端者》たちがいる。次に、ユダヤ人。彼らは、キリスト教社会に同化しようとせず、そのために受け容れがたい存在として追い回され苦しめられ、追放され、ときに虐殺された。このほかに、不具者、病人（とくに、ライ病人）、浮浪者、異邦人などが、つねに疑わしい眼で見られた。同様にして、絶えず増えていった自活できない貧民も、盗みを働いたり、なにか機会があれば暴動を起こしたりする、危険な存在である。

貧困は、怠惰のゆえに神によって罰せられた結果であるとされた。中世においては、貧しい人々に救いの手を差し伸べることは称賛すべきことであったが、十四、五世紀には、警戒し追い立てることが当然の措置となる。

したがって、中世西欧の日常生活について正しく研究しようとすると、キリスト教社会が伝統的に分けてきた社会的・職業的区分のみに囚われるのでなく、この社会が原則的に分けている枠組のなかに、さらに幾つもの裂け目があり、また、排除された人々もいたのだという事実を明らかにしなければならない。なかんずく、この実態を理解しようとするならば、二つの重要な考察を無視するわけにはいかない。

一つは、西欧の住民すべてが、その物質的・精神的レベルの如何にかかわりなく、今日の私たちとは異なる時間観念をもち、空間についても異質な理解の仕方をしていたことである。彼らの世界観は、古代のそれをキリスト教的象徴主義によって捉え直し、フィルターにかけたものであった。彼らは、奇蹟と悪魔が充満しているなかで、罪を犯して地獄の責め苦を受けることへの恐怖につきまとわれながら生きていた。そして、家族や夫婦、妻、子供、若者に対し、私たちには意外と思えるような立場を与えていたし、富や国家、法、正義といった観念についても、私たちとは全く別の考え方をしていた。

もう一つは、この社会は神の秩序の中に組み込まれており、職務的・職業的な幾つかのカテゴリー（身分）に分けられていて、人々の日常生活も、同じカテゴリーのなかでは非常に似通っているが、すぐ隣り合っていても属するカテゴリーが別になると、全く異なってしまうことである。農民と農園貴族、さらに、この農村に土地を買って住んでいる都会人とは、同じ世界、同じ土地に住んでいても、そして、得る利益も同じであったとしても、まったく異なる生活の仕方をしていた。このように、経済的・社会的・職務上の動機によって、際限なく多様化し、揺れ動き、変化するものを神の秩序は、容認し、称え、固定化しようとするのである。

第三章　働く人々——農民

西欧は、図式的には、一面の森が、幾世紀にもわたる労作業によって、次第に切り開かれ、耕地化されていった世界として表される。少なくとも人口学的にいうと、農村が占める比重は大きく、全人口の九〇から九五％に及んだ。都市化という点では先進地域であるイタリアでも、中世末期の都市人口は最大に見積もっても四〇％に満たなかった。

聖俗両方の領主層と、田舎に住んでいる教区付き司祭や正規の修道士を別にすると、西欧人の少なくとも九〇％が農民であった。この人口比は、時代とともに減少していったが、十九世紀になっても農民が大きな比重を占め、幾つかの国では現代も農民が多数派である。

これは、ギリシア・ローマ世界やイスラム世界と比較した場合、根本的に重要な点である。古代のギリシア・ローマ世界では、大多数の農民たちは次第に都市を核に集まって住んだし、イスラム世界では、ステップ地帯のあちこちに町が点在し、田園はその直接の影響下にあったからである。

西欧の人々の本質をなすものは、幾世紀にもわたる厳しい畑仕事、太陽の動きと四季の推移、気候の変化などが奏でるリズムによって直接に左右される生活と、土壌の質や土地の起伏・植生との絶え間ない接触によって仕上げられてきたのであって、それらは、ローマ時代に表層的に都市化される以前の、西欧の人々の起源であるインド・ヨーロッパ人、さらには、新石器時代に淵源をもっている。

しかも、こうした農民の日常的な生活経験が及ぼした影響は、人々の身体に関わる物質的側面だけにはとどまらない。さまざまな物の考え方や伝承、言語表現の仕方も、この農民的過去のなかに根を張っていて、それが、西欧が生成されていくうえでの全ての基盤となったのである。

「働く」という意味のラテン語は「ラボラーレ laborare」で、「耕す」という意味のフランス語「ラブレ labourer」は、ここから来ている。つまり、とりわけ農民こそ《働く人》なのであり、《労働》とは、土地の仕事に献身することである。E・ファラルは、「labourer」を「土地を耕し、肥料になる泥土を車で運び、馬鍬で均し、種をまき、鎌で刈り、家畜を世話し、雌羊の毛を刈り取り、賦役労働に従事すること」とし、十三世紀フランスの文学作品をよりどころに、農民たちの容貌を次のように述べている。

「肌は炭のように真っ黒で、頭髪は蓬さながら。両眼は何かの獣のように互いに離れていて、鼻はぺちゃんこだ。耳のところまでめくれあがった鼻の穴の下には、分厚い唇があり、その間から、黄色い馬鍬のような歯が剝き出しになっている。」

無限に多様な地域からなり、しかも一千年間もの時の流れがあるのだから、たった一つのモデルで西欧の農民すべてを考えることはできまい。だが、土地の耕作という共通の役割から生じた幾つかの共通の条件のもとにあって、彼らの日常生活は同じ一つの色調を帯びていたと考えることはできるはずである。

鉄の普及と動力の改良

この《労働》は、自然環境に働きかけるうえで彼らが持っていた手段の如何に左右される。どのような作物を植えればよいか、どんな家畜を飼育できるかは、気候条件と四季のリズムに対応して決まる。土地は、その肥沃度によって選ぶことが必要だし、あるいは、改良のための努力が欠かせない。なかんずく、耕し、種をまき、収穫すること、したがって《耕耘技術technique agraire》と《耕作法façons culturales》が重要である。

中世の中期あるいは末期以前の農民の道具は、考古学的発掘によっては、ほとんど分からない。道具の大部分は木製で、何百年かの歳月によって消滅してしまっているからである。わずかに、カロリング時代のリール地方の豊かな王領地から、長柄の半円鎌が二つ、鉄製のスコップ、鋤篦の先端だけが鉄製になっている木製の犂が見つかっている。農機具に鉄がほとんど使われていないのは、鉄はまず戦士用に回されたからである。

冶金術が徐々に進歩し、より重くより頑丈で、より効率のよい道具が普及していき、田舎でも、鍛冶屋が次第に増えていったことは、九世紀から十三世紀にかけての基本的重要性をもつ変化である。ふいごを使って金属を加工する親方は、中世の農民社会で特等席を占めているが、それ以上に、技術の進歩を表しているのである。

蹄鉄を打たない馬や牛に木製の犂を牽かせ、木製のシャベルで畑を掘り起こし、石臼を手で回して穀粒を粉にする。他方、妻は、包丁もなく、多くは火にかけることもできない鍋で料理する。――そんな光景を想像していただきたい。

鉄製の重い犂（少なくとも鋤刃などの大事な部分が鉄製の）は、多くの点で革命を起こした。まず、それは、高価であるため、何人かで共同か村落全体で共有する形をとったので、人々の連帯を強めるうえで一役買った。つぎに、それは重い。したがって、これを牽くには、牛にせよ馬にせよ、何頭かを繋いで牽かせる必要があった。このため、牛馬の大型化と牽引具の改良が工夫された。

重い頑丈な犂のおかげで、重い土も深く耕すことができるようになり、肥沃だが重い土質のためそれまで見捨てられていた土地が耕地として活用されるようになった。また、切り株のために畑としての活用が妨げられていた土地も、耕すことができるようになった。不対称の鋤箆のおかげで土のなかに空気を入れ、大気中の窒素を固定し、土地の肥沃度を迅速に回復できるようになった。

畑の形も、これによって影響を受けた。重くてかさばる牽引具は、方向転換が困難なので、畝はなるべく長くするほうが望ましい。こうして、畑は細長い短冊状を呈することとなる。当初は、それほどではなかったのが、次第に細長い形の畑になっていったのである。

前部に車を付けた重い犂が使われたのは、ロワール川以北のフランスとイングランド、ドイツ、ポーランドなど、氷河期に粘土質の土が堆積した土地である。遠い昔から耕されてきた地中海周辺の土壌は、牝牛やロバでも牽くことができる軽量の無輪犂でも間に合ったし、畑の形も多様で、畝を長く引くことはしない。

そのほかにも、値段は高くつくが、効率のよい幾つかの道具が現れ、普及して、農民の日常生活を、より安楽にした。たとえば、ネジ棒を使った圧搾機とか、カプスタン（巻きろくろ）を使って効率を高めた錘木の圧搾機のおかげで、より大量のオリーヴや葡萄を、より早く、より完全に処理することができるようになり、そのぶん、多くの労働力が解放されて、農作業に向けられるようになった。

水力と風力の利用も、ますます盛んになっていった。十一世紀末には、イングランドで約三千カ所に五六四二基の水車があった。同じ時代のフランスでは、水車の数はその十倍以上にのぼる。さらに二百年経ったころには、粉ひき用や搾油用の水車が何十万基と、河川沿いや溜め池の堰に設けられ、風景と水利系を変貌させている。

他方、風力の利用が始まったのは、十世紀ごろのイスパニアのカスティーリャ地方で、西欧各地に広まったのは十二世紀以後のことである。

いずれにせよ、これらが田園生活に及ぼした影響は、かなり大きい。まず、水車（または風車）によって、それまで石臼を回したりするために必要とされてきた労力の大きな部分が解放された。しかもそのうえ、木製であった堰が石造りになり、動力の伝導装置も、鉄製や部分的に鉄で補強された装置になったことから、潤沢な資金をもつ領主らに独占されるようになる。

領主たちは、資金を回収するために、穀類を持ち込んできた農民たちに税を要求した。この税が重かったので、農民たちは自分たちの古くからの粉ひき道具を使いつづけようとし、領主は、そうした農民の道具を取り上げても、自分が資金を投じた新しい装置を使わせようとしたので、各地で紛争が起きた。ある修道院の回廊は、領地の農民から押収した石臼を敷き詰めた石畳になっている。

しかも、領主の配下の粉ひきには、欲に目がくらんで、依頼された小麦をくすねて懐を肥やす者が少なくなかった。その美人で尻軽の女房は、夫が石臼を見張り、百姓たちが粉の出来るのを待っている間に、若いつばめとよろしくやっている……というのが、農村世界の一光景であった。

動物の牽引力も、新技術の普及によって大幅に効率がアップした。たとえば、重い犂は、何頭もの力の強い獣に牽かせなければならないが、そのため、牛の蹄に蹄鉄を打ったり、それまでは、専ら戦争用だった馬を使うようになった。馬の飼育の拡大を阻んだのは、この動物の脆さ（したがって、値の高さ）であった。ピカルディー地方で十二世紀中頃から、オート麦が盛んに栽培されるようになっているのは、馬が利用されるようになったことと関連している。

牛のほうは、より無骨で、頑丈ではあるが動きは鈍く、農耕地帯でも、先進地域では、あまり見られなくなる。しかし、パリ盆地では、十三世紀になっても、相変わらず牛が主役を務めたし、南部地方でも、変わらず牛が利用されている。

こうした、使役される獣の種類とは別に、最大の変革は、牽引システムの改良である。牛の場合、軛を付ける部位を肩甲骨から額や角に変えることによって、力をより効率的に利用できるようになった。馬についても、ギリシア・ローマ時代や初期中世には頸に牽引具をつけたため呼吸困難を招いたのに対し、胸の前部と脇腹に付けるようになった。

最後に、一度に何頭かの獣を繋いで牽かせる場合、横一列では、外側の獣たちは斜めに牽くことになり、力の大きな部分がむだになる。そこで中世西欧では、牽引具を改良し、二列で縦に繋ぐ方式が採られるようになった。それと並行して耕作方法も変わり、質量ともに、生産の向上がもたらされた。

地力回復の工夫

土地の肥沃度を回復させるには、休耕期間を置く必要がある。このため西欧では、十八世紀にジャガイモや飼葉用の作物が導入されるまで、《休耕システム》が広く採用されていた。しかし、この《休耕》の期間をより短くし、土地の生産性を向上させるために、農民は幾つかの土地を選んで、堆肥を施したり、木の葉を埋め込んだりして、地力の回復を助ける試みをしていた。事実、そうしたところでは、毎年、収穫できるようになっていた。また、酸性土については、泥炭土や石灰質の土を混入したり、あるいは、ヒース土を加えることによって、酸性を中和させることに成功している。

《休耕地》に対しても、積極的に管理と改良の手が加えられた。家畜の群を放し飼いにして、草を食べさせ、糞で土壌を肥やさせたのである。そして、何度も犂を入れて土を空気に触れさせ、悪い草は地中に埋めて腐らせた。他方、良質の土地は、カロリング時代から行われていたやり方であるが、隔年ではなく三年に一度休ませるようになっていった。

事実、春播きの麦(たとえば燕麦)を系統的に導入することによって、申し分のない輪作システムが実現された。幾つかの土地では、一年目は十一月に耕し、ライ麦や小麦、スペルト麦といった冬播きの麦を栽培する。二年目は三月に耕して春播きの作物を栽培する。そして、三年目を休耕とするのである。

この循環方式は、大規模な領主領地とか村有地とかで特に有利であった。全耕地を三つの輪作地に分け、農民各人はこの輪作地のそれぞれのある区画を受け持つ。こうして、各輪作地の一区画全体が休耕地になったり、春播きの麦畑になったり、冬播きの畑になったりするのである。

この方式の利点は大きかった。休耕地が、全耕地の半分でなく三分の一で済んだからである。労力も、少しながら節約できる。共同体の家畜の群を広々した休耕地で草を食べさせることができるので、放し飼いの家畜から種を播いた輪作地を守るのも、比較的に容易になった。そのうえ、村民全体が一カ所で作業できるので、共同体の団結も保ちやすい。冬の気候が悪くて収穫が少なかったとしても、春に燕麦をたくさん作れば、不足分を補うことが可能である。

この《三圃式農法 assolement triennal》は、十三世紀半ば以降に広く普及した。これは、ヨーロッパ全体の開墾運動による耕作地の拡大と一致している。すなわち、開墾の進展のなかで、これから開墾する土地が三番目の休耕地に充てられ、開墾運動の波が止まると、集約的な耕作法が促進された。とはいえ、この先端的農法が行われたのは、ヨーロッパでも西北部の肥沃な泥土質台地などの恵まれた地域である。

こうしたことが相まって、生産性は向上した。カロリング時代には、播種量に対し収穫量はせいぜい三倍ないし四倍であった。悪いときは播いた種の量と収穫量が同じか、上回っても僅かということさえあった。それが、十二世紀、十三世紀には、五倍とか六倍とか、ときには八倍の収穫が得られるようになっている。

穀類のそれぞれについて見ると、たとえば大麦は燕麦などより収穫がよい。燕麦のほうが馬の飼料になったり、粥として人間にも好まれたにもかかわらず、大麦をやめて燕麦に切り替えなかったのは、この収穫の

農村とまわりに広がる畑

良さのためである。大麦は、ビールや、粗めのパンに使用された。

そのほか、盛んに栽培されるようになったものとして、豌豆、インゲン豆、レンズ豆といった蛋白質に富み、カロリーも高く、労働者にとって望ましい作物や、スープや粥など幅広く調理できるキャベツがある。

最後に、織物産業の原料となる麻、亜麻、大黄の栽培は、人々の貧困と破滅の悲惨さを和らげる一方で、運がよければ投機的利益をもたらした。それに加えて、葡萄は、栽培できるかぎり、どこでも栽培された。当時ワインは、キリスト教のミサに欠かせなかったが、交易路が確保されていなかったので、葡萄栽培に適していない地方でも、自前で需要を満たさなければならなかったからである。また、地中海地方特産のオリーヴや、古代から知られていた果樹も忘れるわけにいかない。ただ、アンズは、西欧世界へは、十字軍時代にはじめてオリエントから伝えられた。

とはいえ、中世の農民が取りそろえることができた農産物は、十八世紀の子孫たちに較べると、ずっと種類も少ない。

砂糖黍はシチリアとイスパニアにしかなく、それがクレタ島やキプロス島でも栽培されるようになるのは、中世末のことである。また、ジャガイモ、トマト、トウモロコシ、そして、新種のインゲン豆、甜菜などが移入されるのは、ずっと遅れて近代にはいってからである。

飼育されていた家畜の種類は、現在とそれほど変わっていない。しかし、種類別の比重は、かなり違いがある。家禽類はさまざまな種類にわたったが、とくに印象的なのは、孔雀や白鳥も飼育され食用にされていたことである。ただし、七面鳥は、まだ知られていなかった。

大型の獣は少ない。とくに冬を越えて飼育するには、馬には燕麦、牛には干し草というように、稀少で高価な飼料を大量に必要としたので、馬を飼っていたのは、大資産家だけであったし、牡牛を飼っていたのも、犂や車を牽かせるのに必要とした人々だけであった。牝牛は子牛を産ませるために、あちこちで飼われていた。牛乳の利用は、それほど盛んではなく、ノルウェーやデンマークではバターに加工されることが多かったが、それ以外の地域では、チーズに加工するほうが一般的であった。獣の多くは、冬を迎える前に屠殺された。このため、十一月を別名「血の月 mois sanglant」と呼んだ。

広く普及し尊重された点でずばぬけているのは羊である。とくに十二世紀以後のイングランドの田園地域やイベリア半島の山岳地帯では、羊が富をもたらす重要な要素となった。羊は、すべてが役に立った。毛は織物産業の基盤となり、乳はチーズに、皮は、子羊の場合は毛皮に、成獣の場合は毛を織物に、皮を皮革製品にした。肉は塩漬けにして保存し食用に、角や腸は楽器に使われた。飼育にも、共有林のなかの空き地とか休耕地で充分だったし、糞は堆肥となって休耕地を肥沃にした。

羊と並ぶ重要な飼育獣が豚で、蛮族時代以来、鶏や牛とともに食肉を提供してきた家畜の代表である。サリカ法には、豚に関わる条項が十六も設けられている。カロリング時代の農民は、冬のはじめ、そのつましい住まいのなかに、ハム、ベーコン、腸詰め、リエット〔訳注・肉をラードで煮込み、すりつぶしてペースト状にし壺に詰めたもの〕、ラードの帯を積み上げた。これらが、四旬節まで一家の栄養源になった。

豚は、羊以上に飼育が容易である。共有林に放し、豚飼いがひとり、離れた所で見張っているだけで、逆立った長い剛毛を身にまとい、猪と同じく前に突き出た歯をもつ豚は、山毛欅の実やドングリ、栗の実を食べながら、半ば野生の状態で育つ。

さらに付け加えれば、農民たちも種々の犬を飼っていた。領主たちが飼っていた犬とは異なるが、種類について詳しいことは分かっていない。猫は、まだいない。ローマ時代にエジプトからヨーロッパに移入されたことは確かだが、金持ちの家で愛玩用に飼育されただけで、中世になっても、あまり普及しなかった。当時のネズミは現在のどぶネズミほど質が悪くなかったのと、ネズミ退治には、そのために仕込まれたエゾイタチやコエゾイタチが活躍したからである。

村落共同体の形成

初期中世の段階では、人口集中の核は、どこでも規模も小さく疎らで、安定していなかった。多数の農業開拓民を結集できる広大な領地はあっても、これらはまだ、本来の意味で《村落villages》と呼べるものではなかった。

九世紀から十世紀ごろに、一つのゆっくりした動きが生じる。資料が充分でないので、よくは分かっていないが、人々が集合生活を営み村落共同体を形成していったのである。この変革の核になったのが、《城château》と《村の囲い enceinte villageoise》《小教区教会 église paroissiale》である。

これらのうち、《城》は、原史時代以来のものにせよ、政治権力が崩壊して自己防衛のために新しく築かれたものにせよ、そのもとに集まって住む人々に保護を与えるとともに、大なり小なり強制力をもつ領主権力の網の目のなかに彼らを取り込んだ。

それに対し二つめの《村の囲い》は、石壁のこともあれば単なる柵のこともあるが、一つの土地に集まって安全に生活したいという村民たちの意志の表れとして建設されたものである。村を壁で囲むやり方は南ヨーロッパで先行し、北部ヨーロッパは遅れたが、いずれにせよ、これは村落を活性化するよりも確定するためであった。

南ヨーロッパでは、七世紀以後、とくに十世紀には、農民たちは高い場所に住むようになり、この動きのなかで村落の囲いと組織化が行われていった。P・トゥベールはイタリアのラティウム地方での《城塞造り incastellamento》は領主領の成立と並行して進行したが、堅固な館の建設は必ずしも含まなかったことを解明している。

最後の《小教区教会》が網の目のように建設されるのは十世紀以後のことである。小教区教会に信徒たちを結集するうえで貢献したのは、日々の祈りの儀式と墓であり、したがって全ては、このように守られた村のなかに平穏の光を差し込むよう配置された。

初期中世のヴィラvillae〔訳注・ローマ帝政末期以来の富農の屋敷で、多くの奴隷などを使った一種の企業体でもあった〕の残骸の上に家々が建てられ、土地の細分化が行われた。これによって、カタルーニャに見られるような小規模の所有地や、土地の領主から分封された封地ができた。

この時期、それまで優勢だった粗放農業に必要とされた休墾地（saltus）は後退し、定住的・集約的農業に統合されていく。こうして、風景と生産と慣習を大きく変えた十世紀の変革の流れのなかで村落が生まれたのであるが、それは、どのような力が作用して行われたのだろうか？

これを可能にし、推進したのは、人口のゆっくりした増大と、それに伴って次第に確固たるものとなっていった農耕技術の改善である。それは、根底的な影響を及ぼした。人々は、それまでは血縁者ばかりに囲まれていたのが、さまざまな人たちと一緒に生活し、互いに隣人として仲良くやっていくことを学ばなければならなかった。こうして、《平和》という新しい理想を基盤とした村落共同体が形成されるとともに、集団作業に適した新しい一連の義務が出来上がっていった。

ひとたび村が確立され、そこに人々が定住すると、そこから、開拓をさらに遠くへ進めることが可能となった。すでに見たように、技術的進歩は電撃的であった。十一世紀に始まり十三世紀までつづく人口の飛躍的増加により、大規模な開墾が行われ、その結果が今日も見られるような風景を生んだのである。いたるところで農民たちは、年毎に開墾をさらに遠くへ進めていった。無秩序ながら粘り強いその努力によって、それまでは沼地や森であった隣接地が、徐々に征服されていった。その痕跡は、風景だけでなく、古い土地台帳や、今も残っている地名、また、年貢台帳の記述に見ることができる。

こうした新しく開墾した土地については、旧来からの税は払う必要がなかったが、《新開地novale》として十分の一税が課せられたし、領主が開墾に関わっている場合は、収穫の六分の一から十五分の一を《物納年貢terrage》として取られた。これは《領主徴収権champart》とも呼ばれた。明確な特定は難しいが、全体として、西欧世界最大の面積をこのタイプの開墾地が占めた。

ときには、領主領と領主領の間にあって荒れ地のまま放置されていた土地に、幾人かが住み着き、そのかなりの広さをもつ土地を囲い込むことがある。これが、今も見られる《ボカジェbocager》〔訳注・「小さな森に囲まれた」という意味〕の風景を形成している。

また、ときには、領主の指導のもとに（領主は一人のこともあるし、何人かが共同してのこともある）村そのものが生まれることもある。それらは、記録文書も遺されており、内容を知ることが容易である。その目的には、経済的、軍事的、政治的と、いろいろあったが、こうした村を構成した住民が、好条件の約束に惹かれて近隣の人口過剰の村々からやってきた農民たちであったことは共通している。

これらの《小作人hôtes》は、それぞれに菜園つきの家と幾ばくかの農地と牧草地を与えられ、そのお返しに年貢を納めた。また、放牧権のおかげで、家畜を近くの森で放し飼いすることもできた。領主は農民に土地を与え保護を加えるのと引き替えに、裁判権と税率を定める権限を持った。

この動きは、フランスではセーヌとロワール両河の水源地帯であるガティネ地方のロリスから始まり、それを模倣して八十か村、また、アルゴンヌ地方のボーモンとその《娘》であるフランスからドイツにかけての約五百か村にわたって見られる。さらに、イベリア半島のイスラム教徒から奪還された地域や、スラヴ民族と接触しながら植民が行われていった東部ドイツでも見られた。

十二世紀に頂点に達したこの大開墾運動によって獲得された耕地は、全体として何千万ヘクタールにも及び、新しく誕生した村は何万という数になった。そのうち欠陥のある耕地や村落は、十四世紀の気候条件の悪化などによって放棄され、もとの荒れ地や森に戻っているが、だからといって、この開墾運動の意義が忘却に付されてはならない。

農村の景観

西欧の農地の大部分は、古くから維持されてきたものも、新しく獲得されたものも、根本的には同じ様相を呈している。

森の縁に沿って、牧草地と草地、未開墾の荒れ地という三重の帯が、集落から森に向かうにしたがって走っていて、この荒れ地と森が、村で共有されている動物の群の餌場になっている。もっと集落に近ずくと、耕作中のも休耕中のもあるが、小麦畑や、よく手入れされた葡萄畑、果樹園が、丘の上に広がっている。そして、家々に最も近いところでは、絶えず土を掘り返して空気を入れ、家庭から出たゴミを燃やした灰などで肥料を施すなど、よく手入れされた菜園や果樹園がある。

こうした農地は、長い年月にわたって人手が加えられたので、今では捨てられた村の跡も、土を調べると、簡単にその場所と範囲を確定することができる。土中に無水燐酸と塩化カリウムが多く含まれていれば、そこは小庭だった証拠で、したがって人家の隣接地であったことが明確である。

予め計画され、組織的開拓によって出来た集落である場合は、整った平面図をもつ規則正しい形をしていることが多い。フランス南西部の要塞集落《バスティドbastides》は、上空から見ると、碁盤目状の配置になっており、他方、ノルマンディーの村々やドイツ人の入植集落の場合は杉綾模様を呈している。

家屋と家具調度

家々は多くの場合、教会を中心に雑然と集まっていて、ときには城壁をめぐらしたなかにぎっしり建て込んでいた。しかし、戸数はそれほど多くはなく、せいぜい何十戸かで、ほぼ同タイプの単純な構造の住居である。

近年、ドイツとイングランドで幾つかの集落の跡が幸運にも発見され、発掘調査の結果、これまで、貴族たちのために彩色を施した図版（正直、あまり信頼の置けるものではなかった）とか、遺産目録や不動産記録などの書類とか、さらに、ドンレミーのジャンヌ・ダルクの生家のように信心深く保存されてきたけれども真偽は疑わしい建物とかの多様な要素を総合化することができるようになった。

その一つ、イングランドはヨークシャーのウァラム・パーシーでの発掘調査から、イングランドの農家は十二世紀から十五世紀までは木造が普通で、その寿命は平均して四十年くらいであったことが分かった。事実、建築の材料は、木と粘土が主で、部分的に石が使われているが、基本的には、その土地で入手できる物

英国ストラットフォード・アポン・エーボンの裕福な農家

が使われている。

どこでも中世の農家は、とくに基本部分は木材で、屋根や壁、ときには間仕切りにも木が使われている。したがって、こうした家は、ほとんど痕跡が残らないわけで、アルビジョワのモンテギュがそうであるように、家の土台を見つけることすら、きわめて困難である。

木材よりも石材が使われはじめるのは十二世紀以降で、しかも、その進展は系統的ではない。スカンディナヴィア、アイルランド、コーンウォール、ウェールズといった北方地域では、それより早い時期から石を空積み〔訳注・漆喰やセメントを使わないで、ただ積み上げる方式〕した農家が見られた。ただし、そうした家は、あまり住み心地のよい家ではなかったようである。

南フランス、ヴァール県のルージエで発掘された十二世紀の住居は、岩盤にじかに石壁を積み上げたものであった。ただし岩盤を床にしていたのは台所部分で、それ以外の部屋の床は打ち固めた土が床になっており、竈と井戸は屋外にあったことが分かっている。

しかし、これらを一般化して考えることはできない。むしろ、もともと大きな地域差があったが、Ｊ・シャプロやフォシエが「基本的な家」と呼ぶ共通の要素があり、それを中心に歳月とともに多様化したと考えられる。その《基本要素》とは、二つの部分から成っていることで、一つには竈が設けられ、もう一つが部屋として使われる。そこに家畜を育てるための部分が付け加わって様々な変化が生じ、骨組みの構造も当然、複雑化した。

結局、考古学の進歩にもかかわらず、まだ明らかでないことがたくさん残っている。たとえば、窓は幾つ、どこに開けられていたか、階数はどうだったのか、また、どのように使われていたか。また、内装の様子や、どのような家具が使われていたか、といったことも充分には分かっておらず、たとえばノルゥの博物館に集められている十七、十八世紀のブレス地方（ローヌ河上流）の農家の家具を見たり、文献や契約書類、図版などによって類推するほかない。

現在、たとえば装飾芸術館などに保存されている十四、五世紀の品々は、いずれも富裕階級の人々のもので、一般庶民も使っていたのは、長持ちと大箱、ベッドくらいであろう。

ベッドは、『親指太郎Petit Poucet』の話のなかで、鬼の七人の娘が一つのベッドで寝ていた場面を思い起こしていただけば分かるように、非常に大きかった。支柱材だけ頑丈な木製で、そこに藁そのものを敷き詰めたり、藁を詰めたマットレスを敷いた。寝間着はなく、素っ裸で寝たので、寒さから身を守るため、ラシャの布や羊とか子山羊の毛皮の掛け布団をかぶった。シーツは、使う場合も使わない場合もあった。ときには、ベッドのまわりにカーテンをめぐらし、アルコーヴのようにした。

テーブルは、その都度、台架の上に板をのせてしつらえた。食卓布は、使うこともあったし使わないこともあった。食事が終わると、テーブルは片づけられ、人々は腰掛けに坐って雑談した。背もたれのある椅子は身分の高い人々だけのもので、贅沢品であった。

ドラシー〔訳注・オーセールの西方〕の発掘では、一つの家屋の跡から、考えられないほどの数の、しかも出来のよい鍵が見つかっている。これは、錠前のついた長持ちがたくさんあったことを物語っている。数はさまざまだが、長持ちが使われていたことは、貧しい農民の家でも同様で、当時の文献によっても裏付けられており、衣服だけでなく、塩やパンといった食料の保存のためにも使われていた。

農民の家庭生活

十三世紀よりあとのさまざまな財産目録を見ると、一つの衣装箱に入っていた衣服は少なく、それほど上等の品でもなかったようである。さまざまな服を重ね着するのが普通で、農民のモードといったものはなく、衣服の面での相違は、形ではなく素材であった。

十四世紀にいたるまで、人々が着ていたのは裾の長い衣服で、畑仕事をするときはたくしあげなければならなかった。下のほうは、亜麻布の股引に紐付きの靴を穿き、上半身にはシャツとシャンス chainse（シャツとブリオーの間に着た）、そしてブリオー bliaud（長めの服）、ローブ robe、コート cotte を着た。さらにそのうえに、袖無しの陣羽織を着ることもあった。衣服に地方的特色が出てくるのは、十四世紀末以後である。

農民たちも、祭のときなどのための《一張羅》を持っていて、父から息子へ、母から娘へ譲られた。とく

ビールを酌み交わす光景（上）と、
調理具（下）

に上着は財力の許す限り最も豪華な布で作られ、毛皮を裏地にしていた。カネに困ったときなどは質に入れたり、借金のカタに取られたりしたことは、かなり高価であったことを示している。

農民の住居跡の発掘によって、さまざまな調理用器具が見つかっている。竈の薪をのせる台、ストーブ用の薪台、鉄串、錫製の道具、青銅製の鍋や釜、陶製の水差しの破片などで、これらによって、どのように食事を調え、保存していたかが推定できる。

陶器類は釉薬で彩色され、形も優雅な飾りをつけたりしており、用途によって多彩である。ドラシーのつましい住居跡でも、前述した多くの鍵のほか、こうした陶器や、炭化した布の繊維、貨幣や金属製の装飾品も見つかっており、この住人が、ささやかながらも、安楽な生活を営んでいたことがうかがわれる。

飲食面については、基本的にはすでに述べたとおりだが、ここで指摘しておきたいのは、農民の食事内容で大きな部分を占めていたのは穀物で、蛋白質は少なかったことである。蛋白質は、河川や養魚池から供給された魚、野生の兎や鳥、レンズ豆や豌豆の植物性蛋白、あるいは、鶏や卵、豚や牛の肉であった。

豚一頭から得られる肉は、脂肪も含めて八〇から一〇〇キログラム、牛一頭だと一五〇から二〇〇キロである。五、六人から成る家族なら、一年に豚一頭と鶏数羽で充分であった。これは、十九世紀のプロヴァンス地方の農民が食べていた量で、それでも、アフリカから極東にいたる他の大陸の文明社会とは比較にならないくらい多い。

十四世紀、サン＝ジャン＝ル＝フロワ一帯では、たくさんの羊が飼われ、どの家でも羊毛を扱っていた。羊毛を紡いだ紡錘もたくさん見つかっている。にもかかわらず、食肉として供給されたのは、豚が三四％、牛が四一％を占めていたのに対し、羊と山羊を合わせても一八％であったことが屠殺場跡で発掘された骨の量から分かっている。

飲み物では、地造りの大麦ビールとワインがよく飲まれた。これらは保存も効かず、遠くへ出荷して売られたわけでもなく、もっぱら土地で消費された。その醸造法もアルコール含有量も、当時、商業ルートに乗っていたギリシア産の甘口ワイン《マルヴォワジー酒》やボーヌ産ワイン、またサン・プルサン酒やハンブルク産ビールとはずっと異なっていた。蒸留酒が普及するのは十六世紀以後で、中世のころは、まだ、ほとんどあるいは全く造られていなかった。

歳時暦

農民の日常生活は、厳しい物質的制約のなかで、太陽の動きと四季のリズムに合わせて繰り返されていった。農作業は日の出から日没までつづき、したがって、冬の間は短くなるが、それだけ、畑に手間がかからない季節でもあるからだ。夜なべ仕事が行われるのは、この冬の季節だけで、それも、さほど長時間になることはなかった。

男が麻の皮を剝ぎ、女がそれを繊維に紡ぐときだけは、かなり長時間に及んだが、薪をうんと燃やして暖と明かりを取らなければならず、ベッドにもぐって藁布団で寒さを凌ぎたいという欲求のほうが強かったようである。まれに村人総出で夜なべをすることがあり、このときは完全な徹夜になったが、この風習を好意的に見なかった教会からは、許可を得てから行うよう求められた。

農民の生活を月ごとに追って示した《歳時暦》が各地に残っており、私たちは、それによって、彼らの生活ぶりを具体的に知ることができる。そのなかには、カロリング時代のヴィエンヌの『大体と時間計測の要Recueil d'astronomie et de computation』や『ベリー公のいとも豪華な時禱書Très Riches Heures du duc de Berry』のような細密画もあれば、アミアンやサン・ドニ、シャルトルの聖堂に刻まれた円形の浮彫、ラヴァルのフレスコ画、シャルトル大聖堂のステンド・ガラスの『十二宮図』などもある。

それらについて解説した書や、『ヴェルソンの農民の歌Chant des vilains de Verson』などを読めば、一年間の農民の必須の作業について全貌を把握することができる。たとえばアミアンの円形の浮彫は三つ一組になっていて、四季それぞれの様子が描かれている。

十二月は豚を屠る月で、どの歳時暦でも、農民が踏ん張った両脚の間に豚を挟んで喉を掻き切っており、傍らには、すでに殺されたもう一匹の豚が逆さに吊され、腸詰めに使う血が桶の中に集められている光景が描かれている。

一月は、御馳走を並べたテーブルにヤヌス神が向かっている姿で表される。〔訳注・ヤヌスJanusは双つの顔をもつローマ神話の神で、一月の呼称「January」は、この神の名前から来ている。〕給仕する二人の召使いは《行く年》と《来る年》を表しているのだろうか？

二月は、頭巾をかぶった男が火を掻き立てて手足を暖めている情景で表される。まだ厳しい寒さに閉ざされ、農作業もできないでいるこの時期を象徴しているのであろう。

三月になると、大地に犂が入れられる。土は深く掘り起こされて空気に晒される。とりわけ、葡萄の木の株のまわりは深く掘り返される。これは、葡萄が農作物の女王である地中海世界で生まれた古代のそれを手本にして模写されたものである。中世には、葡萄栽培は、キリスト教信仰が広まるにつれてイングランドも含め、ほぼ全西欧に広がっていた。例外はノルウェーぐらいであった。

四月は、男が拳の上に鷹をのせている絵で表される。「鷹狩り」は貴族にしかできないことであったが、これをもって春の仕事の開始を象徴しているのである。ただし、「鷹狩り」は三月に充てられることもあり、その場合は、四月は葡萄の枝の剪定が行われ、冬の間に生まれた子牛や子羊たちが外へ出てきた姿が描かれる。また、乳を搾ってバターやチーズ造りが行われる季節でもある。それが田舎に出かけてくる領主にとって、クリスマス以来はじめての収入となる。

五月は、花が咲き乱れる果樹園のなかに坐っている老人の姿で表される。そこには、この季節の心地よさとともに、これから始まる重労働を前にしての束の間の休息が表現されている。歳時記によっては、五月は、貴族の閑暇と気晴らしの季節として表しているものもある。

六月は、縁なし帽をかぶった男が、柄が長く刃がまっすぐな大鎌を振るって牧草地を刈っている光景で表される。また、羊の毛を刈ったり休耕にしていた土地に犂を入れている場面であることもある。

七月は、麦の穂を半円鎌で刈り取る。茎は別に刈って、束ねて積み上げ、家畜の餌にする。強い日差しから守るため、農民は帽子をかぶっている。

八月は、小麦の穂を殻竿で打っている《麦打ち》の場面や、ときには穂屑を箕で風のなかで煽り上げている場面が描かれる。軽い殻は風に飛ばされて散り、重い麦粒は桶のなかに落ちるのである。

九月は、種々の果物の収穫の季節である。リンゴを竿で落としたり、葡萄の房を摘み取ったりしている。ワイン造りのために葡萄を負い籠で運び、樽に空けて、それを足で踏みつぶすのは、十月の情景である。

十一月は、もう一度、畑を耕し、冬播きの小麦の種を頭陀袋から掴み出して、蒔いている場面が描かれる。

幸いなことには、こうした厳しい労働の日々も、幾つかの休息と、かなりの数のお祭り騒ぎで中断される。民俗学者が「庶民文化」と呼んでいるものが形作られる舞台こそ、こうした祭である。口承で伝えられた儀礼と神話には、まだ、さまざまな解釈の余地が残っている。その風習と口承されたテキストは、それ自体として研究されるべき典礼を形成していたのだろうか？　それとも、歴史のある時点の社会的不安を表現しているのだろうか？　解釈は、この二つの間を揺れ動くが、ときには、それらが一つに結びつくことがある。いずれにしても、祭のなかに不健全な衝動の噴出を見たり、過度に束縛された社会にあっては、ストレス解消のチャンスとして、一種の安全弁の役目をしていたなどという道徳家の言い分は、今日では否定されるにいたっている。

祭は、キリスト教徒の一年の暦にあって、節目節目を際立たせるもので、それはまた、農作業に直接に影響を与える天文現象上の大事な日付と一致している。クリスマスと冬至、復活祭と春分、聖ヨハネ祭と夏至は、互いに繋がっている。

クリスマスを中心にした種々の楽しみは、キリスト教よりはるか昔からの太陽崇拝の祝祭に由来しており、この一連の祭をもって農民は一年を締めくくり、新しい一年を迎えた。人々は豚を屠り、麦束を打って麦を取り出し、それで夕食と夜食を作って真夜中に行われるミサに備える。今では忘れられつつあるが、さまざまな遊びや見世物も催された。賭事や、しばしば王様や領主の肝煎りで弓の射撃競技も行われた。これは、いざ戦争となったときのために、農民を鍛え、強化する必要があったからである。

また、さまざまな人物に扮した仮装での歌や踊りも盛んに行われた。たとえばセーヌ・エ・マルヌ県のムランの百姓は、「女物の毛皮のマントを羽織り、顔をヴェールで隠し」て、踊りまわった。都市では、一種の演劇も上演された。

十二月二十八日は「幼子殉教者の日」〔訳注・ヘロデ王がイスラエルの幼児を皆殺しさせたことを記念する祭〕、

一月一日はキリスト誕生から八日目で「キリスト割礼の日」だが「狂民祭」でもあり、このときは、教会堂のなかでは階級も礼式もひっくり返して挙行された。その中間の十二月三十一日には、新旧両年の蝶番として「聖シルヴェストル祭」が行われた。騒々しい大騒ぎが行われたのでドイツ語圏では「ポルターアーベンド Polterabend」とも呼ばれた。

中世には、クリスマスとか復活祭とかをもって新しい年明けとした地方が多かったから、必ずしも十二月三十一日を過ぎると新年になったわけではないが、それでも、農民の間では、一月一日が新しい年の始まりと考えられた。子供や若者たちは、家々をまわって、贈り物をもらうのと引き換えに、「l'au guy l'an neuf」(ヤドリギに新年おめでとう)を歌ってまわった。この風習は、多分、ドルイド教の名残と思われる。

「イエス御公現の祝日」(一月六日)は「三王礼拝の日」でもあり、この前夜祭で食べられる空豆入りの平たいケーキとともに、十二日間にわたった一連のお祭り騒ぎと御馳走の飲み食いが一段落する。

二月二日は、聖母マリアが清めを受けた祝日で、「聖燭祭 Chandeleur」ともいい、蠟燭を灯して行列を行い、クレープを作って食べる。これが過ぎると、《四旬節》に入るが、その第一日曜日には、藁の山に火を付けて、若者たちがこれを飛び越えたり藁束で作った松明に火を付けて、振り回しながら畑のなかを走り回ったりする。

四旬節が始まったばかりの「謝肉の火曜日 Mardi gras」(いわゆる謝肉祭、カーニヴァルである)には、みんな仮装して派手に飲み食いするとともに、近隣の村との間で、《スール soule》と呼ばれる球で球技試合が行われた。

しかし、概して冬は、仕事もなく、次第に食料の蓄えも減り、長い断食に耐えなければならない季節であ

今日の野球を思わせる球技に興じる光景

る。それがやっと終わりを告げるのが復活祭であり、茹でて色を付けた卵を配ってまわるのは、再び見出された喜びの季節を象徴している。

五月の植樹祭は、花がいっせいに咲き始めるのと一致している。五月一日の前夜、若者たちは森に入って枝を集め、婚約者の家の窓や戸口に飾り付ける。よそ者は外出を控える。

「聖霊降臨祭 Pentecôte」（復活祭から五十日後）になると、植えた作物が霜や氷結の害にあう心配もなくなり、畑仕事は、ますます重労働になっていく。祈りのために ちゃんと起きてこない僧や、いつまでもベッドから出たがらない怠け者は、冷たい水を振りかけられ、みんなから囃したてられて起こされる。夕方になると、若者たちは花咲く牧場でダンスに興じる。

「聖ヨハネ祭」（六月二十四日）と、このときに燃やされる火は、昼間の長さと労働の厳しさ、夏の訪れを告げる風物詩である。妖精たちの宿、聖母マリアの聖骨箱の安置所として「葉陰小屋feuillée」が日が沈むまで立てられた。

刈り取り（aoûtée）が終わると、麦を刈ったあとの麦打ち場でダンスが行われる。そして、八月十五日の「聖母被昇天祭Assomption」を中心に、さまざまなセレモニーが行われるが、それらは異教に起源をもつ農耕的・性的慣習が聖母の外套の下で奇妙な具合に混じり合って教会のなかに取り込まれたものである。

収穫と年貢納めと借金返済の時期は、ぶどうの収穫祭（時期は地方によって異なる）、「聖ミカエル祭」（九月二十九日）、聖レミ祭（十月一日）をもって終わる。そして、十一月一日の「万聖節Toussaints」、同二日の「万霊節Jours des morts」は、自然の万物が眠りに入る季節の到来を表しており、死者の休息のために厳かに鐘が鳴らされる。その一方で、鵞鳥の若鳥や豚そのほかの生き物を殺す解禁日という異教的慣習も生きている。

しかし、キリストの誕生日という最大の祭日が近づき、その準備が始まると、このように農事暦のなかでそれぞれに席を持っている聖者たちの行事は、日陰に追いやられてしまう。

祝い事

このように暦で定まっている祭以外にも、農民たちに日頃の憂さを忘れさせる機会があった。たとえば、それは、家族の誰かが教会で祝別を受けるなどといった、家族挙げての行事である。生まれたばかりの赤ん坊の《洗礼Baptême》と、それに先立つ若い母親の《産後祝聖式relevailles》は、「アメスマンamessement」と呼ばれる特別の儀式のなかで（強制力をもって、背けば罰金を取るという条件で）主任司祭によって行われた。

これには、親戚・友人が集まり祝宴が繰り広げられた。産婦の夫と父親は彼女をクッションをあてがった肘掛け椅子に掛けさせ、マントで身体を覆い、少しでも心地よいよう、寒くないよう、世話を焼いた。これについて述べた文献はたくさんあり、ある農民について、次のように記した一文がある。

「お産を済ませた娘の《アメスマン》のお祝いのために、豚一頭、山羊を数匹、殺そう、そして、あしたは赤ん坊をミサに連れていかなきゃ、と農民は考えた。

ce paysan avoit entencion de tuer ung pourceau et certains chevreaux qu'il voulait abiller pour faire le festaige de l'amessement d'une sienne fille qui estoit accouchée d'enfant, laquelle dev oit aller le lendemain à messe.」

婚約・結婚は、村の生活では重大事件であった。もし、花婿が村の外の人間、つまり《エトランジェétranger》である場合、彼は村の若者たちにワインを振舞わねばならなかった。というのは、彼らから一人の可能性のある女を奪ったのだから、である。それとともに、花嫁のほうも罪は同じであるから、パンを皆に分け与えた。

酒盛りが終わると、村の若者たちは新婚初夜の様子を窺いに行くのだが、どちらか一方が再婚である場合は、《シャリヴァリcharivari》をやる。これは鍋や釜を叩いて騒音を立て、囃すのである。

花嫁の公示は土地の子供たちの合唱つきで行われる。その費用は、パンとワイン、肉によって、花嫁の父親が払う。当初は領主に対して支払われたが、次第に、結婚が行われる村の若者たちに、また、食べ物でなくカネで支払われるようになっていった。

結婚にまつわる民間伝承は、西欧の農村では、どこでも非常に豊富である。同様にして、人が亡くなったときも、集まった人々に御馳走が振舞われた。

このように、村の生活は、たくさんの暦上の祭や家族の祝い事によってアクセントを付けられていた。それらは、多くの場合、一つの儀式にのっとって行われたが、それを念入りに検証し完璧を期したのは、一つの年齢層を構成する若者たちであった。中世末期には、彼らは、《若者組bachellerie》として集まり、祭に関してほとんど独占権を握り、集団生活の調整役を務めた。

社会的分化

農民社会は、このように幾つかの普遍的性格と経済的・物質的秩序をもっていたが、それらから、畑仕事と緊密に結びついて営まれていた家族的・村落的生活の全体像が窺われる。しかし、同じ農民といっても、さまざまなカテゴリーの違いがあったから、一枚岩的に捉えて「これが農民の日常生活の典型的タイプだ」などと決めつけるのは不当であろう。

時代と土地によるさまざまな色合いの違いに加え、そのグループの社会的地位や豊かさの度合いが重要な意味をもっている。たとえば《奴隷esclaves》である農民もいれば、《農奴serfs》である場合もある。また、《自由人libres》と考えられている人々のなかにも、経済的に自立した生活を営んでいて、十三世紀以後《農夫laboureurs》と呼ばれるようになる人もいれば、土地を持たず自分の腕（bras）だけが頼りの《労働者brassiers》や、手（mains）だけが頼りということから《手労働者manouvriers》と呼ばれた「日雇い労働者」もいる。

彼らの多くは、それほど惨めな生活をしているわけではないが、領主や地主、債権者に大きく依存している。たしかに、自由人と同じように、みんな家庭を持っているか、持つことができ、土地を耕して生活している。しかし、その日その日の生活は、皆が皆、同じではない。

種々の文献を調べて確認されたところによると、カロリング時代までは、言葉の近代的意味どおりの奴隷、すなわち、自分の所有者である主人との関係においてなんらの自由もなく、何物も所有せず、監督人に監視されながら耕作地のなかで群をなして生活している農業奴隷がいた。彼らは、独立した小屋で妻子と一緒に暮らすことができたが、その妻子も主人の所有物であった。

これらの奴隷たちは、ほとんどの時間、その《持ち分保有地 tenure》に閉じ込められていた。この畑付きの家屋が、いわゆる《マーンス manse》で、彼は、土地と身体の所有者である主人にかなり重い小作料を納めることを条件に、家のまわりのこの小規模農地について、どのように耕し、何を作るかの裁量を認められていた。

この方式は、古代から「casement」とも「chasement」〔訳注・「家」を指すラテン語「casa」に由来し、家庭を持たせること〕とも呼ばれ、奴隷の群に新しい世代を生ませるために考えられたのであった。ローマ帝政末期からシャルルマーニュ時代へと移る間に、異民族を征服して奴隷を供給してくれる《勝ち戦》がなくなったのに加え、教会からも、キリスト教に改宗した人々を奴隷にすることをうるさく禁じられたことから、奴隷の値が高騰した。それと反対に、「身を落ち着けた奴隷たち」は数が増えていった。P・ボナシーがカロリング時代について示しているように、このおかげで人口は急増し、小規模ながら独立した自由土地所有者が増えている。

付け加えていえば、A・ヴェルストが指摘しているように、この人口増は大きな領地でも生じている。大型領地は、奴隷たちを集団で作業させたため経営効率がよくなかったが、大農場を《持ち分保有地》に分割して、そこに奴隷たちを定住させる方式が採用されると、奴隷たちも、自らと家族を養っていくことができたし、主人にしてみても、ただで奴隷の子が供給されることになったのである。

奴隷たちは、部分的にではあれ自分の利益に結びつく《持ち分保有地》の耕作には懸命に努力を注ぎ工夫もこらした。とはいえ、《保有地》は規模が小さいから、奴隷の全ての労力がここに費やされるわけではなく、それ以外の時間は、主人のための《留保地 réserve》の耕作に割かせることができた。《留保地》では、普段は《保有地》を持てない奴隷たちが耕作に従事しているのだが、農繁期で人手が足りないときは、《マーンス》住まいの奴隷たちも駆り出されて仲間の手伝いをしたのである。

そのうえ彼らは、自活しているから、農閑期になっても主人の重荷にはならないわけで、カロリング時代には、わずかながら独立性と、相対的にではあるが経済的自立性をもつようになるのが見られる。

一般にいって彼らも洗礼を受けたキリスト教徒であり、男女関係についても、異教古代のような内縁関係ではなく、正式な結婚生活を選んだ。主人のほうにしても、同じキリスト教徒という立場上、彼らを鞭でぶったりすることはできなくなる。こうして、全般的に、彼らの境遇はかなり穏やかなものになる。

そうはいっても、彼らは、自分の小屋に住んでいるにせよ、主人の館のなかで働いているにせよ、あくまで奴隷である。ほかの農場に売られるかもしれないし、いかなる法律上の権利も市民権も刑法上の保護もない。他人との関わりについて責任を持っているのは主人であり、主人は好きなように裁くことができた。奴隷は宣誓することができない。なぜなら、誓いに背いた場合は、たとえば手を切り落とされるかもしれないわけだが、その手は主人の物だからである。彼は、僧侶になることもできないし、他の領地の女性を双方の主人の許可なしに娶ることもできなかった。軍務に就くことや裁判に参画することもできなかった。

こうした農業奴隷（paysans-esclaves）は九世紀から減少し、十一世紀には、《農奴 serfs》と混在するようになり、この両者を区別することは実際上、難しくなる。前者の農業奴隷が消滅した理由は、領主領地の新しい仕組と、奴隷群の補給が決定的に不可能になったことにある。

というのは、七世紀までは西ゴート人に征服されたさまざまな民族や、八世紀まではランゴバルド人に侵略されたスラヴ人などが奴隷の供給源になっていたし、九世紀まではフランク人により、十世紀初めまではノルマン人により、十世紀半ばまではハンガリー人によって侵略され、奴隷として売却された人々があった。ところが十世紀末には、一方では、ポーランドも、ボヘミアも、スカンディナヴィアも、キリスト教化されて《西欧世界Occident》となり、他方では、奴隷の供給源として残っていたスラヴ（「奴隷」を意味する英語の「slave」、フランス語の「esclave」などの語彙自体、「スラヴ人」から来ている）人たちの多くは、まだ奴隷が容認され高値で取り引きされていたビザンティンやイスラム世界に売られるようになっていった。このため、それから十三世紀にいたるまで、《西欧》では農業奴隷は、ロシア・ビザンティン・イスラム世界への通商ルートになっていたスカンディナヴィア諸国と東部ドイツでしか見られなくなる。

また、これとは逆方向の流れになるが、キリスト教徒による再征服（レコンキスタ）が行われたイベリア半島など地中海周辺部が多数のイスラム人奴隷を供給したし、遠距離交易を通じて黒人奴隷がもたらされた。また、同じキリスト教徒だが、海賊によってさらわれたサルデーニャ島の人々も奴隷市場にかけられた。

同様のことは、プロヴァンス、イタリア、シチリア、ヴェネツィア領の地中海の島々やオリエントのラテン人国家でも起きている。これらの奴隷たちは都市に売られ、男は工房の労働者として、女は家事手伝いとして使われるケースが多かったが、シチリア、リグリア、クレタなどでは、土地の耕作に使役された。

後者の場合、理由は多分、人口減少にあるが、それ以上に考えられるのは、土地の傾斜がきつくて駄獣の利用が困難だったこと、新しい作物の栽培や細かく細分された土地の耕作のために人手が必要とされたことである。ジェノヴァ、バルセロナ、パレルモ、カンディア（クレタ島）の農場には、かなりの数のギリシア人、ブルガリア人、ロシア人の正教徒がいたし、タルタル人（モンゴル人）もいた。

また、その後、マディラ島とかアゾレス諸島、カナリア諸島といった大西洋上の島々や、新世界のアンティール諸島、南米大陸などを征服した西欧人は、十九世紀にいたるまで奴隷を耕作に使う習慣から抜けきれなかった。現在のアメリカ大陸諸国の人口構成には、その影響が決定的に反映している。

しかし、一口に《農業奴隷》といっても、生活条件にはさまざまな違いがある。メロヴィング時代やカロリング時代の農業奴隷たちは、領主館の周辺に集団的に住まわされ、執事の監督のもと農場で働かされ、妻たちも、館の作業場で糸紡ぎや機織りに従事させられた。これに対し《持ち分保有地》付きの小屋に住む奴隷たちは、毎週二、三日は自分の狭い畑を耕し、その収穫で家族を養い、自給自足の生活を営んだ。

地中海周辺地域でも中世末になると、奴隷の価格が高くなったため、主人は奴隷が過重な労働のために早く消耗してしまうのを恐れ、別の使い方をするようになるが、これ自体、奴隷を農耕用家畜の一種と考えていたことを示している。しかし、そうした奴隷でも、収穫の余剰分は貯蓄に回すことができたし、主人も、それを黙認していたので、のちには、それが自由を買い戻す資金となる。

中世末期には、奴隷も高齢になると、ほとんど解放されたも同然の境遇に置かれた。主人にしてみれば、彼から引き出せる利益よりも、彼を養う費用のほうが高くついたからである。それだけでなく、主人が遺言によって奴隷を解放した例も、すでにメロヴィング時代から、かなりあった。カロリング時代の農村に見られた《リーデス lides》という身分は、そうした解放奴隷であった可能性がある。とはいえ、彼らの生活状況は、奴隷たちとほとんど違いがなかったようである。

農奴と自由農民

中世農業の主役的存在である《農奴serfs》についても、同じことがいえる。この「serf」という呼び名は、奴隷を指すラテン語の「servus」に由来しているが、そうした言語学上の系列の問題や、中世社会で最も抑圧された身分の人々という感情的な問題は別にして、《農奴》が《奴隷》の残留的階級とは全く別物であったことは強調しておくべきだろう。

古代の農業奴隷が《農奴》の先祖であったとしても、部分的にそうであるにすぎない。事実、カロリング時代の農奴の大部分を占めていたのは、小規模農地を小作料を払って保有していた農民であり、彼らは《賦役》も課せられたが法律的には《自由人》とされていた。しかし、現実には、土地所有者の許可なしには、その領主領から出ることも、自分にあてがわれた土地を放棄することも、結婚することもできなかった。しかし、原則として、土地から追い出されることはなく、種々の権利ももっていて、経済的には土地所有者に依存しているが、国家からは《自由民》と考えられていた。したがって、シャルルマーニュの治世には彼らも軍務を課せられたし、それを免除してもらうためには、カネか物納かで税を納める必要があった。また法廷で宣誓もできたし、その責任を負わされていた。

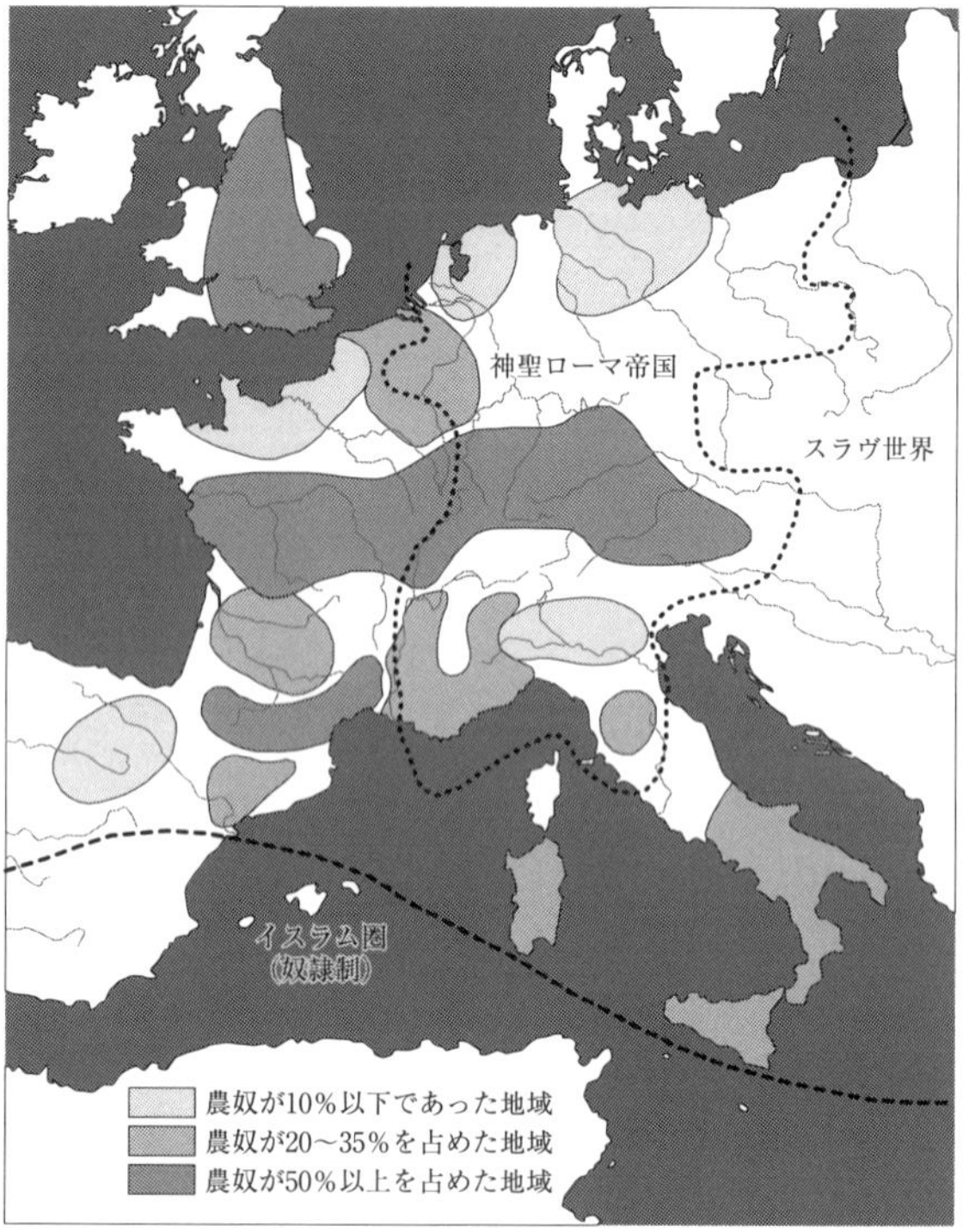

農奴制の分布

それが、次第に裁判に参画する機会は少なくなり、彼ら自身が裁きを要求した場合も、領主の法廷から閉め出されて下級の《百人組法廷》でしか扱われなくなっていった。百人組法廷とは、領主に従属する立場の役人（viguier）とか百人組代官（centenier）が司る裁判であり、幾人かの歴史家は、こうした農民を「半自由民 demi-libres」と呼ぶのがふさわしいと提唱している。

実際には、領主領の外で、完全に自分の所有地（「自由地 alleux」）で生活している自由な農民がいたが、彼らについては、あまり明らかになっていない。というのは、彼らの資産のことが文献記録に現れるのは、聖俗の領主に贈与・遺贈あるいは売却などされ、領主領に組み込まれたときにはじめて文書に記録されたからである。

ノルマン人の侵入などによる十世紀から十一世紀にかけての危機のなかで、これら自由民の多くが、隣接する有力者に、庇護してもらうことを条件に、我が身の自由と土地を差し出し、従属的立場に落ちていった。ある人々は、ある守護聖人とその地上における代理人である聖職者、修道院に我が身を寄贈するという形をとった（このような人々は「sainteurs」と呼ばれた）。また、ある人々は、安定した保有地をもらうその代償として、重い負担を課せられた。こうして、《自由人》という身分は変わらなかったが、その生活の基盤である保有地は領主の所有物であったわけで、負担の重心が人間から土地に移行したこの動きの原因は複雑だが、このために、《自由民》、《半自由民》、《解放奴隷》の多くが、小屋住まいの奴隷と同じ水準に置かれる事態になったことは明白である。彼らは、先祖たちが自発的従者として自らの意志で引き受けていた税を否応なしに担わされるようになった。

しかも、武器をもつ権利も、裁判に参加する権利も失い、証言もできなければ、財産を自由に処分することもできなくなり、自らの意志を通そうとすると、力で屈服させられた。十三世紀には、南フランスの多くの自由民が、シモン・ド・モンフォールなどの北フランスの貴族たちにより、カタリ派異端の嫌疑で弾圧された。イベリア半島では、《レコンキスタ》に加わった王侯たちによって、反抗的イスラム教徒として全てを奪われた多くの自由民がいた。さらにブリテン島でも、ノルマン人による征服に伴って辺域へ追いやられたアングロ・サクソン人たちが、結局は《農奴》とされていった。

このように《農奴》は、起源がまちまちであることから、その地理的分布も不均等にならざるをえない。ロベール・フォシエが明らかにしている「農奴の分布図」によると、ノルマンディー、ピカルディー、ザクセン、ロンバルディア、カスティーリャが一〇％以下、スカンディナヴィアは、それより少し多い。これらの地域では、奴隷が農奴になったのではない。一二から二五％を占めているのが、ピエモンテ、アクィテーヌ、イル・ド・フランス、セーヌ川渓谷、トスカーナ、フランドル、ブルゴーニュの各地である。それに対し、バス・ロワール、ポワトゥ、ベリー、シャンパーニュ、オート・ロレーヌ、フランケン、バヴァリア、ボヘミアでは、五〇％以上に達している。

では、《農奴》の内容が本質的に揺れ動き、文献を見ても、しばしば相い矛盾し、領主への依存度もさまざまであるとき、その概念は、どのように明確化すればよいのだろうか？

ロベール・フォシエが述べ、現代の中世史学者たちが認めている結論に従うならば、そこには、本質的に三つの側面があるようである。

まず第一は、古代の《奴隷》の場合と違い、行動に道義的責任を担わされたこと、である。たとえば、逃亡した農奴は公開で鞭打ちや足枷の刑に処された。結婚についても種々の制約があったし、修道会に入ることも禁じられていた。つぎに、個人としての義務、たとえば人頭税や上納金を課せられたこと。農奴は、その身体をもって一人の主人に全面的に従属させられ、非常に重い任務を絶え間なく課されたが、土地からの収穫に関連してかけられた負担——固定的か比率的かは別にして、賦役や地代などは、《自由民》と考えられた土地保有者のそれとの違いはほとんどなかった。《農奴》が不利であったのは、相続に関する場合であった。といっても、死んだ農奴の財産すべてが領主のものになったわけではない。もし、そうだったら、農奴たちは節約の意欲をなくし、必要最小限の仕事しかしなかったであろう。しかし、動産や家畜の半分とか、上等な品は、領主に取られてしまうことが多かった。とくに、直系の相続人がいない場合は、領主はすべてを取る権利をもっていた。

マルクス主義的歴史家は、農民にもさまざまな相異があったことをとかく無視し、「全き人格的自由をもたない労働者は全て農奴である」とし、「人格固有の奴隷制というものはない。あるのは農民の、その主人（のちには、農園）に対する隷属と束縛である。このために、自由農民は農奴身分に没落する傾向をもっており、そこでは、農民はみな、作業具と農園の用益権は自分のものであっても、あらゆる種類の人格的抵当と債務によって領主という巨大資本家に縛りつけられているのだ」と述べている。この観点からみると、当時は《自由民》と考えられていた農民も《農奴》であり、したがって、人口の大部分を《農奴》が占めていたことになる。

いずれにせよ、九、十世紀に現れ十一世紀に確立された農奴制も十三世紀には衰退する。農奴たちは都市へ逃亡して自由を獲得したり、隣接する土地の開墾のために移動して自由民となった。また、専制的支配を排除し、不名誉な汚点を消したいと願う多くの人が、僅かずつ余剰物資を売って現金を貯め、それで、少々高くとも個人的あるいは集団的自由を領主から買い戻した。他方、人口の増加と領主留保地の減少のため、賦役は次第に小さくなっていった。

しかし、こうして自由を勝ち取った農奴たちの経済的立場は、必ずしもよくなったわけではなかった。自由を得るために、土地を抵当に借金しなければならないことも少なくなかったし、そうして土地を失った運の悪い人々は、賃労働で生活の糧を得るほかはなかった。たくさんの人が債権者に縛られ、もっと悲惨な状況に陥っていった。

とくに、十三世紀末から十四世紀初めにかけての状況の変化によって、かつての農奴の多くが極貧に陥って乞食となり、また、金持ちのもとで賃金をもらって働く奉公人となることによって、新しい形の奴隷制の犠牲者となっていった。課せられた人頭税を払えず、没落農民となっていったのだった。

東部ドイツでは、十一、十二世紀に処女地開拓のためにやってきて《自由民》として定住した農民たちが、十五世紀には、領主すなわち「ユンカー Junker」たちの支配下に組み込まれていった。《西欧化》に伴い遅れて出現した《農奴制》のために農民たちが十九世紀まで重い軛のもとで苦しめられたロシアはいわずもがな、西欧でも、土地に結びつけられた従属的階級が再度、形成された。彼らが負った重荷は、先祖たちのそれと変わりなかった。

富裕農民の台頭

これと同時に、同じ農民社会のなかに、少数の豊かな自作農も現れ、生活水準に大きな落差が生まれていった。カロリング時代にいたるまで、大土地所有者と並んで、自由な小農民がいた。彼らは軍事行動にも従ったが、主たる活動はあくまで農耕であった。

この階級の人々には、八世紀、九世紀を経るうちに、領主の家臣になり騎士となって上層階級に吸収されていった人々もいれば、隷属的な農奴になり、下層階級に吸収されていった人々もいる。しかし、非常に多くの平均的農民を構成したのは、非隷属的な自由農民や入植者として残った人々である。

彼らについては、あまりよく知られていないが、分かっているのは、いざというときに避難させてくれる城塞の所有者であり、大土地所有者であり、裁判権と召集権をもっていた領主に緊密に依存したこと、そして、彼らのなかで最も裕福で恵まれた人々は小貴族となり、騎士として戦さに参加していったことぐらいである。

しかしながら、十三世紀には、農村共同体のなかで、農具一式、犂、駄獣、そして広くて肥沃な土地を所有している豊かな少数者が力をつけてくるのが見られる。こうした自作農の人々には、かつては小貴族であったが身分を維持できず、その世襲領地を直接に経営するようになった人々の子孫もいるが、大部分は、領主のもとで家内奴隷たちと混じって仕えることによって成功した人や、また、より肥沃で細分化されていない保有地（このほうが収入も多く、チャンスも大きかった）によって成功した農民たちであった。彼らは、共同体を牛耳りながら、土地を担保にカネを貸したり、相続人のいない自由地や人口の減少と貧農の逃散で値が下がった土地を買い取ったりすることによって、細切れの土地を統合し大農場を築くことに成功したのだった。

この豊かな農民たちが、最後には領主の権限を自分の土地から排除し、さらには、領主の土地を買い取って、貴族の仲間入りを果たす。こうした農民たちの日常生活は、ほかの農民や、まして農奴や農業奴隷のそれとは比較にならないほど豊かである。

田園世界を全体的観点で見るには、それが直面している自然条件あるいは技術に由来する問題など全てを踏まえなければならないが、それにもかかわらず、こうした農民同士の格差があったことを無視するわけにはいかない。

ただし、この相異の問題に、いつまでも拘るべきではない。メロヴィング時代以来、大規模農地では、農作業と経済面での連帯が、小屋住み奴隷と入植者とを、そうした違いを超えて強く結束させていた。このことは、当然、自由民についても同じで、入会地の共同利用の慣習や百人組とか法官区ごとの裁判制度、軍隊の編成といったフランク的伝統と、ローマ帝政下にコンスタンティヌスによって定められた税制と経済的束縛によって助長された集団的責任によって、いっそう団結が強められたのだった。

ここで、経済的束縛が集団的責任を助長したというのは、耕作地の循環と配置、家畜の群を移動させるのに種を蒔いた畑を囲う必要があったなどの問題のため、共同体のなかでの話し合いと協調が絶対的に必要とされた、ということである。

領主領の共同体が領主館を核に生活を営んだように、この農民共同体は村の教会を中心に成り立っていた。とりわけフリースランド、スウェーデン、イングランドではこうした集団化が十一世紀末にいたるまでもっていた重要性を知るならば、それがカロリング時代およびその後の西欧で生き残った理由が明らかになる。実際には、それとは別の凝集力も働いた。まず、領主命令権が少なくとも経済的・徴税上の帰結を伴って支配している古い共同体は、ときとして古い領主領と融合していった。それらは、領主による圧力からの防御のためよりも、むしろ、新しく住み着いた人々や仲間の制約から逃れたがっているメンバーに対する防衛のために結合を強めたのである。

つぎに、領主の権限のもとに創設された新しい共同体についていえば、入植や開墾によって共同体が拡大したため、また、輪作の運営や堤防の保全、敵からの防衛といった集団作業の必要性から、団結が要請された。この共同体の結束は、一つの教会、一人の守護聖人を核に、一人の責任者のもとで起草され適用される自主権や慣習を基盤に、部分的ながら自治的に行われた裁判と、村の自由民（さらには全ての男子）を集めて行われた評議会によって、いっそう固められた。

集会は、こうした共同体の典型的特徴の一つで、村人たち相互の親密さを増すよい機会となった。細々したもめ事も、このなかで解決され、あらゆる面での連帯が強化された。人頭税の免除や、入会地の拡張といったことも、ここで討議され、勝ち取られた。また外敵の脅威に対しては領主に協力して、みんなで監視隊を組織したり、防御の準備に参加することもあった。

領主は、この結束の基盤となったもう一つの要因である。なんといっても、領主は《布告権ban》、すなわち、領民に対して命令し、強制し、処罰する権限をもっている。その権利は、国家経営に起源をもっており、カロリング帝国が崩壊したとき、皇帝から委嘱されていた役人や、とりわけ陪臣（comte）たちに横領されたものである。裁判権は《上級》と《下級》に分けられ、それに《中級》が加わり、有力な領主たちは《上級裁判権》を利用して近隣の小教区の全農民（彼らが自由民だろうと小領主に従属する農民だろうとかかわりなく）に対し、平和維持の代償として重い負担を課した。

この《収奪exactions》の慣習は、十一世紀じゅうには当然のこととなり、十一世紀末以後は《バナリテbanalités》と呼ばれる経済的強制権となる。領主は、大土地所有者であるとともに、公権力の継承者として、水車や圧搾機、パン焼き竈などを造ったり、種牛や種豚を飼育し、農民たちにそれらを強制的に利用させ、使用料を徴収した。

同様にして、葡萄酒先売権（banvin）によって、彼が葡萄酒の澱を売り出すときは、人々がそれと競合する形で澱を売り出すのを禁じた。また、必要と感じたときは人頭税を要求したり、家来たちを使っていろいろな物を徴発もした（これは領主が訪れたとき宿と食事を提供させた「宿泊権droit de gîte」に起源がある）。

領主は、しばしば城の所有者であった。この「城主であること」は、《戦う人》という身分にとって基本的なものである。彼は、それを利用して新しい《使用料》を要求する。城と、そこに通じる道を維持し守備隊と馬を養わなければならない、ということから、いざというとき城内に避難させてやるから、ということで、その代金を農民たちから徴収したり、農民のなかから歩兵の民軍を徴発、見張り番や衛兵として城の中に配置した。農民たちは、動員に従うか、免除してもらうため税を払うかしなければならなかった。

領主は、あらゆる機会を捉えて、これらの人々に、集まり、討議し、果たすべき任務のために連帯を強めさせるようにした。小領主たち、つまり、城を持てるほど豊かでないため城持ちの領主の家臣になっている貴族たちは、配下の農民たちに、土地保有農民たると農奴たるとを問わず、団結と協力の機会を与えた。こうした領主たちは農村共同体の一員であり、強い影響力をもっていた。

ときには、農村共同体や地域の農民たちが、ある不満から結束して立ち上がることがあった。たとえば十一世紀初め、アングーモワ〔訳注・ボルドーの近く〕の農民たちは、聖職者たちの同意のもと、《神の平和》を求めて貴族たちに対する反抗運動を起こしている。北フランスでも、領主たちによる搾取への憤りから、農民が決起しているし、時代錯誤的な賦役や人頭税の廃止を求める運動は十三世紀を通じて頻繁に起きている。

十四世紀から十五世紀にかけては、正真正銘の農民運動である《ジャックリーの乱》が起きる。この時代は、西欧全体がさまざまな困難に直面し、教会と貴族制が危機に陥り王政による税制が強化されていった時代である。しかし、それが生じた事情は複雑で多様である。

同じような騒乱は、フランドルでは一三二八年以前に、イル・ド・フランスでは一三五八年に、アラゴンやカタルーニャでは一三五〇年以後（とくに一三八八年）に、ラングドックやノルマンディーでは一三八〇年代、南フランスでは《テュシャンTuchinsの乱》が一三八一年から一三八八年にわたり、パリでは新税に反対して《マイヨタンMaillotinsの乱》が一三八二年から一三八三年にかけて、そしてイングランドでも一三八一年から一三八三年にかけて暴動が起きている。

これらは、豊かな農民たちや職人たちが自分たちの特権を守るために起こしたもので、ポーランドの歴史学者、ジェレメクが明らかにしているように、貧しい人々や周辺部の人々も加わってはいたが、基本的には既得権益を守ろうとする保守的性格を帯びていた。

運動が革命的性格を帯びるのは、古典的なキリスト教教

兵隊に襲われる村(上)と農民に襲われる騎士(下)

義に取って代わる新しいイデオロギーによって、伝統的秩序への反抗が行われた場合のみである。たとえばイングランドのウィクリフの弟子たちによる《ロラード派Lollardsの乱》（1408-1420）や、フス派異端から出たチェコのタボール派（Taborites）やアダム派（Adamites）の反乱がそれである。彼らを突き動かしたのは原初的共産主義というべきもので、たんに階級的憎悪だけでなく民族主義的感情がそこに絡んでいた。

十四世紀末から十五世紀初めに、ドイツのシュヴァーベンと南西部のコンスタンツ湖やザンクト・ガレン周辺に広がった《南ドイツ連盟Bund ob dem See》の反乱は、一時は六十都市を勢力圏に収め、三十の城を破壊し、多くの領主を屈服させる勢いを示したが、悲しむべき妥協をもって終焉した。反貴族の急進的闘争が起きるのは、一五二五年のあの戦慄すべき「農民戦争」を待たなければならない。

したがって、《農民の怒りfureures paysannes》は、中世を通じて、時間的にも空間的にも非常に断片的に起きただけで、日常的現象ではなかった。日常生活は、城の麓で、教会を中心に、穏やかに営まれていた。こうした農村の生活を活気づけ、農民の共同体を強固なものにしていたのは、城とその主よりは、むしろ、教会と司祭であった。

農民たちは、日曜日には教会へ行ってミサに参列し、司祭の説教を聞き、村人仲間から新しい情報を仕入れ、ときには、領主に対して行動を起こすために結束した。彼らは崇拝する守護聖人の礼拝のなかで一つに溶け合い、秘蹟を受け、子供たちに洗礼を受けさせ、両親を葬った。

教会の建物を維持し、いざという時の避難所としてこれを強化するために力を合わせた。敷居のところで《十分の一税dîme》を払い、お堂の前の広場では市が開かれ、教会は、巡礼や異邦人を接待したり、貧しい人々を供応する場でもあった。教会の鐘は村のなかに残っている人々だけでなく、地平線の彼方の田園で働いている人々にまで、時を報せた。はるかな畑で作業していた農民たちも、夕方の《アンジェラスの鐘》を聞くと、仕事を終え、家路に就いた。

農民、とくに貧しい農民たちの生活は厳しかった。それは明白である。しかし半面、一つの共同体に属していることによる精神的慰めに浴するとともに、実際に物質的利益を受けることができたことも強調しておくべきだろう。

したがって、城が、その麓で生きている人々の憎しみの的になることは滅多になかったし、まして、教会がそのようになることは、もっと稀であった。農民たちにとって城と教会は、ときとして峻厳に押しかぶさってきたが、ふだんは秩序と平和を保証し守ってくれる、間違いなく有益な責任者であり、それゆえにこそ、受け容れられていたのである。

第四章　戦う人々──騎士たち

フィリップ美男王（1268-1314）時代の一人の聖職者（ジャン・ボネ）が書いたとされる対話篇『プラシデスとティメオ』によると、騎士階級の起源は、少なくとも古代ギリシアに遡り、ほかの人々よりも立派な体軀をもち、勇気のある男たちが集団を守る責任を担ったのが始まりだという。

しかし、中世の《騎士chevalier》は、むしろ、そのヘブライの仲間であるニムロデ〔訳注・『創世記10-8』によると、ノアの曾孫で、狩りの名人であるとともに地上の最初の権力者とされる〕を模倣したものである。ニムロデは初めて城のような堅固な家を建て、近くを通りかかる人間を片っ端から捕らえて身代金を要求した。この身代金が税の元祖とされる。したがって、《強盗》と《暴君》が「よき道理」に勝ったわけである。

「なぜなら、本来、大地から得られたすべてのよき物は、みんなのものである。ところが、力づくのやり方と、無秩序で不正な貪欲のために、大地は帝国とか王国、公領、伯領、男爵領そのほかに分割され、無力な人々は税を取られ、掠奪され、食い物にされるようになった。これは、いまも変わっていない。」

この十四世紀にかなり広まっていた考え方は、多分、その前の世紀に現れていた。しかも、それも、オリジナルなものであったわけでなく、戦士身分の権威が揺らいだときに幾つかの社会的グループのなかに芽生える心情を反映したものにほかならない。それは、ある現実と対応しており、封建社会の基本的問題を提起したのではないか、と問うことが可能である。

つまり、次第に一つの階級のなかに集まっていた最も強い連中が、《働く人々》を脅しながら、保護を与えることと引き替えに税を搾り取り、強奪するようになっていったのであり、それが騎士階級ではないか、ということである。

騎士階級の形成と発展

八世紀から十八世紀までのほぼ千年間に、西欧全体について認められる一つの典型的な図式がある。それは、《臣下 vassal》と呼ばれる一人の男が《臣従の誓い hommage》によって《君主 seigneur》と呼ばれる男に忠誠を宣誓し、支援と奉仕を約束する。君主のほうは、そのお返しに保護を約束するとともに、一般的に《封土 fief》という土地に基盤を置いた収入源を授与するのである。

ある面でいえば、戦士である二人の自由な人間の間で忠誠と献身の約束が交わされ、そこに人格的結合が形成されるのは、あらゆる原初的社会の特徴である。西欧では八世紀から十世紀の時期に《臣従》と《忠誠 foi》の儀礼が定着し、その手続きが完璧に確定された。その要素はすべて、こうした原初的社会で行われているものの不可欠の要素であることから、ジャック・ル・ゴフは、このセレモニーをアフリカの幾つかの部族に今も残っているそれと対比している。

《臣下》となる若者は、跪いて両手を組み、その手を君主の両手に預けて、臣下となる旨の意志を表明する。君主は、この臣下を立たせ、ときには接吻を与える。つぎに臣下は（これは十一世紀以後であるが）、共通して神聖さを認められている物に右手を置いて忠誠を宣誓する。この臣従と忠誠を表す象徴的所作のあと、《封土の授与investiture》が行われる。

すなわち、君主から杖と棒、一握りの草または何か別の物が授与されるのであるが、これらは、十世紀以後「封土fief」と呼ばれるようになる知行地に付随する権限を物質的に表している。そして、ここに立ち合った人々は、この契約の保証人になる。まさに、それらは、誠実（fidèle）な《臣下vassal》を君主の血族（ただし、民族学的意味での）のなかに入らせるための象徴物のやり取りという原初的文明に固有の儀礼である。

このような慣習は、ゲルマン諸部族の侵入のためにローマ的国家観念が消滅し、弱い立場の人々の安全と生存が脅かされるようになったのにともなって発展したと考えられる。自らを守り生存を確保するだけの力と手段を持たない自由民たちは、自分を守り養ってくれる首長と保護者を求めた。首長たちのほうでも、自分の力を保持し、さらには一層増大するために、一緒に戦ってくれる人間を求めていた。

そこから、法的には対等であるが精神的には優越している《年長者senior》と、《若者junior》つまり臣下との間の相互契約が生まれた。一方は他方を保護し養うことを約束し、他方は、自らの意志で相手を主君と仰いで服従し、家臣として軍事的に支えることを約束する。要するに、自分の自由を犠牲にすることなく、この一生の間の独立を譲渡するのである。

初期のカロリング家の人々は、まだメロヴィング王家の家宰であったときから、多くの《被保護者recommandés》や《献身する人dévoués》を身辺に集めていた。カロリング家は、こうした《忠臣たち》に助けられて王位を自分のものにすることができたのであった。カロリング家の人々が、国内のすべての自由民の忠誠の誓いに加えて、一部の戦士たちに対し、ずっと強制力をもった参画を求めるのは、王ないし皇帝になってからである。

そうした《忠臣》すなわち「身内の臣下vassi dominici」〔訳注・日本でいえば鎌倉時代の「御家人」に当たる〕が国家の役職を授けられ、常設的軍隊の枠組を形成していったのであり、やがて、彼らも有力者になると、自身で独自の家臣をもち、この家臣たちを軍隊や王の法廷に送り込んでいくこととなる。

君主は大貴族たちを臣下とし、その大貴族たちは自由民を自分に従わせた。このようにして主従関係の網の目によって国家を再生し、これを息子たちに継がせようと目論んだのである。しかし現実には、一般の臣下たちにとっては、王に対する忠誠よりも身近な貴族たちに対する従属関係のほうがずっと強制力があり、貴族の存在が、王と一般家臣の間の結合を妨げる遮蔽幕になった。

このように貴族の力が増大したのは、ノルマン人やサラセン人、ハンガリー人が次々と侵入してきて、各地方の住民たちは自分の力で戦わなければならなかったこと、カロリング家の跡目争いから、家臣たちにしてみれば自分の《臣従》を競り売りできる事態となり、その精神的純粋さが失われたうえ、王家の跡目を争う人々も、それを買おうとし、争い合いのために力を失っていったことなどによる。

結局、王権の一部を譲り受け、多くの家臣を抱えるようになった大貴族は、自分が王に対して負っている誓約の幾つかを法律上の問題のみに限定し、事実上の独立を享受するようになり、臣下のほうでも、複数の君主に誓約をするようになる。この現象が見られるのは八九五年以後であるが、十三世紀には、一人で二十人とか、最も多い例では四十三人の君主と主従関係を結んでいた人が知られている。しかも、この主従関係の階段はやたらと増え、十世紀になると、実際上の主従関係は中間的君主と、その陪臣（arrière-vassaux）の関係のみとなる。

臣下としての義務と、《臣従誓約》の相対的弱体化について教えてくれる有名な文献がある。一〇二〇年ごろにシャルトルのフルベルトゥスがアクィテーヌ公ギヨームに送った手紙がそれで、そこに記されていることは、中位の権力をもった領主クラスの家臣たち全てに当てはまる。

彼らは、自分の君主を害するようなことがあってはならないのは当然として、その宮廷に参内し、とくに裁判において仲間のために証言して助け合うなど団結を示すことが重要である。しかし最も大事なのは、なんといっても軍事面で君主に協力することで、八世紀以後は、歩兵の立場が低落し、軍馬や重い剣、槍などの武器と、兜や鎧、楯などの防具を自前で揃えること、また、理論上、時と場所を問わない全面的奉仕を求められた。

一般社会に貨幣が流通する以前は、金銭面での負担はそれほど頻繁に求められなかったが、君主の長男が騎士に叙任される際の鎧代とか、長女の結婚祝い、君主が捕虜になった場合の身代金、十字軍遠征の費用、新しい皇帝への祝儀など、さまざまな負担がかぶさってきたし、それらはけっして軽いものではなかった。

しかし、こうした君主への援助の幾つかは、臣従誓約の重複とか王権の拡大、俸給制への移行といった傾向が強まるにつれて、効力と有用性を減じ、限定されたものになる。というのは、これら臣下の側の負担は、原則として、君主の側の負担、つまり一族郎党として庇護すること、折々の贈り物を下すこと、衣料や食料を下賜すること、そして、とくに軍事的奉仕を全うできるだけの収入源の付託などと釣り合っていなければならなかったからである。

ある君主の保護のもとにある以上、戦士は任務を全うするため、武器や軍馬を調えなければならないし、自らの家族も養わなければならない。中世も初期のころは、領主は臣下を身近に侍らせ、そうした費用も支弁した。しかし、君主とて、際限なく広がる「家族」を養えるほどの富を集めることは不可能で、一種の報酬（貨幣は一般化していなかったから、収入をもたらしてくれる土地）を与えるようになった。だが、これも、いかに裕福で有力な君主といえども、臣下すべてに土地を与えることはできない。メロヴィング王朝の君主たちは頻繁に征服を行って敵から資産を没収しては臣下に下賜したが、それでも行き詰まり、凋落してしまった。

他方、臣下のほうは、《封地》は君主への奉仕の代償として受けた贈り物である以上、その君主への奉仕をやめたあとも、自分の物として保有するのは当然と考えた。

ローマ法には《一時的保有の契約contrat de précaire》というのがあり、それが変形されて、上位の土地所有権を持っている人がその権利を保持したまま、別の人物に一時的に（終身というのが多いが）使用権を与えることができるというメロヴィング時代の制度になっていた。

カロリング朝初期の王たちも、臣下に土地の一時的使用権（これを「禄地bénéfices」といった）を与え、そのお返しとしてなされる軍事的奉仕を自らの力の拠り所にした。したがって、奉仕が終われば、「禄地」も君主に返された。そして、君主は、同様の奉仕をしてくれる新しい臣下にこれを授与し直した。伯や司教といった高位の臣下たちも、王に対する忠誠の誓約を果たすために、同じく土地資産の形をとった特別の贈与を受けたが、これも、責務が終わると、王のもとに返還された。

このようにして、一人の臣下は、もともと自分の資産である《自由地alleux》に加え、臣下としての奉仕の代償である《禄地bénéfice》と、さらに彼が伯である場合は、特別の《恩給地honneur》を下賜されていたわけである。しかし、現実に君主との関係がゆるんだときは、その土地をこれら三種に区別することは極めて困難で、本来は死去によって返却されるべき《禄地》や《恩給地》も、一家の世襲資産のなかに含めて相続されることが普通になっていった。

このように、土地という形をとった世襲的利権が《封地fief》であり、『キエルジ法令Le capitulaire de Quierzy』(877)は明確にこの世襲性を認め、《恩給地honneurs》と《禄地bénéfices》についても、部分的に同一視している。一〇三七年の法令は、皇帝の陪臣のイタリアにおける封土の世襲を認めている。

さらにいえば、多くの場合、世襲化は、避けがたいことであった。旧い家柄の家族以外のどこに新しい臣下を見つけることができるだろうか？　しかも、旧家の人々をその根をおろしている封土から追い出すことなど不可能であった。同様に、小土地所有者が、ある君主に保護を求めて自分の自由地を差し出し、それを《封地》として再下賜してもらっているケースを考えてみると、もともと彼のものであったこの土地を、その合法的な相続人から取り上げることなど、どうしてできただろうか？

反対に、ある君主に忠誠の誓約をして封土を貰っている臣下は、君主が交替したときは、もし相続で手に入れた封土を保持したければ、新しい君主に改めて誓約しなければならなかった。こうして、保証を取っておきたいという君主の思いと、たくさんの封地を手に入れたいという臣下の貪欲が絡んで、世襲が主従関係の重複の一因になったのであるが、しかしまた、主従契約の現実的要素である封地が世襲制の基本的な要因となっていったことも否定できない。

こうして、《封地》は、本来、君主に臣従と忠誠を誓った臣下に、基本的には軍事面での奉仕を可能にするために下賜された世襲的禄地であり、その上位の所有者は、変わらず君主である。《禄地》には、こうした封地の特質の大部分が失われないで保持されている。そこで与えられるのは、あくまで《用益権 usufruit》であって、原状および価値は維持されなければならない。規模を縮小するなど価値が低減する場合や、売却・贈与・寄進などの譲与に際しては君主の認可を得なければならず、たとえば売却代金の五分の一とか、所有権取得税、贈り物、遺産譲渡税を君主に納める必要があった。

保有者である臣下が死んだ場合、封地は、いったん「倒れる tomber à terre」。上位の所有者である君主は、その「建て直し relever」の権限を相続人に与えるが、その際、かなり重い《封地相続税 relief》が課され、しかも、その新しい臣下は君主を自分の土地に招待しなければならない。これは、《宿泊権 droit de gîte》と呼ばれ、訪れた領主に食事を御馳走し宿所を提供しなければならないのである。

封地保有者は軍事的奉仕を義務づけられたことから、相続人が未成年者である場合とか、複数いる場合とか、さらには、未婚の娘が相続した場合とか、さまざまな難問が生じると、それらの難関を乗り越えるべく、さまざまな慣習が考え出されていった。ときには、土地という形をとらないものの相続の例も出てくる。たとえば、エノー伯夫人が皇帝から収入の基盤として授けられたように、通行税や裁判権、市場税の徴集権のこともあれば、農奴などの労働者の集団であることもある。さらには、エルサレムやイングランド、シチリア、フランスなど、貨幣経済が発達していて君主の収入がかなりの額になっているような国やそうした時代においては、《定期金封 fief de bourse》とか《議員封 fief de chambre》《組合封 fief de soudée》といったように現金で支給されるものもあった。

とはいえ、《封地》は基本的には、ある程度の数の農民たちを擁していて、その労働によって領主である封臣が自らを維持し、君主への奉仕もできる《領主領》という土地資産であることに変わりはない。この農村領主は地代（cens）・年貢（champart）・新開地十分の一税（dîmes novales）を徴集したほか、領外結婚納入金（formariage）、農奴人頭税（chevage）、農奴死亡税（mainmorte）〔訳注・農奴が死亡した場合、領主は彼の遺産に税をかけることができた〕を課し、領主の留保地が大きく、人手が不足しているときは、賦役を要求することができた。

農村領主の領地はその幾分かは農民たちに《持ち分保有地 alleux》として貸与されたが、多くは領主館のまわりに配置されており、農民に賦役として耕させた。また領主は、領民たちに対し、この中心である館から《バン ban》〔訳注・領民に布告したり召集する権限〕を行使した。

領主の権限は、このようにさまざまだったが、すべての農民は、すでに見たように、この《バナリテ banalité》と呼ばれる領主権を尊重し、人頭税を納め、徴集にも応じ、裁きに服し、罰金を払うなどの義務に従わなければならなかった。

封建時代の初期を特徴づけていたのは、十から二十、ときには、もっと多数の小教区を城のまわりに配置して構成されていた領主領である。領主は、城を建てるだけの富と、ときには他の領主の城を奪うこともできる力を持っていて、その権力は家柄にもよるが、自分より上位には伯や大公、ときには王がいるだけで、しかも、そうした上位の君主は遙か遠い所にいて干渉されることは滅多にないので、城下の農民たちに命令し、裁き、罰する全面的権限をもっていた。

彼は、騎士たちに囲まれ、彼らの助けによって平和を維持している。騎士のなかには、君主の傍らで養われながら奉仕に励んでいる直参もいれば、《封地》として与えられた農地に住んでいる者もいる。側近家臣でありながら領地を貰っている者もいれば、小なりといえども城の主でありながら、先祖伝来の領地を城主に納め、あらためて《封地》として下賜された形をとっている者もいる。

こうした小領主たちは現実に城主に服従しなければならず、城主の意志によって制約はされるが、名誉は尊重されている。そのうえ、彼らは、非常に緊密な姻戚関係や血縁関係によって結合しあい、自分の土地に根を下ろしていて、不安と経済的緊縮とから、しっかり団結している。

こうして、生活様式が同じで、婚姻によって強い血の繋がりによって形成されたのが《騎士》という一種の身分制度である。彼らにしてみれば、仲間の一人が仮に貧しくなったとしても、農民レベルにまで落ちるなどということは考えられないことであった。その封地とともに、社会的立場も、一種の世襲財産として引き継いでいたからである。

たとえば《騎士叙任式 adoubement》は、戦闘を専門とする集団に入るための秘伝的・魔術的儀式であるが、これは、武器を執って戦うだけの勇敢さと、その武器・武具を揃えられる裕福な人々だけが挙げることができるもので、騎士を父に持つ若者しか受けることはできなくなっていった。そして、十一世紀以後は、戦争や余暇、農民への命令権などの特権、とりわけ高貴な一門の始祖である聖人とか英雄的人物と家系的に繋がっているとの意識を共有していることが基盤となって、カロリング時代以来の古い貴族階級と融合し合っていく。このようにして、その社会的立場を血によって伝えるようになったのが、いわゆる中世貴族である。

彼ら貴族たちこそ、その起源はどうであれ、唯一、飽きるほど食べ、自由気ままに振舞い、騎馬戦に備えて自らを鍛錬できるゆとりをもち、そして、そのために必要な資源を使うことのできる人々であった。十一世紀の身分社会は、唐鍬を手に、自分の足で歩く農民たちが、武装して馬に乗っている領主によって支配されている、非常にはっきりした図式で表される。

これらの《貴族たち》にあっては、同じ教育によって形成され、同じ英雄的・戦士的理想のもとに一体化することにより、さらに、人口増加のため父祖伝来の土地資産が危殆に瀕したときに生じた諸困難に共同して立ち向かうことを通じて、同じ精神状態が、次第に培われていった。

現実には、富や権力、領地の規模などの違いによって、階層的な差があったにもかかわらず、戦争や騎馬試合において、同じ《軍旗bannières》のもと、同じ《陣営conrois》で戦ったことによって、結束力が強められたのだった。

騎士階級を危機に陥れたもの

しかし、十三世紀初めには、騎士階級内部で、二重の危機が進行する。一つは、収入の減少である。この問題については、かなり以前から、結婚を制限したり長子相続権を強化するなどの手段によって、土地を拠り所とする家門の力をなんとか維持しようとの努力が行われていたのだが、この十三世紀という時期に危機をもたらし始めたのは、歩兵や市民軍が登場したことであり、それにより軍事面での彼らの独占権が失われはじめたことであった。

しかも、その一方で、大領主たちは旧来の臣下たちの支払う兵役免除税のおかげで傭兵を使うようになっていたうえ、他方では十一、十二世紀以後、農奴の出身ながら君主から信頼を勝ち取って馬の世話をする下級役人などに取り立てられる者が見られる。とくに軍事面と司法面で、上位の君主である王や大公が力を強大化するにつれて、小領主たちの権限は狭められ、たとえば裁判に伴う罰金などの利得は減少した。しかも、土地資産の旧態依然たる運用法と効率の低さのため、収入は目に見えて減りつづけていった。賦役権はすでに農民たちの手に買い戻されており、人を雇おうとすると賃金は高騰しているし、粉ひきなどの賃料は固定制であるうえ、貨幣価値の低下によって、実質的収入はゼロに近くなっていた。こうして、領主留保地は、そのほとんどが分譲されてしまった。

その反対に、身分を維持し、威信を保つためには、それなりの装いをしなければならず、施しにおいても、気前よさを示さなければならなかった（というのは、彼らは人頭税を免除され封建領主による裁判も免れ、武器の携行を許されるなどの特権によって、人々から羨ましがられていたから）ので、負担のほうは重くなる一方であった。

この動きが、十四、十五世紀には、経済的危機と頻発する戦争によって、さらに加速される。農民の離散などによって、土地資産からの収入は、もはやゼロとなる。軍事面での無力化にもかかわらず、浪費と遊興への志向性はやまず、衣食面では贅美を尽くすなど、貴族でない人々からは、不信と憎悪の眼でしか見られなくなる。

少数ながら、状況の建て直しに成功した貴族もいる。たとえばイングランドの領主のなかには、実業家たちと提携して羊毛の生産に力を注ぎ、領地経営の改善に成功した人々がいるし、イベリア半島のカスティーリャでは、羊の移動飼育の組織化で成功した人、東部ドイツでは、小麦の輸出で成功を収めた騎士（Ritter）もいる。また、イタリアの貴族たちのなかには、商業活動で富を増やした人々、ドイツの貴族のなかには鉱山経営で成功した人もいる。そうかと思うと、通行税を増額したり、通貨価値の変動に対応するため現物納で厳しく地代を取り立てるやり方に変更したり、娘や息子を金持ちのブルジョワと結婚させて、経済的危機を切り抜けた人もいる。

しかし、大部分の貴族たちが生活の困難を避けるために選んだのは、大公や王に仕える道であった。彼らは、年金や贈り物をもらう代わりに、王宮や大公の宮廷に入り、お仕着せを着て君主に奉仕した。こうして、文字通りの《御家中clans》が形成されたのだが、これは、一時的な契約関係であることが多く、状況によってたちまち崩壊する可能性をもっていた。

最後に、フランスとイングランドでは十四、五世紀の危機によって、土地貴族の一部は跡を継ぐ子もなく凋落し消滅し、それに代わって、新しい家系が台頭する。すなわち、《時刻を告げる鐘》で象徴される市町村役人として力量を示し、《ローブ》で象徴される法曹家として任務を遂行した功績で、王によって貴族に列せられた人々である。したがって、《貴族》すべてが中世末期に危機に瀕したというのは間違いであり、全体としての《貴族》の力は相変わらず強かった。とくに大貴族はますます力と富を増したのであって、その頂点に位置したのが《王家》であった。

全体を概括すれば、以上のような図式になるが、細部の色調は、国により時代によってさまざまである。

フランスでは、十世紀から十一世紀、十二世紀へと経過する間に、城主から土地貴族にいたるあらゆる段階の臣下が自律性を手に入れていたが、十三世紀になると、フィリップ・オーギュストと聖ルイ王以後、カペー王朝の王たちによって王権の強化が進められていき、百年戦争の危機を乗り越えて十五世紀に入りルイ十一世とアンヌ・ド・ボージューの時代には、貴族たちの多くが王宮に住まうようになる。

〔訳注・アンヌ・ド・ボージューはアンヌ・ド・フランスとも呼ばれ、ルイ十一世の長女。ピエール・ド・ボージューと結婚し、父の死後は、幼いシャルル八世の摂政となり、貴族たちの反乱を抑えてブルボン王家繁栄の基盤を築き《大王妃Madame le Grand》として尊敬された。〕

イングランドでは、ウィリアム征服王によって、ノルマンディーのかなり厳格な中央集権的封建制が持ち込まれ、権力はプランタジュネット家のもとに集中されていた。一二一五年の『マグナ・カルタ la Grande Charte,Magna Carta』と議会の力の増大にもかかわらず、百年戦争やバラ戦争によって多くの貴族が没落したため、チューダー家は、その先輩(プランタジュネット家)に較べても、いささかも力を減少させはしなかった。

ドイツの神聖帝国では、十世紀末から十一世紀初めにかけ、オットー朝の皇帝たちによって大貴族たちの家臣化と中間層貴族たちに対するコントロールが行われ、教会封建制のうえに権力機構が確立された。しかし、シュタウフェン家(ホーエンシュタウフェン家)が帝位を占めた十二世紀半ばから十二世紀半ばにかけての時期以後は、ドイツ王は、その一族の領地での権力を強化することしかできなくなる。

そうしたなかで、小貴族たちは、大公たちの集権的で自立的国家(いわゆる領邦国家)のなかに組み込まれ、従属的立場に追い込まれていった。こうした《公国Fürstenstand》は《伯爵Grafen》領や《領主Herren》領、《騎士Ritter》領とは明確に区別される。後者には、貧窮した貴族たちや、もともとは農奴であったのが、軍事行動に従事して領主の信頼を得て王宮や領主領の役人に引き上げられた人々がひしめき合っていた。中世末になって、農奴出身の騎士たちがドイツの貴族身分のなかに編入されたことは意味深いものがある。

貴族の生活

以上のように、貴族といっても、その資産の規模はさまざまであるが、農民や職人と較べた場合には、生活様式と特別な精神状態によって、根本的に異なる特徴を幾つかもっている。

住居は、防御を施した城とか屋敷、都市のなかの館であり、衣服は豪奢、食事は質量ともに豊かである。仲間同士は特別の繋がりをもち、王や大公の宮廷でパーティーやゲーム、ダンスを楽しみ、感情を表現するにも礼儀正しさを重んじ、家族的絆は強い。その半面、狩りや騎馬試合などによって武術を鍛錬し、戦争などの暴力的行動に対して強い関心をもっている。

カロリング時代以前の領主や権力者たちの住居がどのようであったかは、具体的に述べた文献も少なく、痕跡もあまり残っていないため、明確に示すことは不可能である。発掘されている遺跡も、ほとんどがローマ時代に地方貴族たちの屋敷（ヴィラ villa）として建造されたのがメロヴィング時代にも住まいとして使われていたものである。そのような《ヴィラ》の幾つかには、間に合わせに補強された痕跡があるが、全面的に改造されたものはなく、この時代の建築を特徴づけるものはない。

オットー大帝のヴェルラ城と見取図

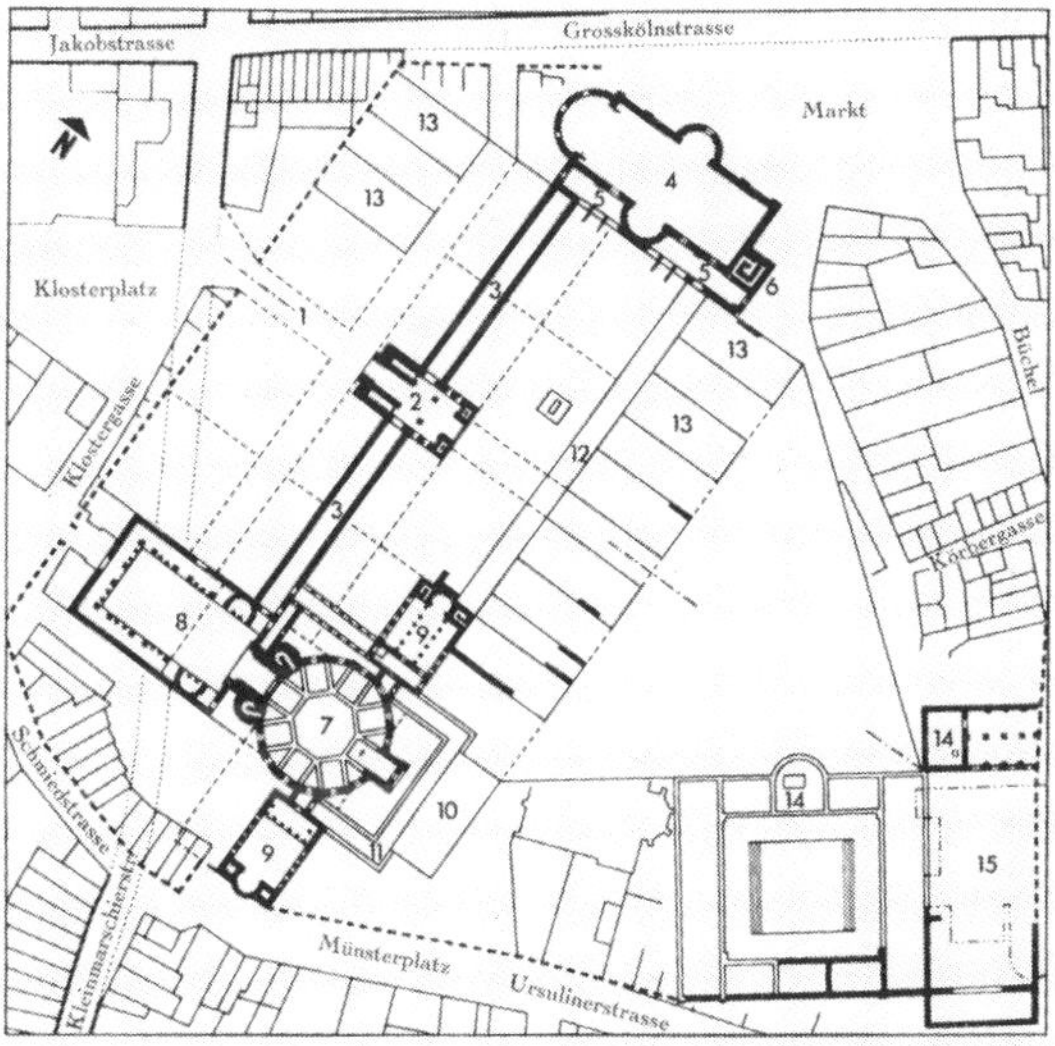

この時期の建造物に垣根や塀が巡らされていたかどうかさえ、明らかではない。その点では、カロリング時代の王の館も、それほど進歩していなかった。王家の人々が住む館を中心に、作業用の建物、家内奴隷や小作農民の小屋が配置されている程度であった。しかも、シャルルマーニュからオットーまでの時期に関して発掘されているのは宗教上の建築と王侯の館だけで、各地の領主たちが住んでいた

家については、外観や間取りすら明らかではない。

それでも、九世紀初めに完成したアーヘンの王宮と、ドイツ王ハインリヒ（919-936）とその息子、オットー（936-973）の時代に建てられたヴェルラの宮殿を較べてみると、そこには、顕著な相異がある。前者には、その独創性にもかかわらず、ローマの《ヴィラ》の影響が表れているのに対し、後者は、すでに完全に《城塞 château fort》である。
十、十一世紀の西欧では、外敵の侵入と内部抗争による無政府状態のため、鳥が羽根を逆立てるように各地に城塞が建造された、と言われてきた。しかし、今日にまで残っている文献と遺跡を見るかぎりでは、一概にそうとはいえない。むしろ、多くの場合、城塞が現れるのは、もっとあとの十二世紀である。それらは、十ないし二十、ときには三十くらいの小教区を膝下に置いたもので、西欧世界は点々と散在しているという感じで風景を満たすにはいたっていない。
これら遅れて造られた何千もの《城塞》（ただし、現在では全面的に建て直されたり、別のものに取って代わられて、その痕跡は遺っていない）に付け加えたほうがよいと思われるのが、かつては砦であった無数の《小丘 mottes》である。これらは、考古学的調査、とくに航空写真によってすぐ判別できるし、明らかに十世紀から十一世紀のものである。

そうした《小丘》は、ほとんどの場合、領主の住居の跡で、その点については、イングランドやフランドル、デンマークやドイツ、ボヘミア、ポーランド、ごく最近ではフランスで行われた発掘調査からも、疑問の余地がないほどに明白である。

それらは、領主たちが農民を賦役労働に駆り立てて土を運ばせ、自然の丘をさらに高くさせたり、平地にちょっとした高台を築かせたりしたもので、そこに木材で塔を建造し粗雑ながら砦を造って、周囲に溝や垣根、斜面を設け、防備を固めたのである。それに隣接して家畜小屋や作業用の建物が配置され、しばしば礼拝堂も建てられ、ここが、恒常的な住居地であったことを示している。したがって、封建時代の石造りの城との類似性ははっきりしているが、石造りの城は建造費が高くついたので稀にしか造られず、棒杭を巡らした《小丘》がたくさん造られたものと考えられる。

中世の城塞の生活

そもそも、これが封建的タイプの城であるというものはない。地域と時代、建てさせた人の身分や豊かさによってさまざまである。中世末の伝記小説、『ジュヴァンセル Jouvencel』の主人公（百年戦争末期のフランス軍提督、ジャン・ド・ブイユ）は、荒涼たる無人の地でやっと「貧しい紳士たちが住んでいる場所」を見つけることができた。

「それは、建物も大きくなく、古めかしく貧弱ながらも囲いをめぐらした城塞である。……見張り小屋はあばら屋で、番人は、夏は暑い日差しに、冬は氷雪まじりの寒風に晒されている。」

貧しい貴族たちの城塞も、同じようなものだったに違いない。

しかも、そうした城塞の分布密度、その様相は、時代と地域によってさまざまであった。イングランド以外でも、北フランス、ライン地方から、さらにはカスティーリャ、南イタリア、ウェールズ、また、ゲルマン世界でもスラヴ世界との境界地方、聖地エルサレムといった、西欧世界の辺境地を思い起こしてみよう。城の様式はきわめて多様であるが、それでも、防御ということを基本に据えた恒久的住まいとしての共通する特徴をもっている。

まず第一は、防御機能という点で、川のほとりや、沼に面した高台に位置し、全体的に空積みした石垣と柵を巡らせている。濠は、ある場合も、ない場合もある。敵に攻められやすい入り口は、自立した堡塁である外塁でカバーされており、ついで第二の囲い（城壁）がある。これは、深い濠に囲まれていて、その高さは、ときに六十メートルに及ぶことがある。これを渡るには跳ね橋を下ろしてもらわなければならないが、その前に矢来が濠と城壁の間に設けられている。

城壁の各隅に建てられた櫓は、円形のや四角いのやさまざまだが、外壁には銃眼や矢狭間が開けられていて、防御側は、身を隠しながら矢などを射ることができるようになっている。城壁の上部は巡回路になっていて、そこにも銃眼が設けられている。櫓は、十二世紀ごろまでは木造だったが、のちには石造りになり、迫り出した空廊 machicoulis〔訳注・「石落とし」とも訳される〕から、石や煮えたぎった油などを敵の頭上に注ぐことができるようになっている。

門は二重扉になっている。その手前には落とし格子が設置されていて、扉との間に敵を閉じ込めることができる。門の周りは厚みのある稜堡が築かれ、ジグザグの通路を通らなければ近づけないようになっている。

聖ヨハネ救護騎士団がシリアに造った城

城壁の内側は広場で、そこには作業用の建物や倉庫、馬小屋、猟犬小屋、炊事場、礼拝堂、パン焼き竈、井戸または貯水槽、鍛冶場、大工小屋などがある。

そして最も高いところに、普通は幕壁 courtine 〔訳注・「中堤」ともいい、城門に続いている城壁〕に向かい合う形で主塔 donjon が聳えている。これは、大きく威圧的な様相をしていて、ヴァンセンヌの場合、高さが六十六メートルある。ときには、付属の幾つかの建物と繋がっていることもあるが、いずれにしても、この主塔が守備側の最後の砦である。

《防備》という点では、都市も同じ原理で造られている。全体が城壁で囲まれ、そのなかに先の《主塔》に当たる城がある。カルカソンヌ〔訳注・ピレネーに近いフランス南西部の町〕は、その最も完璧な見本である。しかしながら、城は、いざ敵に攻められたときの防御や、周囲の平地を睥睨するためにだけ建てられたものではなく、領主とその家族、召使い、さらには家臣とその従者たちの住まいでもある。そのため、大広間一つと、そのほかに、さまざまな部屋が設けられている。

大広間は、普通は主塔のなかに設けられており、できるだけ大きく造られている。というのは、領主による裁判や、客人や家来との接見、会食が行われる場だからである。つまり食べ、歓談し、さらには家来たちと一緒に寝るところでもあったからだ。

家具は、布や綴れ織りで覆った長椅子、移動腰掛け、折り畳み椅子、クッション、大箱、ときには、厚い壁に設《しつら》えられた衣装戸棚、長持ちなどである。床には、香りのある草や灯心草の花が敷き詰められている。これは、料理などの臭いを消すためで、人々の体臭を消すためではない。当時は、頻繁に入浴し、身体を洗っていたからである。

絨毯はあまり一般化していなかったが、壁には、窓から吹き込んでくる寒気を防ぐため、布やタペストリー、ときには毛皮が掛けられていた。また、幾つかの壁面には、絵が描かれていた。目立つところには、よく、狩りの成果を示す、たとえば大きな鹿の角が飾られていたり、一家の紋章や由緒ある家系であることを示す系図だの、領主の武器が飾られていることも少なくなかった。

正面の壁には大きな暖炉が設えられていて、食事のときは、この前に台架を並べてテーブルをセットした。暖炉で火が燃やされたのは、部屋の空気を暖めるためだけでなく、照明のためでもあった。冬に行われた夜なべ仕事でも、通常、この暖炉の火が灯りになった。獣脂を燃やす燭台だの蠟燭を使う枝付き燭台だのシャンデリアだのを使用することは滅多になかった。

独身の男たちにとっては、広間が寝室になったが、これに接して、はっきりと寝室としての機能をもつ小部屋が幾つか設けられていた。たとえば、とくに塔のなかの小部屋は暖炉も窓もないが、カーテンを巡らし、藁を詰めた敷き布団と毛布（あるいは、もっと贅沢な場合は羽根布団）のついたベッドが設えられていた。それと並んで、番兵用の部屋とか礼拝堂、便所〔訳注・便所は城壁の外へ突き出していて、排泄物は崖の下へ落下するようになっていることが多い〕が設けられていた。

主塔のある建物の一階には、炊事場、馬小屋があり、地下には倉庫、貯蔵室、ごく稀には地下牢、さらに、どこかへ通じている地下道があった。城壁の外側には、囲いをした果樹園があり、領主一家の散歩道、とくに婦人たちにとっては、恋人との格好の密会の場にもなっていた。

ピエールフォン〔訳注・パリの東北〕やオー・ケニグスブール〔訳注・ストラスブールの南〕のように、王族や国王の城の幾つかが、出来映えには議論があるが、まじめに復元されている。十四、五世紀イタリアの田園地帯に無数に造られた別荘（villa）は、防御のための配慮は事実上影をひそめ快適さをより大胆に追求し、古代ローマの伝統を甦らせたものになっている。

領主たちの日常生活

中流程度の領主にとってすら、自分の威厳と権威を保つためには、ほかの階層の人々ができない贅沢ぶりを示すことが必要不可欠であった。そのため、主人の収入の如何にかかわらず、気前よさを示し、浪費を重ねる生き方に走っていった。

たとえば、テーブルには御馳走を山盛りにして誰でも食べられるようにしておかなければならなかった。城内の召使いや番兵は言うまでもなく、招待客や家臣とその召使い、さらには、通りすがりの人にさえも振舞われた。裁判や相談事で来ていて、長い時間待たされ、不愉快な思いをした人も、この御馳走で機嫌を直して帰っていった。

一日の食事では昼食が最も量もたっぷりで、食事にかける時間も長かった。基本的に手づかみであったから、食前と食後に手を洗った。料理は皿に盛られ、冷めないよう覆いをして若い娘たちによって運ばれた。テーブルは水差しや塩入れなどの容器で美しく飾り立てられ、騎士と婦人が交互に並んで着席し、二人ずつ同じ鉢から食べ、同じコップで飲んだ。肉切れなどを摑んで汚れた手は、テーブル・クロスで拭いてきれいにした。

次の料理が出てくるまでの合間には、ときによってアトラクションが行われた。軽業師や熊使い、吟遊詩人、独唱、竪琴やリュート〔訳注・琵琶に似た弦楽器〕の演奏などで人々をうっとりさせ、また、会話を弾ませた。会食者自身も、戦いや愛を謳った歌や、民間伝承に由来する種々のテーマの歌を独唱したり合唱した。「Après la panse, la danse」〔訳注・腹がくちたらダンスだ、の意〕が、みんなの口癖だった。

人々は、今日の私たちと同じように、合唱や演奏に合わせ、さらには自ら歌いながら、普通はカップルで、ときにはグループで、何時間もぶっつづけで踊った。ダンスよりもサイコロが好きだという手合いも少なくなく、双六、球ころがし、チェスなどが行われた。チェスが西欧に初めて知られたのは九世紀であるが、広く普及したのは十字軍時代以後のことである。

トランプは十四世紀にインドから、まずドイツに入り、その後、ヨーロッパじゅうに広まった。その表に描かれた絵は、『ローランの歌』に出てくる伝説の人物の《デーン人、オジエ》、ジャンヌ・ダルクの戦友、ラ・イール〔訳注・エチエンヌ・ヴィニョルともいう〕、そして、湖のランスロット、トロイのヘクトール、

中世貴族の入浴場面とベッド

そしてシャルル七世の側近などである。

城主夫人のまわりには、かなりの数の貴婦人や乙女たちがいて、集まっておしゃべりをしたり、『機織り歌chansons de toile』を歌ったり、妖精の物語や小咄を語り合ったりしながら、縫い物や刺繡、糸紡ぎなどの作業をした。ときには調理場に入ったり、傷病者を看護したり、狩りや騎馬試合から帰ってきた騎士たちの入浴を手伝ったりした。

城主は、著名な人物を客人として迎えた時とか、息子が騎士に叙せられたとか、娘が結婚するとかの特別の出来事があったり、家族としての祝い事があるときは、城を挙げての豪華な祝宴を催した。それについては、年代記に幾つも記述があるし、領主たちの帳簿にも、そのためにかかった法外とも思える費用が記入されている。

貴族の生活を特徴づけていたのは、食事や祝い事の豪華さだけではない。普段着も、装飾品、宝石など全てが、彼らを他の階級から社会的に区別する標識であった。貴族たちは、十四世紀半ばにいたるまで、稀少で高価な布を使った衣服を身にまとっていた。入念に仕上げられたフランドル産のラシャ地（ブリュッセル産の緋色のラシャ、ヘント産の縞地のラシャが有名だった）、あるいは、フィレンツェのカリマーラ組合が作ったしなやかな生地、キプロス産やダマスクス産やルッカ産の絹の布、ランス産の薄地の麻布など、である。それらは、いずれも、生き生きした色合いによって、いっそう、その価値を高めていた。当時は、染色技術の進歩によって、たとえば、同じく「緑」といっても、《陽気な緑》、《清純な緑》、《明るい森の緑》、といったふうに、無限に多様な色合いが出せるようになっていた。

すでに西欧では滅多に見られなくなっていた美しく高価な毛皮を、手を尽くして入手し身につけたのも、貴族たちである。銀リスは背中が灰色で腹が白いが、それらは、交錯紋を浮き出させるように並べて用いられた。白テンについては、尾の先の黒い斑点を活かして、白さを際立たせた。

もっと珍重されたものに、ロシアのアストラハン産の子羊と、やはりロシアでしか手に入らない黒テンがある。黒テンの毛皮は最も高価で魅惑的で、古フランス語で黒テンの毛皮を指した「サーブル sable」は、紋章学では、エナメル質の最も深い黒を意味する。

しかし、こうした好みは、十四世紀以後は、地域により、性別により、国民性によって異なるようになり、しかも、その変化のスピードもますます速くなっていった。銀リスだのテンだのといった高級な素材への拘りは変わらなかったが、そのうえで、その時代時代で流行を作り出し、追いかけ合った。

こうして、貧しい田舎の貴族と裕福な都市や権力の中枢にいる貴族とは、一見しただけで見分けられる。貧しい貴族が「時代遅れ démodé」の衣服をまとっているのに対し、豊かな貴族は「当世風 dans le vent」の服装をしているからである。

領主は、身近に仕えてくれる人々に衣服などを支給しなければならない。人に贈与できる衣服をたくさん持っていることが、実力者の証だからである。法王とかフランス王やアラゴン王、イングランド王、シチリア王などの当時の大君主は別にして、十四、五世紀、そのような従臣をたくさん抱えていたことで有名だったのが、エノー伯、ブラバント公、サヴォア伯など神聖帝国の大貴族、アルトワ伯、フランドル伯、ブルゴーニュ公などフランスの大貴族、マントヴァ侯などイタリア貴族である。

一三四五年ごろ、法王（ニコラウス五世）は、千五百人以上の人々に、年に二回、衣服を支給している。アルトワ伯夫人やサヴォア伯の場合も、二百人近い人々に支給している。こうした大貴族から支給を受けた小領主たちは、今度は自分が家臣や召使いたちに衣服を支給しなければならなかった。

このような宮廷世界の仕組みを研究すると、西欧の貴族世界に同じモードや遊び、芸術、思想、生き方が広まった理由が、よく理解できるだろう。たとえば、フランス王、フィリップ美男王の宮廷には、ナヴァラ王やシチリア王、スコットランド王、マヨルカ王、ボヘミア王などといった、ヨーロッパ各地の君主たちが、それぞれにかなりの数の臣下を引き連れて訪れていた。そうした臣下のそれぞれが、また召使いを連れていて、彼らが、それぞれに、互いに訪問し合ったり、国と言葉は異なっても同じキリスト教徒として、交流し、そこで婚姻などの結びつきが生じ、それに伴う祝典が行われた。こうしたことすべてが、西欧貴族全体を一つの大家族に仕上げることに寄与した。

もちろん、その意味では、「仲の悪い兄弟」もいたし、「兄弟げんか」も起きた。しかし、それにもかかわらず、とくに十一、二世紀以後、この有閑階級の日常生活と夢想のなかで、宮廷風恋愛とか騎士の叙任式とかが重要な意味をもつようになったのは、まさに、この大家族のなかにおいてであった。

婚姻は、しばしば家系間の協約の結果である。君主は自分の未成年の相続人を、自分の眼鏡にかなう候補者と結婚させようとしたし、男女を問わず召使いの誰かの結婚についても、指図することができた。そのため、おそらく、貴族の場合、ほかの身分の人々に較べ恋愛結婚は少なかったが、だからといって、そのようにして神の前で結ばれた関係が堅固さに欠けるということはなかった。

新しい女性観

ところが、人口増加の波は貴族の世界にも及び、このため、身を落ち着ける場がない若者が増えた。当然、権力と女性が年長の人々の手中にあることへの不満が高まる。加えて、西欧の騎士たちのなかに、十字軍遠征のおかげで、ギリシアの婦人部屋（gynécée）やイスラム世界のハーレム（harem）の文明を見聞したり、男性への奉仕の技術に熟練した売春婦との接触経験をもつ人々が出てきた。この騎士たちが故国の領主の宮廷や、途中で滞在した城で、老いて力も衰えた夫とか、夫が不在の貴婦人たちと知り合いになったり、食事やダンス、鷹狩りなどで親愛の情を深めることもあったであろう。

多分、念頭に置く必要があるのは、一般的に城は、兵士など男で溢れていたのに、女性は比較的に少なかったこと、とくにラングドック地方では、カタリ派やワルドー派の宗教の複雑な影響があったこと、そして、イスラム文化の染み込んだイスパニアに接していたことなどである。たとえば宮廷恋愛詩で有名なアクィテーヌ公（ギヨーム九世）は、《レコンキスタ Reconquista》の応援でイスパニアへ出かけ、そこで、アンダルシアの詩に触れた可能性がある。さらに、男たちを誘惑する女の妖精（femmes-fées）や、魔法使いのマーリンだのヴィヴィアン、モルガンが登場するケルト伝説の影響も忘れてはならない。

いずれにせよ、十二世紀以後、ラングドックから発した新しい愛の概念、純潔を守りながら激しく燃える愛の観念が、一方では宗教的タブーと戦いながら、他方では、こうした愛を経験する人々の若さ（十五、六歳というのがほとんどであった）に対応しながら、西欧世界全体に広がっていった。

このタイプの愛も、多くの場合、その必然の成り行きとして肉体関係に入っていったし、その前の段階でも、《最後の愛撫 ultime soulas》は避けたとしても、互いの身体に触れ、愛の戯れを楽しむ長い時間を伴い、その結果、独特の感情がめばえた。これらの感情の独自性は、肉体は優越性をもっていなかったこと、そして、女性は、《女神 déesse》とまではいかないにしても、《女主人 maîtresse》であり《領主 seigneur》であって、《聖母 la Vierge》と同等の、誓約と忠誠と献身と敬愛の的であったことである。若い騎士たちは、そうしたなかで秘儀伝授的な試練を受け、宮廷へ入るための実習を積んだ。つまり、この愛の力によって勇気と忍耐の力を培い、崇拝する貴婦人について胸中に描いたレベルに自らを高めることを学んだのだった。

この《宮廷風恋愛 l'amour courtois》の概念は、その多くが貴族の出身であった《トゥルバドゥールたち troubadours》によって歌われ、それが、たちまちのうちに、イベリア半島のアラゴン王国やカスティーリャ王国、イタリア西北部のモンフェラート侯国、ついでシチリアやイングランドにまで広がっていき、とりわけドイツでは、フォーゲルヴァイデのヴァルター（1170-1228）により《ミンネザング Minnesang》として花開いたのであった。

この知的で洗練され、純粋にして誠実な愛の観念は、暇を要することから、もっぱら貴族のもので、働く人々の世界に適用できるものではなかった。しかも、長い間満たされないことが喜びの源泉であるような、宗教的ともいえるこの《宮廷風の愛》は、結婚ということを無視しているように見える。

愛の対象である女性は、ときには乙女であっても、結局は結婚する。しかも、多くの場合は、権力をもっているが年老いている領主とすでに結婚している奥方であり、彼女は、この夫にある種の愛情をもっていて、夫婦であるから否応なしに肉体的に結ばれている。彼女は、自分を崇めてくれる騎士に、部分的あるいは全面的に身体を任せるまでは、長い間、理性と心情でしか許すことはできないし、また、そうでなくてはならない。

音楽を演奏しているシーン（上）と弦楽器（下）

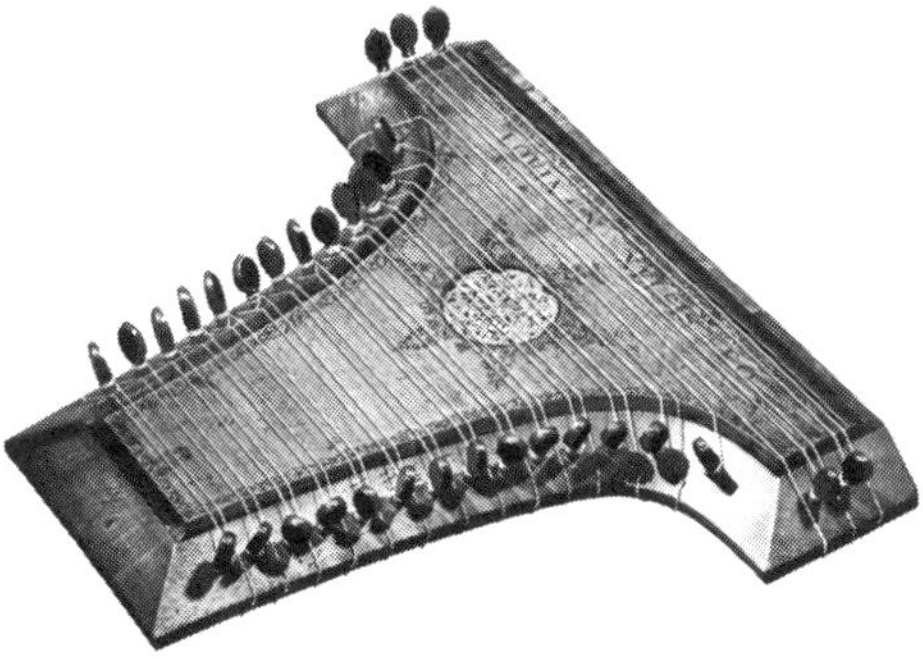

多分この厳しい規則は、若い貴族が結婚に到達するために遭遇する多くの障碍を意味していたと見るべきである。とくに騎士たちが出入りする城が、生殖にかかわる肉体的愛を交わす特権は城主のみに認められている城である場合にそうである。

この宮廷風恋愛は、十五世紀末まで、西欧のすべての宮廷に強い影響を及ぼしていた。『小姓ジャン・ド・サントレの冒険』を読んだり聞いたりした人々が、この主人公と同じ生き方をしたかどうかは分からない。しかし、少なくとも私たちは、このような作品のおかげで、貴族社会を鼓舞していた文学的・音楽的・哲学的文化のタイプを想起することはできる。勇気と高潔さを強調した騎士物語が広くもてはやされたことは、そのもう一つ別の証拠である。

騎士の叙任と生き様

ところで、十一、二世紀以後に確立され完成を見る《騎士道chevalerie》の儀礼と理想は、原則的には、日常生活の基盤をなすものの一つである。騎士ないし新しく腰につける剣の祝別ということが言われ始めるのは十世紀末のことで、その後、この種の儀式が宣揚される。

十二世紀の文献によると、小姓pageとして、ついで侍臣écuyerとして、何年かにわたる訓練を受けた《騎士見習い》は、いよいよ《叙任》されるときは、沐浴して身体を浄め、白い衣装に身を包み、城内の礼拝堂あるいは、もっと身近にある礼拝室で徹夜の祈りを捧げる。

夜が明け、ミサと祝宴のあと、代父である君主によって祝別された剣を帯びるのだが、このとき、君主は掌をもって、首筋か頰にかなり強い一撃を加える。剣の平たい部分で三度打つこともある。この「打たれる〔paumée または colée〕」儀式〔訳注・paumeは掌、colは項〕が騎士叙任式の仕上げという意義をもっている。騎士叙任式を「アドゥブマンadoubement」というのは、「打つ」という意味の古ドイツ語「dubban」から来ている。

このあと、馬に乗り全速力で走らせながら的を槍で突くセレモニーや祝宴が催されることもあるが、それらは、付随的な意味しかもっていない。この「打つ」儀式こそ中心で、おそらく、重要な意味をもつ儀式を忘れさせないために平手で打つという古来広く行われた慣習と共通するものであるとともに、そうした粗暴な接触によって、《代父》の戦士としての力が彼に継承されることを象徴していたのであろう。

また、ある閉ざされた世界に入ることを許す場合、それに先立って幾つかの試練が新参者に課されるのは、よく見られるところである。今日でも、多くの大学で行われる《新入生歓迎会cérémonies du bizutage》は、ある意味で、その名残である。その「閉ざされた世界」が、この場合は、騎馬戦士の集団なのである。その意味では、これは、古くからのゲルマン的・俗界的な風習が、どのようにして教会によって聖別されるにいたったかを示す一例と見ることもできる。

武器の聖別につづいて、ときには、この若い騎士に対して、教会の信仰と騎士道精神に従って生きるべきことが説教された。騎士としての名誉規範については、絶えず新しく解釈し直されてきたが、そこには、注目すべき幾つかの条項がある。たとえば、弱い人々、とくに寡婦と孤児を保護すべきこと、善のために奉仕し悪人を懲らしめるべきこと、友を裏切ることなく、助けるべきこと、また、自衛力を持たない人を殺してはならないこと、などである。

しかし、騎士はあくまで戦士であり、その最も重要な徳目は《勇敢さvaillance》であって、これがキリスト教的色づけによって薄められることはない。むしろ教会のほうから、戦闘における専門化を永続化させ、さらにいえば、その社会的支配権を正当化したのだった。自分を守ってもらうために戦士を養っている民衆は、騎士を背にのせている馬に似ている。騎士は、自分の望む方向へ馬を向かわせるため、鞭を加え、拍車を入れるのである。

貴族は、その能力の如何によっては、必ずしも騎士になれるわけではなかったが、主要な関心事は、戦うことであり、戦いに備えて身体を鍛えるため、種々のスポーツに打ち込んだ。

とくに狩りは、鍛錬法として優れているとともに、血湧き肉躍る遊戯であり、また、田園を荒らす有害な動物を殺し、領主の食卓に豊かな肉料理を提供してくれる実利的なスポーツでもあった。そうした肉料理は、陪食する家臣や客人の身体を強壮にした。

狩りの多くは、体力と敏捷さ、高価な装備と多くの人員を必要としたが、体力的に劣る女性にもできたのが、猛禽類を使った狩りであった。ハヤブサや鷹のように空高く飛翔する鳥と、大鷹のように低空が得意な鳥といった相異はあるが、丹誠込めて仕込んだ猛禽に、逃げようとする野兎など齧歯類や、サギ、鶴、鴨などの野鳥を捕らえさせるのである。それに犬を組み合わせることもあった。特別に訓練した犬に、これらの獲物を追い立てさせ、鷹たちが摑まえて地上に落ちてきたところを、犬が応援に駆けつけ、獲物を傷つけないよう完全な状態で捕捉するのである。

こうした鷹狩りは、およそ最もデリケートな技術を要するもので、皇帝フリードリヒ二世（1212-1250）は、そのための有名な手引き書を著している。そして、いかに多くの領主たちが鷹狩りを好んだかは、鷹を拳にのせて狩りにむかう自分の姿を刻んだ印璽がたくさん見られる事実に表れているし、猟犬とその調教師、猟犬小屋は、領主館の特徴的な要素の一つとなっていた。

熊や鹿、猪といった大型獣の狩りには、そのために仕込まれた大型の犬が使われた。十四世紀末、フォワ伯のガストン・フェビュスは、挿し絵入りの豪華本で貴重な記述を遺している。そこには、森や休耕地、山の中を駆け回る喜び、熊や鹿、狼といった獣との戦いの荒々しさと、賢い動物たちを相手にしての知恵比べ、そして、獲物を引っ提げて貴婦人たちのもとへ帰ってくるときの誇らしさといったことが生き生きと述べられている。

川や池での魚取りも、実利を兼ねた楽しみの一つで、広く好まれた。これにも、川獺漁や三つ又のヤスで突く漁、投網など、さまざまなやり方があった。

付け加えていえば、若い貴族たちは狩りのためだけでなく、ただ自然のなかを騎馬で疾駆する喜びを味わうために、森や丘を駆けめぐることも少なくなかった。

もとより、いろいろな軍事訓練も、城や館での陰鬱な生活から離れて、生気を甦らせてくれる機会であった。二人そろえば、野原や城内に設けられた試合場で、騎馬試合の鍛錬ができた。よく知られているように、互いに槍を構え、全速力で馬を走らせ、すれ違いざまに、相手を突いて、落馬させるゲームである。

ときには、地面に立てた杭に鎖帷子をかぶせ楯を設置して、これを敵に見立て、馬を走らせて突き倒すゲームも行われた。こうしたマネキン人形は、攻撃回数が五回までと定められていたので、「クァンテーヌquintaine」〔「槍的柱」と訳されている〕と呼ばれた。槍が真ん中を逸れた場合は、人形はクルリと一回転し、頑丈な木の槍を付けたその腕が通り過ぎる騎士の背中をこっぴどく叩くようになっていた。

若者たちは、棒や剣、槍を使う鍛錬もした。しかし、戦いの主な訓練は槍試合によって行われた。これに《馬上試合tournois》と《騎乗槍試合joutes》とがあるが、その違いをいうことはむずかしい。多分、双方のチームの人数の点で、《tournois》のほうが《joutes》よりも数が多く、それだけ華やかだったようである。中世も末になると、《tournois》のほうは姿を消すが、《joutes》のほうは生き残っている。

こうしたスペクタクルの起源は間違いなく異教にある。しかし、そこには騎士道の精華が集められており、それが開催される日は一種の《縁日》の様相を呈し、貴族たちにとっては、自分の気前よさを示すチャンスであった。出場する騎士たちは、地域ごとか氏族ごととかのグループに分かれ、あるいは個人的にチームを編成した。試合場は木の柵で囲まれており、それを見下ろすように、周りに桟敷席が設けられ、君主とその夫人、城内だけでなく町や村のあらゆる名士、住民たちが、鈴なりになってこれを埋め尽くした。

《joutes》も《tournois》も、厳格なルールと作法にしたがって行われた。出場する騎士とその旗印が紹介されたあと、騎士は従者に手伝わせて武具を身につける。それぞれに自分の守護神というべき貴婦人を選ぶ。伝令使が試合の開始を合図する。戦いは激しく、厚い鎧に身を包んでいるにもかかわらず、深手を負う騎士が跡を絶たない。なかには、命を落とす者もいた。

試合で敗れた騎士は、馬と馬具を放棄しなければならないだけでなく、勝者に身代金を支払わなければならなかった。勝者は、この身代金だけでなく、褒賞として領主が提示していた訓練された鷹や、貴金属で作られた冠、賞金を手に入れただけでなく、意中の貴婦人に勝利の栄誉を捧げることができた。

したがって、財産をもたない若者たちが、たんに冒険心からだけでなく、一攫千金を夢見て、試合場から試合場へ、国境をこえて渡り歩いたことは、驚くにあたらない。そうした有名な例として、ウェールズのペンブロークのウィリアム（フランス式ではGuillaume le Maréchalと呼ばれた）がいる。彼は、仲間とともに各地を巡り、数か月のうちに二〇三人の騎士を打ち負かし、試合で受け取った金を勘定するために二人の書生を雇っていた。ときには、勝利はしたものの、激しい戦いのため兜が歪んでしまい、鍛冶屋へ直行して、そのまま頭を鉄床に載せて槌で叩いて歪みを直してもらって、やっと脱ぐことができたということもあった。

もちろん、金銭だけが目的ではなかった。多くの騎士にとって、試合は自己鍛錬の成果を試す絶好の機会であった。ホウデンのロジャーは、こう言っている。

「騎士は、騎馬試合によって鍛えられなければ、自分を磨くことはできない。血を流し、拳で打たれて、歯を何本もへし折られ、地面に投げ出されて敵の身体の重みを感じなければだめだ。そして、二十回、落馬し、二十回、立ち上がるのだ。それだけ、闘志はいっそう強靱になっていくのだ。」

戦争の実態

戦争自体が、最も優れた鍛錬の場であった。ベルトラン・ド・ボルンは、軍事行動が開始される春の喜びを謳い、「戦争とは、なんと楽しいことか!」と述べている。フロワサールも、戦場を駆けめぐった華やかなりし日々を思い起こしながら、老兵の悲しみを繰り返し語っている。

事実、戦争こそ騎士にとって檜舞台であり、自らの勇気と体力、経験、君主と信仰に対する己の忠誠ぶりを世に示すチャンスである。同じ軍旗のもとで戦うことにより、仲間や一族の団結も強固になるし、収入が減って侘びしい生活しかできなくなっている惨めな自分の城をあとにして、君主の気前よさの恩恵に浴して戦利品や身代金の分け前に与ったり、百姓たちから徴発したり、街道筋で金品を巻き上げることによって、懐を潤すことのできる絶好の機会でもある。生まれの卑しい戦士が弁えていることは、「相手の頭に立派な兜がのっかっていれば、そいつは貴族だ」ということであった。

こうして、戦争は騎士や楯持ちたちの願望を満たしたが、その起きた原因はさまざまであった。まず、個人的な復讐がある。これは、貴族の特権の一つで、一族や家臣たちが支援した。つぎに、領主同士の争いとか、都市を相手にしての戦争で、これは反抗する者を挫くためとか、新しい土地を手に入れることが目的であった。最後に、王たちによって行われる、もっと広範囲に及ぶ戦争がある。これは、中世末には、英仏間の百年戦争やドイツ・ボヘミア戦争のような《国民的戦争》になっていく。

教会は、十一世紀には《神の休戦 trêve de Dieu》や《神の平和 paix de Dieu》といったやり方により、また、騎士の聖別により、さらには、南方ではイベリア半島での《レコンキスタ》、東北方ではバルト・プロイセンのキリスト教化、東地中海では聖地奪還というように眼を外に向けさせることによって、同じキリスト教徒同士のいがみあいをなくし、西欧に平和を回復させようと努力をし、多少は成功した。しかし、暴力そのものをなくすことはできなかったばかりか、ときには、法王自身が親政政治への野心から敵を破門し、骨肉相喰む戦争を率先して始めることさえ少なくなかった。

行われた戦争は数え切れないが、いずれも、地理的広がりや時間的長さは限られていたし、実際に動員された兵力も、けっして大きくはなかった。第一次十字軍で動員された騎士は一万から一万二〇〇〇で、従卒も入れて約五万であったが、これは、記録的な数字だったのである。

一二一四年の《ブーヴィーヌの戦い》の場合、ドイツ皇帝、ブラウンシュヴァイクのオットーに従った軍勢は、騎士が一五〇〇、歩兵が七五〇〇であるが、その大部分は、フランドル伯またはブーローニュ伯の兵であった。これに立ち向かったフランス王、フィリップ・オーギュストの軍勢はもっと貧弱であった。

百年戦争では、カレー攻撃の際のエドワード三世の軍勢が最大で三万二〇〇〇を数えたが、その多くは英国人ではなかった。一三七三年、フランスの国土を蹂躙した英国ランカスター公の騎馬隊は四〇〇〇騎であった。フランス王がやっとのことで掻き集めた兵力は一万五〇〇〇であった。一四六七年、バルカン本島で勢力を増大したトルコ軍に立ち向かったドイツ帝国議会軍の兵力は歩兵二万であった。

そのうえ、城や防備を施した都市は、守備軍はほんの一握りの人員であっても、けっこう難攻不落であった。一四三六年、ルーアンを守っていたのは、騎士二人と歩兵一二人、弓手三八人であった。オルレアンは、七〇〇人足らずの男たちによって七か月間もちこたえたのだった。〔訳注・ジャンヌ・ダルクが一四三一年に亡くなったあと、国王シャルル七世のもと、フランス軍がイギリス軍を追撃していった戦いと考えられる。〕

武器と防具

騎士の鎧はますます重くなり、騎乗する馬も大型化して様々な防具が施され、一種の戦車と化す。騎士に付き従う従卒や下男も、それなりに鎧を着て、その乗る馬にも多少の防具が施されている。これにさらに、弩や弓をもっていて、いざというときには馬にも乗れる徒足の兵卒が加わる。

攻撃用・防御用ともに武器と防具は、ますます重要になっていく。鎖帷子、兜、楯は、次第に重い甲鉄のそれとなり、その重さは、鎧が二十五キロ、面頬付きの兜が五キロという具合である。そのような鎧を着た

馬の鎧

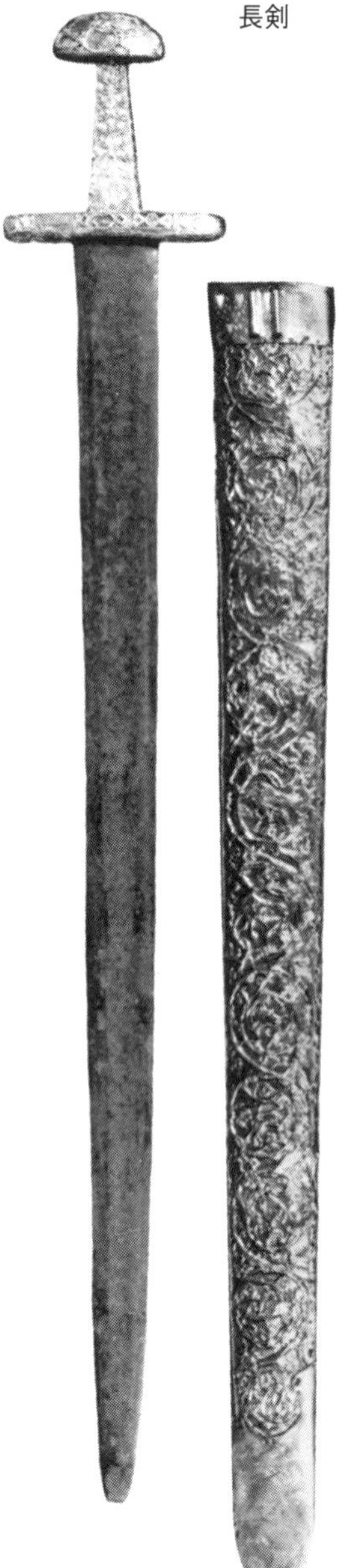

長剣

騎士に対抗するため、三メートルから四メートルもの長い柄を付けた重い斧や槌、長い剣、そして、敵の騎士を引き倒したとき、その鎧の隙間に差し込んで止めをさすための短剣を装備した。

騎士を倒すには、鉄鈎や幅広の刃がついた槍で引っかけて馬から引きずり落とすやり方が有効であった。重い装具をつけた騎士は、いったん地面に倒れると起ち上がることは容易でなかった。また、騎士の戦闘能力を奪うには、馬を倒すことであった。

弓は普通、イチイの木で作ったもので、一メートル半ほどの長さがあり、一分間に六ないし七本の矢を射ることができた。射程距離は約二五〇メートル、有効射程はせいぜい一五〇メートル止まりだったが、敵軍との交戦でまず活躍したのが弓兵であった。

弩は重さが七ないし八キロあり、専門の人間にしか扱えず、発射できる矢も一分間に二本がやっとであったが、恐るべき貫通力があり、その《四角矢 carreaux》〔訳註・簇が四角くなっていたのでそう呼ばれた〕は、三〇〇メートル先の鎧を貫通することができた。

銃（大砲）が普及するのは十五世紀以後である。十四世紀には知られていたが、さほど注目されず、攻城用にも戦闘用にも役に立っていなかった。しかし、ビュロー兄弟の主導でシャルル七世の砲兵隊がやったように、大砲によって戦局を一変して勝利に導くことも、ときにはあった。

軍旗のもと、整然と戦列を組んでの戦闘といったものは、中世においては稀であった。ただ、幾つかの例外はある。一一九一年、パレスティナでリチャード獅子心王の軍勢が隊列を組んで行進していたとき、サラ

鎖帷子

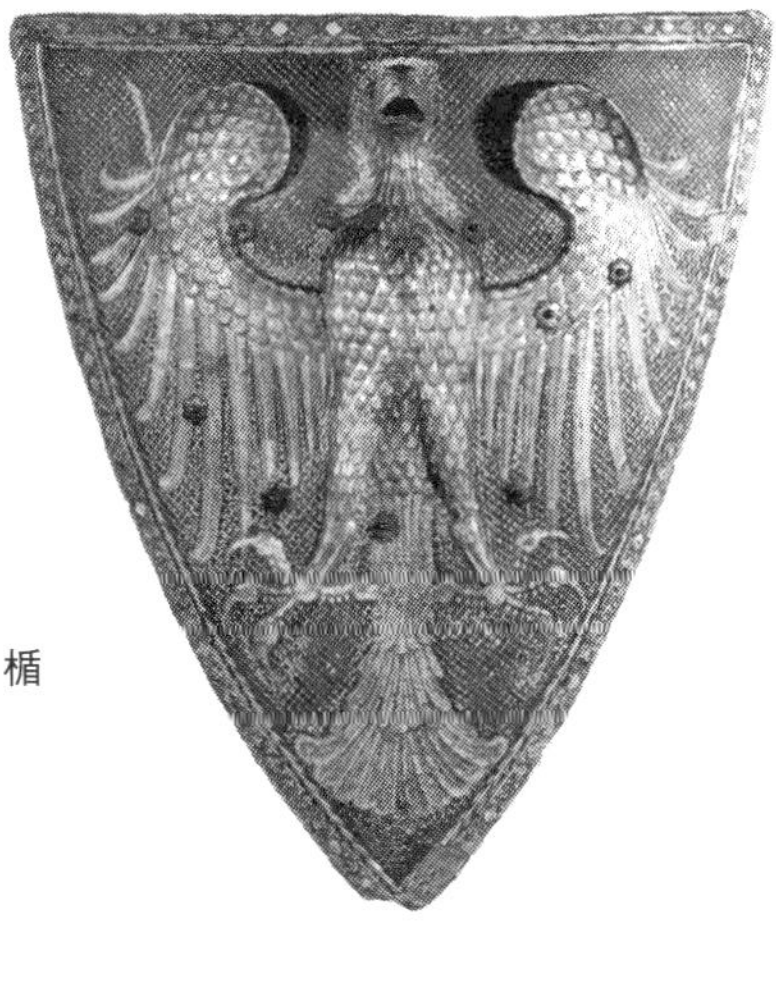
楯

ディンのイスラム軍によって襲撃されたが、ただちに応戦して打ち破った《アルスーフの戦い》がそれである。また一二一四年の《ブーヴィーヌの戦い》では、敗退しかけたフランス軍を司教ゲランが掌握し、方向を転じて立ち向かわせ、神聖ローマ帝国とイギリス・フランドル連合軍を打ち破っている。さらに、百年戦争のなかでの一三五六年の《ポワティエの戦い》と、一四一五年の《アザンクールの戦い》も、そうである。

騎士たち同士の戦争では、一人一人がよく訓練され、指揮官の指示のもとに飛び道具を有効に活用しつつ、集団が規律を保って攻撃したときに、成功を収めていることが多い。しかし、歩兵や市民軍主力のフランドル都市などを相手にした戦闘では、事情は違ってくる。たとえば一三〇二年の《コルトライの戦い》や、トルコ軍を相手にした一三九六年の《ニコポリスの戦い》、さらには、フス派の「動く要塞」を相手にしたときは、この原則は通じない。

これらの戦いは、非常に重い結末をもたらした。市民たちは矛の収め方を知らず、また、途中でやめようともしなかったので、騎士たちも、五割から八割が命を失った。《アザンクールの戦い》でのフランス人、《フォルミニの戦い》(一四五〇年)でのイギリス人も、同様の憂き目に遭っている。

これに較べると、騎士同士の戦いでは、フランスのある王や、オルレアン公のように、捕らえられて牢獄に繋がれた人もいるし、戦いに敗れた挙げ句、密かに殺されたボヘミア王オタカルや、ブルゴーニュ公シャルル豪胆公のような例もたくさんあったものの、金持ちの貴族は、身代金がとれるので大事にされた。

戦いに臨む軍勢にとって手強いのは、敵軍よりも城塞であった。まず、長い睨み合いが続くが、その間に策略と裏切り、飢餓、病気、あるいは政治的合意によって和解が結ばれることもある。ときには、城塞が陥落するまで激しい攻城戦になることもある。攻める側は、城壁の一画を崩壊させるために地面を掘ったり、城壁を破壊する機械（破城槌bélier）を、大きな楯で身を守りながら押して城壁に近づけたり、攻城兵を城の中堤に侵入させるための橋櫓やたくさんの梯子を用意しなければならなかった。

むしろ、戦争の大部分を占めたのは、少数の騎馬隊による領地への襲撃であった。これは城を陥落させようというのでなく、敵方の小部隊に不意打ちを仕掛けたり、農村を襲い掠奪したうえ、家々に火をつけてまわったり、あるいは、根城にしている城塞から偵察に出たり、といったものがほとんどであった。

その与えた損害の規模についても、過大評価されてはならない。一三七三年のランカスター公の騎馬行軍は移動距離こそ一〇〇〇キロに及んだが、荒らされた土地は、せいぜい一万平方キロであった。とはいえ、これに便乗して野武士や盗賊さながらの騎士たちが、もっと広い範囲に不安を広げたことは否定できない。

イタリアやドイツの都市の主役であるブルジョワたちは、自ら戦うことは好まず、カネをほしがっている小貴族たちを雇って、自分たちの代わりに戦わせた。大領主たちも、昔ながらの貴族による軍勢では、それだけの兵員も集まらないし、訓練不足で頼り甲斐がなく、しかも、結局は費用が高くつくので、特定の戦争にはプロを雇うようになっていった。

しかし、そうした傭兵隊を率いる《コンドッティエーリcondottieri》（隊長）たちも、自分の隊を消耗させたくないから、真剣に契約どおり働いてくれるとはかぎらない。しかも、傭兵たちは、雇い主からの支払いが少ないと、農民や都市を襲って掠奪したし、とくに休戦期間は、自分の懐を肥やすために勝手な行動を起こすことも少なくない。

こうした軍人たちをコントロールできるには、常備軍が編成され報酬がきちんと支払われることが必要で、それには、巨額の歳入をもった国家機構が整備されなければならない。西欧世界がそうした段階に入るのは十五世紀以後で、これによってはじめて、資産が乏しく、平凡な家系の貴族たちも、国家に奉仕することによって、領地からの収入の不足分を補って、それなりの生活を維持することができるようになったのだった。

結論していえば、貴族たちは、中世末になって部分的に刷新されても、《戦う人々 ceux qui combattent》の槍の穂先であることに変わりはなかった。

第五章　祈る人々――僧たち

長い間、《聖職者》と《俗人》という二つの階級で構成されていた西欧社会にあっては、《祈る人々》の世界は最も明確な構造をもつものの一つであった。罪を恐れ、祈り、聖体を拝領し、懺悔する義務に付きまとわれた人々の日常生活にあって、神と人間との間を仲介するものが第一級の尊厳性をもったことは、まったく当然のことであった。さらに付け加えて言えば、ローマ法王を頂くキリスト教徒全体のうえにあって、直接であれ間接であれ法王によって任命され指導される聖職者群がもっていた統合的影響力には、並外れたものがあった。

しかしながら、聖職者のすべてが同じ役割、同じ重要性、同じ資格をもっていたわけではない。彼らの行動が知的・精神的領域だけでなく、物質的領域にまで及んでいたことは確かであり、そのため、ときとして障碍にぶつかり、反抗を呼び起こしたことも事実である。

この聖職者の世界は、入るために《剃髪 tonsure》という儀式を踏まねばならず、一見、均質的な世界であるように見える。だが実際には、俗人の世界のなかに種々の対立が埋もれているのと同様に、この聖職者の世界にも、貧しく弱く、善良な人々もいれば、財力と権力とをもった性悪な人々もいた。

《完徳》への熱望

第一のグループは、神に奉仕するためにこの世を捨てた人々、すなわち《修道士》の集まりで、数の点でも影響力の点でも巨大な存在である。次第に聖職者が占める比重が高くはなったものの、近代にいたるまで、そこには《聖》と《俗》とが混じり合っている。

修道士を「モワヌmoine」というのは、《独り》を意味するギリシア語の「monos」に語源があり、本来は、ひたすら信仰のために孤独な生活を営む人々であった。集団生活を営む人々も、草原や森のなかに住んだ。そうした人里離れたところ（erm）で、貧しく慎ましく純潔を守って生きる隠者たち（ermites）は農民たちにも馴染みで、農民たちは彼らに食べ物を施し、助言してもらったり、祝別してもらったり、さらには、奇蹟の執り成しまで頼んだ。このため、隠者たちは、村の司祭などからは、よく思われなかった。

隠者たちはまた、道に迷った旅人たちにもよく知られていた。隠者は、そんな旅人をもてなし、正しい道を教えてやった。庵の近くを通りかかった狩人や、蜂蜜とか用材を探しにやってきた森林監督官、そのほか、浮浪者や盗賊、世を忍ぶ恋人たちも、隠者を見かけ言葉を交わすことがあった。

しかしながら、《完徳perfection》を熱望するこの隠者たちの大部分を占めていたのは、一つの共同の家（いわゆる「僧院couvent」や「修道院monastère」）で一つの規則書に従い《大修道院長abbé》とか《修道院院長

prieur》といった一人の首長の指導のもとに集団生活を営む人々で、これを《共住修道士cénobites》という。「立願profession」を行い、規則で定められた条件を完全に満たしていたのは、彼らのなかでも、ほんの少数者であった。《立願修道士profès》や《修道参事会員chanoines》、《修道士moines》と呼ばれた人々がそれで、そのなかには、司祭の品級を受けて《懺悔聴聞師pères》になっている人もいたが、《立願修道者》すべてが品級を受けて叙階さるべしという決まりがあったわけではなく、彼らは、何世紀もの間、俗人と考えられていた。

山上に造られた修道院（サン・マルタン・デュ・カニグー）

同様にして、十一世紀以後に現れる《助修士frères convers》は、回心と服従の誓約のもと、沈黙と断食、苦行を実践し、祈りと修道院のなかでの労働や畑仕事に従事するが、必ずしも聖職者ではなく「俗人兄弟frères lais」であり、《修練士novices》として教育を受けている段階にある。

さらに修道院のなかには、自分の財産のすべてあるいは一部を譲渡し、それと引き替えに食事と住居を提供してもらい、あるいは、共同の建物のなかで生活しながら祈りに参加する《オブラトゥスoblats》（献身者）あるいは《ドナトゥスdonats》（贈与者）と呼ばれる人々もいた。この人たちは、ある場合は、自由に共同体から去ることもできた。

最後に、修道院の周辺には、種々の俗人や僧禄を受けている召使い・下男・職人もかなりいて、ある意味で活動の中心をなしていたことも指摘しておくべきだろう。

この共同体の頂点に立つのが、《懺悔聴聞師たちpéres》によって指名あるいは選出された《大修道院長abbé》である。彼は《立願修道者たちprofès》その他の人々に対し裁判権を行使し、聖職禄を管理する。その権限はかなり強く、この時代にあっては、たくさんの家臣や農民に君臨する領主のような特別の立場である。

この大修道院長abbéのもとで、彼を補佐した役職を挙げると、次のようになる。

修道院院長prieur
副院長sous-prieur
院長代理prévôt
財務係りcamérier
宝物庫係りtrésorier
看護係りinfirmier
施物係りaumônier
厨房係りcellérier

聖歌隊係り chantre

などである。

大きな修道院の場合は、資産分けして《支院 maisons filles》が作られることがある。その場合、もとの修道院の院長がその長を兼ねるが、日常的な問題を処理するため、特に《院長 prieur》を任命する。そうした支院は《小修道院 prieuré》と呼ばれる。

このようにして新設あるいは改変によって多くの僧院が出来たが、相互の繋がりは維持され、自分たちの基盤を築いた聖人を記念するためや、新しく入ってきた人々の教育のため、あるいは互いの争いを避けるため、また、寄付された資産の維持管理や、修道会の勢力拡大をめざして助け合うために、同じ規則を遵守したうえ、もとの修道院長のもとに定期的に代表が集まって「修道会総会」を開いた。

したがって、修道士たちの生活は、採用された規則の内容と適用の厳格さにより、また、その修道院の立地条件や修道士の数、資産の豊かさの度合いなどによって左右される。そのことを明確に示している例を、幾つかある托鉢修道会 ordres des mendiants あるいは修道戦士 moines-soldats のなかでも、《ベネディクト修道会》に見ることができる。

もとより聖アウグスティヌスやヨハネス・カッシアヌスあるいはアルルのカエサリウスといった人々の弟子たちが果たした役割の重要性も忘れてはならないし、ましてや、アイルランドの聖コルンバヌスのそれを無視することは断じてできない。

ベネディクトの規則

しかし、それにもかかわらず、強調しておくべきことは、ヌルシア〔訳注・イタリアのスポレト東方〕の聖ベネディクト（480-547）によって定められた規則が、のちにアニアーヌ〔訳注・南フランスのアルル西方〕の聖ベネディクトやクリュニー修道会（九〇九年設立）、シトー会（一〇九八年設立）によって採用され、それが中世の修道院制度を活気づけていった点である。

五二九年、ヌルシアのベネディクトとその弟子たちがイタリアのモンテ・カッシーノの頂に二つの礼拝堂と修道院を建設した。その後、おそらく五三四年ごろに、この聖人はその修道会が基本とする規範と幾つかの規則を定めた。彼が採用したのは、隠修士の規範に較べてよりシンプルで啓発的な生き方を基本に、みんなが互いに監視しあい、助け合っていく共住修道制であった。

メンバーは、私有財産を放棄し俗世を離れて、死にいたるまで同じ修道院のなかで生活し、清貧と貞潔を堅持すること、院長と会則とに服従することを誓った。このベネディクト会士の生活を特徴づけたのは清貧と謙虚と服従、不条理な誇張を排除した敬神であって、その日常生活は、聖書を読むこと、労働、そして睡眠から成る。

しかし、その時間配分は季節によって違いがある。復活祭 Pâques から十月一日まで（すなわち春から夏にかけて）と、十月一日から四旬節Carême（復活祭の約四十日前）まで、そして、四旬節期間、というふうに分けられる。これは、太陽の運行と直接に関係している。

修道士は、日の出前に起床して《朝課matines》（《徹夜の祈りvigiles》のこともある）を捧げ、つぎに午前九時ごろの《讃課laudes》のあとは第四時（午前十時）まで種々の労働に従事、それから《六時課sixte》（正午）まで読書する。ただし、冬は第三時tierce（午前九時）まで詩篇を唱え、聖書を読み、信仰に関する書を読み、それから《九時課none》（午後三時）まで労働をする。四旬節の季節は、労働は第十時（午後四時）まで続く。食事は、夏は正午、冬は第九時で、そのあとは休息したり読書したりする。冬と四旬節の時期には早く日が沈むので、そのあとは労働はしない。夏の間だけ《九時課》のあとも、夕暮れの《晩課vêpres》まで働き、もう一度食事する。《終課complies》（午後九時ごろ）が終わると、全員、就寝である。日曜日には、しなければならない聖務がある人以外は、全員、読書をする。

この規則は、一見して分かるように、田舎の環境に合わせて作られている。そこでの労働とは、炊事当番は別にして、畑の手入れや、さまざまな道具を作ったり修理したり、衣服を縫ったりすることである。栄養摂取に関しては、各食事とも（春と夏は二度）二皿の料理に季節の果物、三百グラム以上のパンと半リットル以上のワインが提供されたから、適正だったと考えられる。衣服はシンプルだが機能的で、靴と靴下、夏は薄手の頭巾つき僧衣とチュニク〔訳註・円筒型の上着〕二着ずつを支給された。

以上がベネディクト会の修道士の生活規範であるが、七、八世紀、たとえばゲルマニア土着民のキリスト教化の仕事とか写本製作が重要な仕事になったときには、それに対応できるよう修正が加えられている。

他方、各地のカテドラルなどの主要な教会の聖職者たちにも、僧会（chapitres, collèges）として共同で食事し、同じ大きな寝室で眠り、日々のお勤めも一緒にするなど、結束する動きが出てくる。この動きは、メッスの司教、クロデガングの影響のもとに起きたものだが、そこで採用された規則は、聖ベネディクトよりは聖アウグスティヌスの精神を反映しており、より柔軟性に富んでいて、参事会員chanoinesにさまざまな活動に従事することも認め、着る物についても柔らかい亜麻布を許し、さらに私有財産をもつことも容認している。

このため、ベネディクト修道会規則には、その厳格さに憧れを抱いていたたくさんの盛式修道女たちcahnoinessesが、こちらのほうを選ぶこととなる。その場合、純潔と服従の誓約は尊重されたが、清貧の誓いは軽んじられがちで、これが、あとで重大な結果を招かずにはすまなくなる。

しかし、それと並行して、アニアーヌの聖ベネディクトとルートヴィヒ敬虔帝の影響のもと、多くの修道院がモンテ・カッシーノの厳格な規則を採り入れはじめた。さらにいえば、この規則が、教会以外の全西欧の修道院に広がっていった。それがめざした改革は、原則としては採用されたが、幾つかの点では調整が加えられた。こうして八世紀末には膨大な数に増えた大修道院は、信仰生活と耕作などの作業、そして外部との関わりを、完全にとはいかないまでも、なんとか分離しようと努力した。有名なザンクト・ガレン大修道院も、この点に取り組んでいる。

クリュニー修道会

西欧全体に広がり今日も続いているこのタイプの運動に、ベネディクト会と並んで、クリュニー派の修道院がある。これは、九〇九年に起きたもので、十世紀末には、新設のも衣替えしたものも含めて一一〇〇以上に達し、その修道士と修道女の数は一万人を超えた。クリュニーの総本山〔訳註・フランス中東部〕には四〇〇人以上の修道士がおり、それだけの人々が一堂に会することのできる巨大な建物のほかに、下男や農奴の住まいが並び、広大な田園には点々と分院があって、幾人かの修道士たちが作業を監視できるようになっていた。しかし、クリュニー派の人々の生活は、聖ベネディクトが望んだのとは厳密には異なっている。まず第一に、修道士の多くは司祭で、日々、ミサをあげたり、儀式や祈り、合唱といった務めを果たさなければならず、労働に振り向けられる時間はずっと少なくなっていたし、写本製作のような知的作業は特別のものになっていた。

他方、世間への窓口はずっと広がった。これは、資産の豊かさのためにこの修道会の社会的立場が重要度を増したためと、自ら労働をしないで、そのぶん、膨大な農奴の労力に頼ったためと、召使い女を使うなど封建秩序に近い階級制が持ち込まれたためであるが、それだけでなく、貧しい人々や病人に対する慈善と博愛の活動、俗人や司祭・助祭も分担して行われた教育活動のためでもある。

加えて、物質的な面でも規則の柔軟化が見られる。寝室は共同ではなく個室形式となる。食事についても、あらゆる種類の魚料理や卵料理、乳製品が採り入れられ、禁じられていた肉の穴埋めをした。ワインも、香辛料や蜂蜜を加えて味に変化をもたせたものが供されるようになった。また、クリュニーの修道士は貴族出身者が多く、頭巾つきの黒の修道服には、しばしば心地よい毛皮が付けられた。その修道院の広大な農地では大勢の農民や農奴が働いていたし、集落からもそれほど離れていなかったから、修道院内の教会堂の説教壇の下や告解室には、農民や領主たちが詰めかけてきた。

活動は聖職者や俗人一般の善導を目的としたが、その方法としては、自らが模範を示すこととともに、権力と力も用い、説得（たとえば「神の平和」に関し）あるいは地獄への恐怖心と《義にして恐るべき神》への畏怖心を呼び覚ますやり方を採った。クリュニー修道会は、教会と同じ資格をもっていて（教会の外勤司祭は、しばしば修道士たちから指名された）、西欧の田舎では欠かせない存在であった。

そのうえ、彼らの多くは貴族の出身であったことから、儀礼や知的問題には関心を寄せたが、物質的問題には興味ももたなければ得意でもなく、また、基本的なこととは考えていなかった。したがって、クリュニー派の人々は領地経営のシステムの改善については努力もしなかったし、利益をどう上げるかなどといったことには無関心であった。

しかも、壮麗で巨大な建物を建て（一〇九五年に建てられたクリュニー第三教会は、ローマのサン・ピエトロ大聖堂が一四五〇年にできるまでは、西方キリスト教世界で最大の建造物であった）たり、聖地への巡礼を組織し、イベリア半島における《レコンキスタ》を支援し、借金までして出かける十字軍士を援助することに懸命で、農業技術進歩のための投資とか田園生活の改善に貢献することなどはできなかった。

彼らは、司教団に人材を提供し、皇帝に対する法王の戦いを支え、その勝利を助けはしたが、その半面で、十一世紀末には聖ベネディクトの精神を蔑ろにし、《働く人々》と《戦う人々》の伝統的世界のなかに息づいていた最も純粋な熱望には、もはや応えなくなっていたようである。

この時代にはたくさんの修道会が現れているが、そのなかでも注目されるものとして、シャルトルーズ修道会（一〇八四年）がある。これは、集団生活を営みながらも静謐を重んじ、断食と瞑想を実践する隠者たちの修道会である。また、フォントヴローのそれ（一一〇〇年ごろ）は、盛式誓願修道女の修道院と修道士の僧院とを一人の女子修道院長のもとに連結したものである。さらに、プレモントレ修道会（一一二〇年創設）は、とくにドイツに支院を広げた。しかし、最も重要なのはシトー会（一〇九八年）と、一〇五〇年から一一六八年の間に生まれた幾つかの軍事的修道会である。

シトー会の発展

シトー会の《白衣の修道士たち moines blancs》は、当初は人里離れた荒れ地を舞台にしたが、やがて西欧の田園に満ちあふれていった。といっても、ベネディクト会やクリュニー会の《黒衣の修道士たち moines noires》が田園から姿を消したわけではない。シトー会の修道士は聖ベネディクトの規則の厳守を基本にし、農民たちから小作料を取ったり農奴に耕させて自分たちは安楽な生活をするなどといった行き方を厳しく排

装飾を排したシトー会の修道院（長さ108メートル、幅62メートルある）

除したのである。

彼らは、頭巾つきチュニクを着て鉄製の十字架を下げ、粗食で満足し、夜は共同寝室の藁布団で眠った。教会堂は剝き出しの石造りで、壁を絵で飾ることもなければ、窓もステンド・ガラスではないし、彫刻一つあるわけでもない。鐘楼さえもなかった。彼らは、過度に派手な典礼をやめ、純粋で貞潔な精神生活に回帰することをめざし、そのためには、完全な共同生活を重んじ、助修士に手伝ってもらいながらであるが、自ら手仕事に励んだ。この修道会に属する修道院は、聖ベルナルドゥスの感化などによって十二世紀末には五〇〇を超えるにいたったが、各修道院に権限を分割する方式を採った。

シトー会の修道士は、自らが直接に生産活動に従事するなかで、種々の技術改良に取り組んだ。彼らが選んだ荒地は、農作物の栽培には適していないが家畜の飼育はできるところも多く、家畜飼育に努力を傾けた。とくにイングランドのシトー会は牧羊に力を注いだ。作業上の水力の利用でも新しい工夫がこらされた。こうした賢明な資産管理のおかげで、「極貧志願者」だったのが、わずか何十年かで、かなり豊かになってしまったのだった。

そのうえ、彼らのなかから法王や司教が出るようになると、イベリア半島での軍事的修道会の組織化とかラングドック地方の異端に対する戦いとか、さまざまな活動を依頼され、それが静かな瞑想生活を彼らから奪う結果となる。こうした幾つかの分野では、より専門化した多くの修道会と競合したが、シトー会の勢力が後退することはなく、むしろ、十二世紀末から十三世紀末までの時期には、五二五から六九四にまで増加している。

とはいえ、彼らが一世紀間独占していた尖兵としての立場は失われていく。農村に対する都市の優勢が、農村的なままのベネディクト系列の修道院よりも都市型の修道院に有利に作用しはじめたからである。

軍事的修道会

十一世紀半ば、エジプト人たちの占領下にあった聖地エルサレムで、南イタリアのアマルフィの人々により慈善組織が組織された。その本来の目的は病人の看護であったが、その後、エルサレムの聖墓（Saint-Sépulcre）への巡礼者をエスコートし道中の安全を守ることを任務とするようになり、《平和と慈善》というキリスト教的理念とは対極にある軍事的使命を担う西欧最初の修道会になっていった。こうした「救護騎士団」の修道院は、専ら騎士階級から徴募された重武装の騎士たちが常時訓練を行う兵営であり、戦闘行動を展開する根城でもある強力な要塞となっていった。

このような、《救護》だけでなく《聖堂の防衛》を基本目的とした「テンプル騎士団 Templiers」など幾つ

マリエンブルクのテュートン騎士団本部

かの修道騎士団が、エルサレムだけでなく、西欧世界の東と南の境界地帯に誕生していく。スラヴ世界に接した東北の辺境では「テュートン騎士団 Chevaliers teutoniques」、バルト沿岸にあるリヴォニアの「剣帯騎士団 Porte-Glaive」、イベリア半島の「サン・ティアゴ刀剣騎士団 Saint-Jacques-de-l'Epée」、また「トマル Tomar 騎士団」〔訳注・トマルはポルトガルの町〕などがそれである。

これらの騎士団は、イングランド、ドイツ、フランスといった西欧の中心部に本拠を置いて兵員を募集するとともに、贈与を受け、領地を経営することにより膨大な富を蓄積し、これを戦費に充てた。しかも、イングランドの「テンプル騎士団」は羊毛、ドイツの「テュートン騎士団」は小麦や毛皮、蠟、琥珀などを扱うことで利益を得ただけでなく、十字軍の遠征にともなって、西欧からオリエントへ、カネの流れが急激に増えたが、このために重要度を増した銀行や為替の業務も、騎士団が仕切った。

事実、これらの戦士兼修道士たちの生活は、貴族のそれとも聖職者のそれとも、さらには銀行家のそれとも異なっていた。聖ベルナルドゥスは聖堂を守る騎士たちを称えて、こう述べている。

「大仰な話し方や無益な振舞い、不平を言ったり、目立って不作法に笑ったり嘆き声をあげることは、罰せられないでは済まない。彼らは、チェスやサイコロ遊びをしないし、狩りをしたり鳥を捕らえることも嫌う。道化芝居も手品師も吟遊詩人も近づけず、みだらな歌や阿呆劇には見向きもしない。短く刈った髪の毛に櫛を入れることもないし、洗うことも滅多にしない。髭はもじゃもじゃで埃臭く、全身、汗で汚れている。衣類についても、食事についても、必要最小限に節制している。仲間と共同生活を営み、妻を娶ることもなければ、子供を作ることもしない。」

騎士たちは、同じ廊下に面して並ぶ小部屋で眠り、従卒たちは大部屋の共同のベッドで休む。活動的な生活にもかかわらず、食事は日に二度で、肉は週に三回だけである。しかも、《サン・マルタンの日》（十一月十一日）からクリスマスまでの期間と、復活祭前の四十六日間は、肉食を禁じられていた。

毎日、夜明け前に起床し、《朝課》では祈りの言葉を八十六回唱える。十三回は聖母マリアのため、十三回はその一日のため、三十回はあらゆる生きている人々のため、三十回は死者たちのためである。午前九時ごろの《三時課》では十四回、正午の《六時課》でも十四回、《晩課》では十八回唱える。

訓練は非常に厳しく、わずかな過ちでも、罰として鐙の革帯で打たれた。盗みを働いたり、異端的な説を唱えたり、嘘をついたり、聖職売買の罪を犯したり、同性愛に耽ったり、あるいは、騎士団内部の情報を外部に漏らすなどした場合は、重罪として除名や追放に処された。

のちになって、「テンプル騎士団」は秘教的な異端邪説を立てているとして非難されたが、これは、根拠もなしに加えられたものである。彼らは十字架に唾を吐いて、三度、神を否定すると非難されたが、もし、それに近い行為があったとしても、それは、使徒ペテロを思い起こして恭順の精神を確認するためだったのではなかろうか？〔訳注・ペテロは、イエスが捕らえられ、自らも官憲から追及されたとき、三度、イエスを知らないと否認した。〕

新入りに対して同性愛が強要されたというのは一つの伝説でしかないが、十四世紀以来、執拗に繰り返されてきた。十四世紀初めに書かれた『フォヴェル物語Roman de Fauvel』には次のようにある。

（十字架に）唾を吐くよう命じられ
一人がもう一人に、背後から性的関係を結ぶ
なんとも、口にするだにおぞましいことよ！

もしかしたら、《新入者歓迎bizutage》で背骨の下部のところに接吻させることが行われたのか？　それとも、十三世紀、この騎士団が危機に直面したころに、同性愛の風習が広まっていたのだろうか？　しかし、彼らが両性具有神の「バフォメBaphomet」を礼拝していた云々については、ずっとあとで言われたことで、議論の余地がある。〔訳注・「バフォメ」が「マホメットMahomet」をもじった語であることは明らかである。〕

それはそうとしても、「テンプル騎士団」のもっていた富と力の大きさ、そこで行われた訓練、そして、種々の伝説の雲に覆われてきたオリエントとの接点にいたことから、さまざまな噂話が広がり、人々が憎悪や警戒心を抱くようになってしまった可能性はある。ヴォルフラム・フォン・エッシェンバッハは、こう謳っている。

「これら勇敢な騎士たちは、聖杯を守りながらモンサルヴァージュの城に住んでいる。騎士たちは、冒険を求めて、しばしば遠くへ出撃し、戦さの結果が栄光であれ、屈辱であれ、すべては、わが罪の贖いなりとして、淡々と享受するのであった。」

この《聖杯 saint Graal》を守護する戦士たちが、十三世紀には、ほかの騎士団と同じように、一つの深刻な危機に陥る。この危機を増大したのは、聖地がイスラム教徒に奪還されたことであったが、それとともに、彼らの金融活動に対し羨望と憎悪を感じていた社会のなかに溶け込むための《切り替え reconversion》を行うことの難しさであった。

十四世紀には、幾人かの王たちが「テンプル騎士団」の力と富に不安を抱くようになる。一三一二年には、「テンプル騎士団」は法王の命によって抹消され、その資産は「救護修道会 hospitaliers」に帰属させられるのであるが、この移管より前にフランスではフィリップ美男王が、あらかた奪い取ってしまった。

他方、イベリア半島とドイツの騎士団は、その後も生き残って栄華を謳歌したし、救護騎士団は「マルタ騎士団 Chevaliers de Malte」として、現在にいたるまで存続している。

ドミニクスとフランチェスコ

十三世紀、田舎と封建領地を主たる舞台としていた修道会が危機に直面したのは、十三世紀に《絶対的清貧》を呼びかける新しい修道会が生まれたことによってである。この新しい修道会のなかには、各地を放浪してまわるものもいたが、西欧世界の交通網の要所とか、その中核となる都市に定着して活動をひろげた者もいる。これが、いわゆる《托鉢修道会ordres mendiants》で、そのなかには「カルメル会les carmes」、「アウグスティノ会les augustins」、「頭陀袋修道会les sachets」（頭陀袋を身にまとったことによる）、「かささぎ修道会les pie」（白と黒の衣を着たことから、こう呼ばれた）などがある。

とりわけ「小兄弟団Mineurs」（通称はフランシスコ会franciscains）と、「説教修道会les prêcheurs」（通称はドミニコ会dominicains」は、柔軟な階級性をもち、道徳的問題についての厳格な規範のなかで行動と瞑想とを融合させた。この階級的固定性を緩やかにしたところから、《修道士moines》と《在俗修道会員religieux》が並立するようになっていく。

「ドミニコ会」の創設者、ドミニクス（1170-1221）は、シトー派修道士たちとともに、カタリ派に染まった地域を説教してまわるうちに、福音書の教えと清貧の規範に厳格に則りつつも、社会の新しい問題に対応した精神的モデルを示すことの必要性を痛感したのだった。

こうして、カタリ派から悔い改めた女性たちのための最初の修道院をプルイユ〔訳註・カルカッソンヌの近く〕に創設（一二〇七年）。つづいて一二一五年、同じくアルビジョワ派の中心であったがカトリック勢力によって屈服させられたトゥールーズに、アウグスティヌスの戒律とプレモントレの規則を基盤にした最初の「説教修道者frères prêcheurs」の修道院を建設した。

それが、約五年後の一二二一年には、フランス、ドイツ、イングランド、ハンガリー、ローマ、プロヴァンス、ロンバルディアの八つの地域に支部を擁するにいたり、一二二八年には、それに加えて、エルサレム、ギリシア、ポーランド、ダキア（現在のルーマニア）、さらにはスカンディナヴィア諸国にまで広がっている。そして、毎年、これらの各地の修道院から代表が集まって総会を開催、そこで総長（maître général）が選出された。

この「ドミニコ会士」になるには服従と清貧、純潔の誓約を行わなければならないが、その前に僧院に入って神学をしっかり学ぶ「見習い novicia 期間」を過ごさなければならない。その後、さらに厳しい研鑽を経て司祭としての上級聖品（ordres majeurs）を授けられる。その後も生涯を研究と瞑想、後輩の教育、修道会の経営、そして、各地の都市や街道を巡回しながらの説教に捧げるのである。これらすべてを貫いていたのが、絶対的清貧と贖罪と自己放棄の精神と、それを実践化した禁欲である。

プレモントレの白いローブに身を包み、イスパニアの修道参事会の黒い袖無しマントを羽織った「説教修道士」が、その鍛えられた知性によって諸大学に生気を吹き込み、アルベルトゥス・マグヌスやトマス・アクィナスといった中世最大の学者たちを輩出した背景には、こうした厳しい鍛錬があったのである。

それに対して、知性・理性を重んじ教義を語る行き方ではなく、ウンブリア地方の貧しい人々がやったように腰に荒縄を締めて頭巾つきローブを身に纏い、民衆のなかで実践的なテーマを語り、その心を摑む行き方を選んだのが、アッシジのフランチェスコ（1181-1226）とその弟子たちであった。

彼らは、物質的に生活を保証してくれる修道院も捨てて、日々のパンを乞いながら説教して回る《貧者のなかの貧者》であり、簡素と謙虚、慈善と福音の愛を説きながら、エジプト、モンゴル、シナにまで足を伸ばした。

フランチェスコを敬愛するファヴォリーノのクララ〔聖キアーラ〕によって、女性のための修道院「クララ女子修道会clarisses」が設立され、十三世紀末には、『フランシスコ会規則』をもとに作られた修道院は三十四管区、一五〇〇以上を数えるまでになる。

こうした説教と行動の影響は、まず俗人世界に強力に浸透していった。たくさんの人々が、その世俗の立場や結婚生活を捨てないままで贖罪の実践のために、この「兄弟団」に加わった。このようにして結成された「フランシスコ会」の《第三会tiers ordre》〔訳注・俗籍にある人々によって構成された〕は、十四世紀半ばには、イタリアだけで約六〇万人を擁するまでになっている。これは、当時のイタリア総人口の五％を超える。

しかも、それ以外に「ドミニコ会」などに加わっている人々がいたのである。行動を重んじ、都市のなかで《浮き世》の生活を続けながら、場所を問わず説教し告白するこの《托鉢修道会》がいかに大きな影響を西欧社会にあたえたかが窺われる。

これらの修道会員たち、もっと広くいえば、《完徳》をめざしたあらゆる修道士たちの存在を無視しては、中世の人々の生活は語れない。しかも、こうした修道会のうち、中世の間に消滅してしまったものは稀にしかないし、別のものに取って代わられたものもない。すべてが、何世紀もの間、並立して存在してきているのである。

旅人や巡礼者は、どこに穀物倉やシトー会の小修道院、ベネディクト会の大修道院、クリュニー派の施設があるか、どこにプレモントレ派の女子修道院、慈恵会があり、テンプル騎士団、テュートン騎士団の館があるかをよく知っていた。

旅の途上でも、説教のために教会から教会へ渡り歩いたり、遠くの大学で学んだり教えたりするために旅する「ドミニコ会士」と道連れになったり、修道院住まいの仲間を捨てて《異端》と《不服従》の罪ぎりぎりのところに身を置いて聖霊の導きに身を委ねながら説教し人々に感銘を与える「フランシスコ会士」と同行することも少なくなかった。

彼ら《修道会聖職者 clergé régulier》は、より階級的で伝統的な《在俗聖職者 clergé séculier》と並んで、経済的・社会的・精神的状況に応じて絶えず自己刷新と変革を重ねながら、西欧キリスト教会の行動隊として働いたのだった。

教会と俗世

以上のように、修道院の壁で隔絶され、あるいは会則厳守の生き方で世間と一線を画しながら《完徳》をめざした人々が、それ以外の点では長い間俗人と区別されなかったのに対して、俗世で生活しながら神に仕える《聖職者》は、その力と権力によって二重に階級化された身分を急速に形成していった。

《聖職者》になるためには、剃髪式を受けるだけで充分であった。このセレモニーは司教の出席のもとで行われた。司教がミサの《入祭文introït》あるいは「主よ、あわれみたまえ」の《求憐誦kyrie》を唱えたあと、請願者の髭と髪を剃り落とす。これで、俗世を放棄（といっても、ごく部分的にだが）し、永遠の王国を希求する人であることが誰の目にも分かる姿となる。これはさらに、この新入りの聖職者と司教とで交わされる《撤回》を求める意志の有無についての問答によって確認される。

剃髪した人は、神聖な秘儀への到達と聖職をめざしていくわけであるが、そのためには、それぞれに定められた戒律を実践することによって、多くの段階を順に登っていかなければならなかったから、司祭として力を発揮することができるには、どうしても三十歳を過ぎた。（例外的に二十五歳ということもあった）。

最初の段階が《守門portierまたは香部屋係sacristain》で、教会堂の鍵を預かり、祭礼の飾り具を管理し、礼拝を知らせる鐘を鳴らすのが役目である。

つぎが《読師lecteur》で、祈禱文の読み方を人々に教え、パンや果物を聖別する。

つぎの《祓魔師exorciste》は、悪魔を追い払う資格をもつ。

その上の《侍祭acolyte》になってはじめて、ロウソクと水差しを捧げ持って儀式に実質的に参加できる。

ここまでが『下級聖品ordres mineurs』である。

ついで《副助祭sous-diacre》になる。禁欲を守って『上級聖品ordres majeurs』を受け、ミサ聖祭の執行において補佐を務める。

その上に《助祭diacre》があり、頸に帯étoleを懸け法衣dalmatiqueを纏って説教し、洗礼・改悛・堅振・聖体・婚姻・品級・終油の七つの秘蹟のうち洗礼と聖体拝領の二つを執行することができる。そして《司祭prêtre》になってはじめて、ミサ聖祭を執行し、七つの秘蹟のほとんどを行うことができるのである。

聖職者としての徳を完成しているのが《司教épiscopat》であるが、特別の階級を形成してはいない。

このように、西欧の聖職者の世界を支配している厳格な階級制は、末期ローマ帝国の官僚組織に由来している。キリスト教がローマ世界に根を下ろしたときに学んだのが、これだったからである。その細胞となったのが、田園を周囲にもっている古代都市で、そうした都市が幾つか集まって《州province》を作り、都市の一つが《州都métropole》になった。

これらの都市の行政官がギリシア語でいうと《episkopos》で、これが、《司教》を意味するフランス語の「évêque」となったのである。シャルルマーニュ時代になって、都市行政官に干渉できる権限をもつ州都の行政官（métropolitain）に相当する教会組織上の存在として《大司教archevêque》が設置された。

しかし、キリスト教が農村地帯に広がり、まだ異教に拘わりをもつ農民たちがキリスト教徒になるにつれて、都市とは無関係の立場で教会組織上の《監督官》を任命しなければならなくなる。ちなみに、《異教徒》を意味するフランス語「païen」が《農民》を意味する「pagani」から生じたのは、このように、農村地帯は遅くまで異教世界として止まっていたからにほかならない。

それまでも、司教は書記clercを使って、その手助けや助言に依存していたし、だからこそ、こうした書記たちによって、九世紀ごろには教会法上の《聖堂参事会chapitre cathédral》が作られたのだったが、それだけでなく、西欧キリスト教世界の新しい基本的細胞が司教座都市を中心に形成されていく。それが《小教区paroisses》で、この運営には書記たちが当たった。

《小教区》は村落単位で形成されたことから、非常に強い経済的凝集力をもっていた。この凝集力は精神的・宗教的秩序以上のもので、その監督官である《主任司祭curé》や《小教区司祭recteur》は、懺悔・洗礼・婚姻・埋葬を行い日曜ミサを挙げて、祈り、説教をするだけでなく、新しい情報の伝達者でもあった。そのすべての中心になったのが、教会堂とその周りの広場や墓地の《聖域campo santo》であった。それらは村人たちの出会いと気晴らしの場であり、十分の一税の支払いや死者の弔いも、ここで行われた。

このため、主任司祭は、大きな精神的権威をもっていたが、経済的条件は必ずしも良好ではなく、普段は寄進された土地を教区民と同じように耕した。もっとも、だからこそ、農民たちが持ち込んでくる問題についても理解することができたのだった。

自分の土地だけで生活できない場合は、納められた十分の一税の四分の一が彼のものになり、残りの四分の三は、教会の維持と、貧しい人々や孤児への援助、そして、司教への上納金に充てられた。このほかに「エトール権」〔訳注・エトールはストラともいい、司教が懸ける袈裟のようなもの〕と呼ばれた職務に付随する収入と、婚姻や埋葬などの執行に対する謝礼、信徒からの寄進などがあり、これらは自分で自由に使うことができた。

したがって、普通の状況なら、家族を養っていくことができた〔司祭の多くは所帯持ちであった〕のであるが、彼を任命した修道院とか参事会や上位聖職者、あるいは俗人のパトロンが、約束しただけの報酬congrueを払ってくれないことがあり、その場合は、きわめて惨めな状況になった。そうした身分の低い田舎の司祭の経済的・精神的状況について明確にすることは難しいが、信徒たちのそれより高いものでありえなかったことは確かである。

ときには、土地の開拓が進み人口が増えて、一つの小教区では掌握できなくなると、幾つかの新しい小教区に分割された。その場合は、もとの主任司祭が《主席司祭 doyen》となり、その《主席司祭管区 doyenné》のなかで、新しい司祭たちに対しある種の監督権をもつこととなる。さらに、こうした《主席司祭管区》が幾つか集まって《副司教管区 archidiaconé》となり、さらに、この《副司教管区》が幾つか集まって《司教区 diocése》を形成する。《司教区》は、古くからローマ化されてきた地域では古代ローマ都市と合致しており、教会ヒエラルキーの基本となった《司教 évêque》の精神的権威も、これに依存している。

司教は、かなりの寄進地をもっているため、世俗世界でも大領主であり、封建社会のなかで一つの確固たる立場を占めつつ、司教区の全信徒に対し、教会堂の奉献、さまざまな祝別、司祭の認承と秘蹟の授与、贖罪・婚姻・遺言といった信仰にかかわる秘蹟授与、聖職者が犯した罪の裁き、とくに破門を決定する権限などを行使する。当然、彼は聖職者を育成し、俗人たちを導く責任を担う《教導者 magistère》であり、宗教上の建築に関して決定を下し、小教区の分割を決めるのも彼である。したがって、その収入はかなりのもので、領地・封地・自由地の経営や布告権・市場権・定期市権などによる収入に加え、《十分の一税》の四分の一や、聖職者の相続財産も入ってくる。

彼は領主でもあるから、そのまわりには、騎士や貴婦人、役人といった俗人の取り巻きがいるのに加えて、司教職を遂行するための補佐として、種々の聖職者もいる。彼が病気になったときに代理を務める《司教補佐 archiprêtre》、儀式を執行してくれる《副司教 vicaire général》、印璽を保管し公証人を従えている《尚書官

chancelier》、また、境界争いなど裁判事件を担当する《教会判事official》、さらに小規模の内閣と警察をもっていて、各小教区に目を光らせている宰相というべき《大司祭archidiacre》がいる。

しかしながら、司教も絶対権力者ではない。一方には、金持ち連中による《聖堂参事会chapitre cathédral》があり、司教は彼らによって選ばれ、彼らが建てて管理している美しい聖堂に住まわせてもらっている立場である。参事会員chanoinesは《僧会資産mense capitulaire》から豊かな収入を得ていて司教よりずっと豊かであり、その首長である《主席司祭doyen》あるいは《僧会長prévôt》が、司教に横柄な口調で助言したり要求したり抗議することもある。

そのうえ、司教区内には、時代とともに、たくさんの団体が台頭してくる。たとえば王侯や司教の肝煎りで作られ資産を付与されているうえ、巡礼者の参詣によって豊かになったり、または、遺贈や簒奪によってさまざまな権利を保有している《参事会組合collège de chanoines》とか、司教冠と笏杖を授けられるほどの人物を首長とし豊かな資産を有する修道院などがそれである。ときには、同じ修道院長でも、法王にじかに結びついている総修道院長とか、修道会の大物の配下で、司教の権限外にある、いわゆる免属聖職者exemptsであることもある。

最後に、司教の上には、州都大司教archevêque métropolitainがいる。司教は選出されると、この大司教に服従の誓約をし、彼から祝別を受けたのであるから、その権限に関して制約を受ける。この上にさらに、トレドやリヨン、カンタベリーといった、国ごとの《首座大司教primat national》がいるが、これは名目的なもので、他の大司教たちに対してもっている優越性は漠然としたものでしかない。

さらにその上にあるのが《法王pape》すなわち「ローマ司教」である。彼は《枢機卿団collège de

アヴィニョンの法王宮殿

cardinaux》の仲間に囲まれ、聖ペテロの遺産である寄進地をもち、万民を裁く権限を有している。中世の間を通じて法王は、十四世紀にはアヴィニョンで、十五世紀以後はローマにあって統治した専制君主である。彼が数多くの錚々たる人々によって形成された宮廷を周りに維持することができたのは、法王領からの収入よりも、全西欧から賢明かつ綿密に集められた収入のおかげであった。

法王が冠を頂くようになったのはニコラウス一世（858-867）以後で、とくにグレゴリウス七世（1073-1083）からは、皇帝たちによる掣肘からも解放され、イノケンティウス三世（1198-1216）のもとでは、キリスト教世界で異議を唱える者は一人もいない教会法の源泉であるとともに、すべての司教を任命し、彼らから忠誠誓約を捧げられる支配者となる。

ある司教座を、一つの町から別の町へ移すことができるのも彼だけなら、全信徒に対し免罪権をもち、霊的権威を背景に西欧各地に特派大使を送って監督するのも彼のみである。誰かを聖者に列せしめたり、大学の創設を許可することができるのも彼だけである。教区付き聖職者と修道会・信心会に認可を下すことができるのも彼だけである。最後に、彼は、聖職禄を授与することによって、感謝の心に溢れた忠実な聖職の被保護者をたくさん擁している。

枢機卿cardinalたちは、法王と並んで、キリスト教会の真の王侯であり、文武両域の臣下たちに囲まれて一つの宮廷を形成する。一〇五九年からは、枢機卿団が法王を選出するようになり、これ以後、新しい枢機卿の任命も含めて、あらゆる分野の問題について法王に助言するようになる。数は二〇人足らずだが、キリスト教世界全体の進路の決定に関わり、これから法王になる人に対しても大きな影響力を振るった。

彼らのうちの幾人かは、《法王特使》に任じられることによって、西欧各地の実情に通じていた。こうした《特使》は州都を頻繁に訪問し、聖職者たちの連帯と質的向上に力を注いだ。これにならって、首都大司教は自分の州のなかを巡回し、司教はその教区内を、副司教ないし主席司祭は副司教区あるいは主席司教区内を巡回する、というふうにして、聖職者相互の連帯と均質化が進行した。

その結果、各レベルの聖職者の集まり（宗会）が行われたわけで、これには、法王が警戒心を抱いたため、実際には滅多に開催されなかったものの、西欧全体の宗会である《公会議concile général》が開かれ、十五世紀の《教会大分裂schismes》のときは、この会議が重要な役割を演じた。この下に、《国別の公会議synodes nationaux》、さらに《州別あるいは教区別公会議synodes provinciaux, diocésains》があったが、州別・教区別のそれらは会期も短く、議題も、教区付き修道士も含めた聖職者同士の絆を引き締めるための基本的問題に限定されざるを得なかった。

聖職者の世俗的特権

聖職者が俗人の日常生活のなかに入り込んだことは、個人的次元でも全般的次元でもさまざまな問題を提起し、均質性についてはともかく、少なくとも聖職者の特権的で特異な立場を強化することに貢献した。彼らの土地資産は、メロヴィング時代から急速に増大し、カロリング時代には、全西欧の土地の三〇ないし四〇%に及び、しかも、世俗君主の干渉を受けないという特権をもっていた。つまり、それらは課税もされなければ、伯などの王の代理人も立ち入ることができなかった。そして、そこで行われる裁判への謝礼や納められた借地代は、この特権的集団の長である修道院長や司教の懐に入ったのである。

注目すべきは、カロリング朝の王（皇帝）たちが、これらの被免除者たちに有利に計らったことである。王たちは、自国内での伯たちとの勢力均衡を考えてそうしたのであり、彼らに《名誉保有地honneur》を付与し、免除特権を強化することによって、代わりに《忠誠》を要求した。

この《忠誠》の絆は、カロリング帝国が分裂すると、当然、ゆるみ、免除特権者たちは事実上、独立的存在となっていった。大勢の家臣を擁する彼らは、伯たちをすら臣下とし、本来は伯たちのものであった権力を行使し、さらには、「公国principautés territoriales」をさえ形成した。ドイツ神聖帝国においては、こうした免除特権がとくに顕著で、彼らはオットー大帝による優遇のもと、世俗国家の中核にさえなっていった。

そうした特権的高位聖職者のなかでも最も際立っていたのがトリアー、ケルン、マインツの大司教やフルダの修道院長であった。

しかしながら、それは、聖職者の職務と責任に対応する権威であり特権であるから、相続できるものではなかった。聖職の肩書きの保持者は、あくまで選挙によって決定されたのであって、そこに、この時代に西欧に現れてきた《封地》と、これらの《免除特権地》との第二の違いが出てくる。

このことは、小さな教区の臨時司祭とか小教区司祭のレベルでは当てはまらない。なぜなら、多くの場合、そうした教会堂は領主の先祖あるいは彼自身が建てた私的礼拝堂であり、彼の所有物だったからである。実際問題、それに付随する《十分の一税》そのほかの税や聖式への謝礼などは領主の収入になったし、その臨時司祭も、彼が一族のなかから選び、報酬として僅かばかりの土地を与えていた人物であった。

しかし、少なくとも司教のレベルになると、その選出については、聖職者たちと民衆とが競合する可能性があった。その場合、基準にされたのが初期キリスト教会が遺した伝承についての解釈である。すなわち、レオ大法王（441-460）や、とくに八八八年にステファヌス五世が出した布告の「この選挙を行うのは、司祭たちprêtresであり、民衆はただ結果について同意を与えるのみである。なぜなら、民衆は教えを受ける立場で、他を服従させうる立場ではないからである」との言葉である。

ここで「司祭たち」とあるが、実際には、それぞれの教区を担当している聖職者ではありえない。司教座が空位になったことを真っ先に知ることができるのも、後継者として取り沙汰される名前を耳にしその人物を勝たせることができるのも、常時、司教座の周辺にいる《聖堂参事会員》たちである。しかし、ときとしては、教区内の修道院長たちが、その特権を背景に真っ先に「鶴の一声」を差し挟み、ある人物の名前を挙げて、ためらっている人々をそこへ結集させることもあった。

いずれにせよ、こうして「司祭たち」によって選出されても、原則として、その州の聖職者の大部分と、教会組織上の州管区の司教全員、そして《首都大司教》が臨席する公会議の席で、この人物が司教としてふさわしい知識を有し、またそのような生き方をしているかの審査が行われ、これに合格してはじめて、首都大司教により祝別が授けられた。このとき補佐役を務める二人の司教が「Accipe spiritum sanctum（聖霊を受けよ）」と言いながら、両手を差し伸べて彼の額と手に《聖油 Saint Chrême》を注ぎ、つぎのような言葉とともに、教区支配権の象徴である笏杖を手渡す。

「聖なる統治の印である杖を受けよ。この杖は、弱き人々を強固にし、倒れんとする人を支え、悪しき者を正し、よき人々を永遠の救いへ導く義務を汝に課すものである。」

最後に指輪が授けられるが、これは、司教とその教会との神秘の婚姻を象徴している。したがって、彼は、この教会から死にいたるまで別れることはない。ある司教を別の座に移すことができるのは法王だけである。

聖俗の相互干渉

ところで、もし選出された人物が、この試験に合格しなかった場合は、どうしたであろうか？首都大司教とその司教たちは、急いで別の人物を推挙しなければならなかった。こういう場合は、原則としては法王に決定を求めるべきであるが、現実には、俗人たちの力関係が優先し、激しい議論が起き、ときには実力行使をともなう争いになった。しかも、ある種の俗人たちは、選挙のときからして直接的な影響力を持っていた。

といっても、それは民衆ではない。一般民衆は、新しく選ばれた人を歓呼によって承認するのが関の山であった。ときには、亡くなった司教の側近で残っている人々が、武器を執ってでも参事会員たちを動かそうとすることもあった。同様に、近隣の領主たち、とくに司教座都市にすぐ接している伯comteとか子爵vicomteたちも、介入した。とくに、強力に介入したのが、その土地の所有権を握っていた大公たちであるが、それは本来は王に属する権利を簒奪した結果であった。

少なくともシャルルマーニュ以後は、王（皇帝）が司教選挙を認証する権限、後継候補を選ぶ権利を獲得あるいは回復しており、法王たちも、大なり小なり、こうした王の権利を明確に認めていた。九二一年、法王ヨハネス十世は「いかなる司教も、王の意向を無視してその教区において祝別されることは不可なり」と宣言している。事実、オットー大帝は、帝国内の全司教を自分で任命しているし、フランス王は十世紀末、十九司教区と四つの首都大司教座（ランス、サンス、トゥール、ブールジュ）を設置し、収入の基本をそこから得ている。

こうした王の特権も、王権の後退とともに、大公たちによって横領されていった。ノルマンディー公は七つの司教区で任命を行い、ルーシヨン伯はエルヌの司教を自分で選んでいる。ビゴールの子爵はタルブの司教を任命している。〔訳注・ルーシヨンはピレネー山脈のフランス側で地中海に面した地域。ビゴールもピレネー山脈に近い内陸部。〕

こうした俗人たちの干渉は、封建社会の仕組に関連している。実際問題として、司教の収入は寄進された土地に依っていた。これは、修道院長も同じで、こうした高位聖職者は、高位の俗人から寄進された土地のおかげで役目を果たすことができたのであって、彼自身、寄進者への忠誠の誓約と引き替えに、この土地を受け取っていたからである。

つまり、こうした《名誉恩給地honneur》あるいは、一般的に《世上権temporel》〔訳注・「聖職者の収入」を意味する〕は《封地fief》と同じで、司教として選出はされたが、まだ祝別されていないこの人物は、封建家臣が《封地》の授与を受けるときと同様に、両手を差し伸べ、「君主に仕える臣下」として誓いを述べることによって、この資産を譲渡されたのである。その場合、違っているのは、用いられる象徴が《草》や《旗》ではなく《笏杖》と《指輪》であったことだけである。

したがって、この段階では、両者が混同されたのも無理はなかった。選出された人は「終身」という条件で土地資産を与えられるのであるが、その上位の所有権はあくまで君主にあり、君主は、それをいつでも取り戻して別の人物に贈ったり遺贈したり、売却することができた。君主は《司教職》を免除することもできたが、これは、教会法に背くことになったので避けられた。

こうして、司教は援助と助言を受けることから一臣下になるわけであるが、最後に、首都大司教と管区の全聖職者の総意によって霊的な笏杖の授与を受けると、俗人君主の干渉は、本質においても外見においても、副次的なものとなる。このことは、皇帝が法王に《聖ペテロの遺産》を与えて任命する代わりに、忠誠の誓約を守るよう要求した場合にも演繹されうる。

田舎の聖職者と同じく、高位の聖職者も深く世俗社会に関わった。彼らも、騎士や臣下たちに囲まれて、一種の宮殿や城に住み、狩りや戦争で血を流し、遊蕩に明け暮れ、票を買い、聖職を売買した。そもそも、この集団に人員を補給してきたのが主として騎士階級であり、彼らが推挙した有力家門の次三男や、恩を施しておきたい友人、結婚できなかった娘などといった人々が司教だの修道院長、尼僧院長になっていたのであるから、これはなんら驚くに値しない。ときには、俗人のまま修道院長になり、家族や家臣を連れて修道院に居着いて収入を独占し、修道士や修道院の霊的任務に携わる人たちには僅かな寄進地と、大修道院からの《教会禄》しか残さなかった、という例もあった。

いずれにせよ、司教に選出された人は、聖別を受けたとしても、また、非の打ち所のない道義性と偉大な教養を身につけた人物であったとしても、次第に、天稟の質もなければ訓練も受けず、その精神性がほかの兄弟や従兄弟たちとか近隣の領主たちのそれと大差ない聖職者になっていくことは、避けられない趨勢であった。

十一世紀には、ベネディクト会やクリュニー派の多くの修道院も含めて聖職者の世界は、精神面でも身体面でも、俗人のそれによって完全に浸透され、侵害され、左右される状態になっていた。このことを踏まえたときに、グレゴリウス七世とウルバヌス二世によって推進され、カリストゥス二世によって一一二二年に仕上げられた《グレゴリウス改革》が、如何に重要な意味をもったかが理解される。

この改革は、簡単にいうと、高位聖職者は俗人に膝を屈して忠誠の誓約をしてはならないというもので、それによって、彼らを封建的軛から解き放つことを意図したのであった。そして、そのために、高位聖職者については、修道士か修道院関係者のなかから参事会員が選ぶか、法王が直接に任命するか、そのいずれかにすべきであるとしている。

十二世紀半ばにも、眉を顰めさせるような高位聖職者は少なからずいたし、位の低い聖職者の実態は、彼が生きている農村世界や都市の下層民と変わらない状態から抜け出せてはいない。こうした教区付き聖職者から高位聖職者まで、また、盛式修道士や律修修道女の世界については、民衆文学や諷刺文学はもとより、騎士物語さえも、容赦なくえぐり出している。

彼らの生活は、私たちがこれまで見てきた定型的な姿とは、はるかに隔たっていた。大食と美食にうつつを抜かし、暴飲・暴食に溺れる者は数知れず、白衣の修道士（シトー会）においてすら、特製ワインに血道を上げる者が少なくなかった。黒衣の修道士（ベネディクト派）にいたっては、なんという放埒三昧を繰り返したことであろう！

その貪欲ぶりは、まさに底なしで、金儲けのためには詐欺も平気でやった。田舎の教会を巡回して、一回も唱えないくせにミサ三十回分のカネをふんだくる司祭から、イタリアで手当たり次第に奪った高価な品々をアルプス越えに運ばせた枢機卿にいたるまで、枚挙に暇がない。小麦の投機的売買に手を染める坊主もい

堕落僧のさまざまな姿

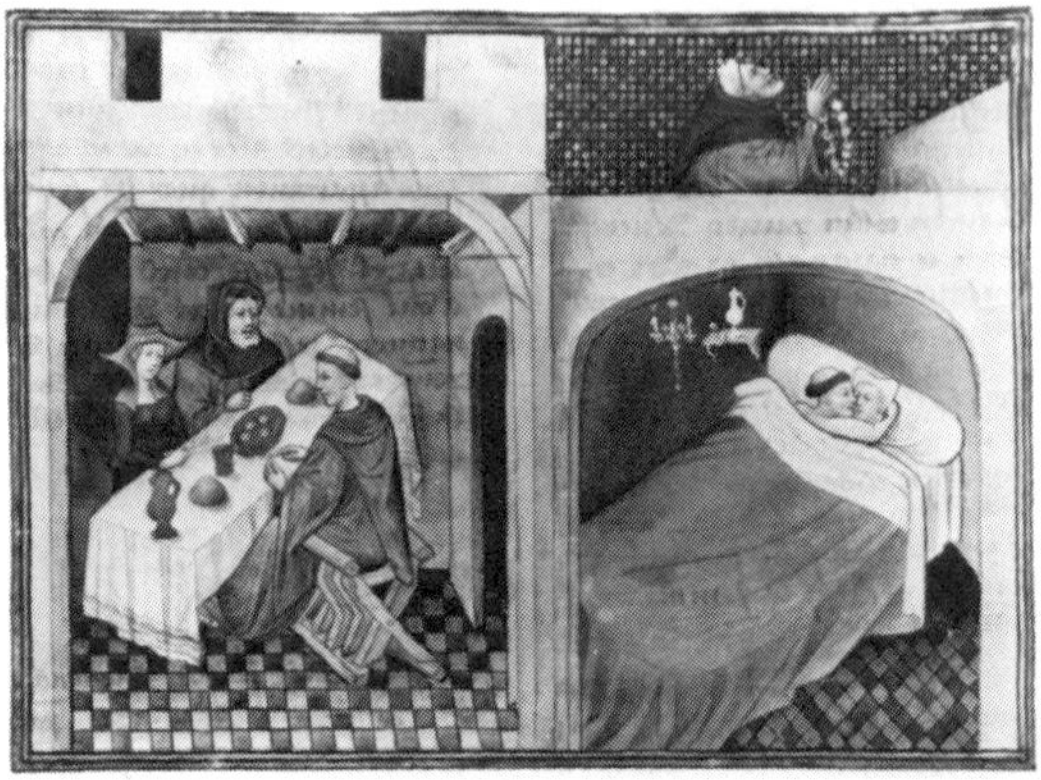

れば、ユダヤ人に金を貸して懐を肥やした逞しい守銭奴もいた。礼拝堂を穀物倉庫にし、墓地に豚小屋を造るなど、なんでも金儲けの元にしたシトー派修道士もいた。

いわゆる《シモニアsimonie》（聖職売買）によって位を手に入れた司教たちは、投じた資金をいかに回収するか、さらにはどこまで富を蓄積するかに余念がなかった。彼らを支配しているのは慢心と冷酷さであり、さもなければ怠惰と無気力、それらに加えて、淫蕩であった。そして、このような特権と富、聖俗にわたる権力は、都市の人々にも農村の人々にも、騎士階級の人たちにさえ、憎悪や羨望の念を呼び起こし、人々は、腹いせのために、数々の諷刺や悪口、誹謗を聖職者に浴びせることとなった。

しかし、そうした聖職者批判の多くは、説教師など聖職者自身から出たもので、それが教会の司教教書などに記されたものである。このことは、世俗の王侯たちの文書に残っているのと同じくらいたくさんの裁判記録が法王庁の古文書に残っていることによって立証されている。要するに、聖職者の多くは、その立場上の義務にもかかわらず、実際には、俗人と変わりのない生活を営んでいたわけである。

西欧社会の後見役

このように、聖職者たちの多くが俗人との接触によって影響を蒙り、神への奉仕において示さなければばならない《諸徳》のかなりの部分を失うにいたったのだったが、それにもかかわらず、西欧社会全体をその厳格な階層性の網目のなかに縛り、強制的に多くの儀礼と教えを遵守させたのは、聖職者たちであった。

彼らは、人々が信仰に精進するよう監視し、獲得すべき知識について調整し、さらに神の望み給う秩序に従った社会の分割を維持しようとして、そうした教育に関する権限を独占し、彼らが教える世界観に抗議してくる人々に対しては厳しく対処した。教会裁判の歴史を研究すると、このように、聖職者と俗人との立場の違いを際立たせていた《絶え間ない監視》の側面が明らかである。

教会は、聖職者ないしそう見なされた人々に対してはあらゆるケースについて、また、全キリスト教徒に対しても多くのケースについて、裁く権限をもっていた。司教や修道院長、参事会は、裁判権と布告権を有する領主として、俗人判事を任免することができたが、そうした世俗裁判の判事と、宗教裁判の判事とはもちろん違っていた。

まず、教会の裁判は、霊的・精神的権威をもって行われた。そして、犯された罪を情け容赦なく暴き立て、贖罪の裁きを経て、罪の重さに釣り合った苦痛が定められたが、それは、彼らに正当に妥当したであろう現世的・物理的苦痛とは別であった。つまり、ただ禁固や罰金といった物質的な罰とは別に、巡礼とか公衆の前での改悛といった精神的な罰が必要であるとされた。

幾つかのケースでは、法王と法王特使、そして司教は、罪人に《破門》を宣告することができた。《破門excommunication》とは、教会から追放されることであるが、それは、周囲のキリスト教徒との接触と連帯の基礎であり全てでもある《秘蹟》の祝別を奪われ社会から追放されることを意味した。

破門は、普通は個人あるいは集団を名指しして行われたが、ある地域全体について、《聖務停止》の命令が下されることもあった。いずれも、非常に重い精神的刑罰で、その個人、町、地域、国に対しては《魂の救済》という教会の全ての機能と公的祭祀、ミサも、婚礼も、懺悔も、聖体拝領も、洗礼や終油の秘蹟も停止されるのである。集団や地域について課された場合は、大部分の人はその罪に関して無関係であったとしても、罪を犯した王侯の臣下として、その地域の住民として、いっしょに、永劫の堕地獄の運命に晒されるわけである。

いうまでもなく《聖務停止令》が効力を発揮するためには、すべての聖職者が命令に従い、この苦しみが並外れて恐ろしいものであると実感されることが必要である。もしそうでなければ、有罪を宣告された君主が教会関係者に力ずくで聖務を執行させたり、処罰を解除してくれそうな人物を新しい法王に選ばせる可能性があった。

しかし、教会にとって幸いなことに、多くの場合は、破門された人は懺悔（はじめのうちは公衆の前で行ったが、のちには司祭の前でこっそりと行えばよいことになった）したのち、寄進したり断食を行ったり、巡礼を実行したりして罪を贖い、あるいは、異教徒に対する戦いとか教会堂建設を援助するとかの功績によって宥しを獲得し、この世での苦痛または死後に煉獄で受けるべき苦しみの一部あるいは全てを免除してもらった。同じ教会裁判でも、「良心の審判 for intérieur」に対して、《個人的事件 ratione personae》や《実害に関わる事件 ratione materiae》を裁くのが「俗事審判 for extérieur」である。教会の秘蹟に関するものや霊的なものに触れる罪、つまり教会財産や聖職禄に関連した遺言や誓約・約束もすべて《現実的罪》と見なされた。また、聖職者ないしそれに準ずる人に関連することはすべて《個人的事件》とされた。

したがって、都市の法廷に持ち込まれたのに、ただちに司教とその配下によって行われる法廷に送られた訴訟がいかに多かったかが容易に理解される。結婚も一つの秘蹟であり、夫婦の問題（とくに、その財産の帰属問題）は、教会の管轄であった。同様にして、姦通、嬰児殺しの大部分もそうであり、遺言状に関するもののほとんど全て、教会への遺贈を含んでいるものなら全てがそうである。

聖職や聖遺物の売買、魔術を行うこと、そして何よりも異端信仰は、キリスト教の信仰に背く重罪であった。かつてカタリ派の本拠であったラングドックにキリスト教の正統な信仰を復興し教会帝国を再興するため、という名目で十二世紀末に設立された《異端審問裁判所 tribunal de l'Inquisition》がどれほど恐ろしい光景を現じたかについては、あとで見ることにしたい。

罪を犯した場合、《神聖な場所》に逃れれば許されることもあった。しかし、そのように神聖な場を尊重させ、いかなる罪人もそこへ逃れれば世俗権による裁判を免除されるようにできたのは、キリスト教会がそれだけの力をもっている時期のことで、メロヴィング時代には、この権利はしばしば蹂躙された。

教会がその力の絶頂期にあったときは、教会堂の内部は当然のこと、その周辺の土地（まわり三十歩とか六十歩とかは「救いの環anneau de salut」と呼ばれた）や墓地、さらには、教会の主導で行われている開墾地にまで、それが拡大された。そうした村の境界線を示すために十字架が立てられたが、今も、その名残を各地に見ることができる。

今日の《免除特権immunité》のこの先祖は、さまざまな濫用を生じた。騎馬憲兵隊に追われた追い剝ぎ団が、教会の「救いの地」に逃げ込んで逮捕を免れたり、盗賊が墓地を根城にしていたため、そこに逃げ込むと司直も手出しできなかったり、免罪特権を認められた村の住民になることで処罰を免れた、といった事例が各地で生じた。

教会の土地ならどこでも避難できたわけではない。封地として保有しているのは教会であっても、世俗領主が上位の地主として、公的裁判権も持っている場合がある。したがって、避難する前に、その土地資産の質を確認して、公的裁判所が逮捕権をもっていないかどうかを確認しておく必要があった。

同じことは、封地として与えられていた《十分の一税》についてもいえるし、種々の誓約についても言える。なぜなら、誓約で神や聖人を証人として引き合いにすることは、教会裁判所の管轄につながったが、主従関係や封建関係もそのような誓約を基盤にしていたため、俗人の訴訟事件のほとんども、教会が独占するところとなったからである。

その反対に、商業が復活し、文書による証拠が必要とされるようになって以後は、多くの契約が、当事者双方の意志によって役人のもとに持ち込まれるようになる。そこでは、教会がその保証人になっていても、あらゆる偶発的な異議申し立ては、書類にサインをした人に向けられた。十二、三世紀からは、こうした役人による裁定が顕著になっている。

これらの現実的な問題とともに、個人的な訴訟事件も教会裁判所で扱われた。位の低い剃髪僧も、世俗裁判を断って、自分の財産が押収されないようにした。現行犯で捕らえられた場合も、公的裁判所は拘置はできたが、直ちに教会裁判所に引き渡さなければならなかった。もし、そうしなければ、役人たちは即刻、破門された。

ところで、聖職者の数は膨大なもので、結婚し世俗の生活をしながら、剃髪して聖職者としての特権を振り回す者もいた。そうした聖職者が西欧の成人男子人口の五ないし六％を占めていたことを想像してみよう。そのうえ、法律的には、十字軍士や学生も《準聖職者》として扱われたし、教会の保護対象であった寡婦や孤児など「哀れな人々 miserabiles personnae》も、そうであった。さらには、騎馬憲兵隊に捕まらないために、頭のてっぺんを剃っている《偽坊主》も少なくなかった。

《民の家》カテドラル

聖職身分は種々の特典によって、キリスト教社会の他の部分と完全に区別され守られていただけでなく、《良心の審判権 fors intérieurs》と《俗事審判権 fors extérieurs》の両方によって、社会の諸活動の本質的なもの

カテドラル建設風景

をコントロールした。教会がこのコントロールによって、西欧の活力をいかに巧みに利用したかを証明している事例がカテドラルや修道院その他の宗教建築の建造である。この事業のために動員された人員は何万と知れず、この常軌を逸した情熱のために費消された資金は何千万人分の収入に相当した。

　もとより、この事業の損得計算に結論を下すことは容易ではない。一方で、これらの建造物には素晴らしいものが多く、一つの独創的な文明が到達した頂点を示しており、そこで行われたさまざまな進歩を証明するものとして、今日も遺っている。しかし、他方、作業に注がれた膨大な労力に比して、その共同体が引き出した物質面の利益は、あまりにも少ないことも事実である。

　西欧世界全般では、人口二百人足らずで一つ、ハンガリーやイタリアの幾つかの地域では、百人弱で一つの教会を持っていたことになる。ヨーク、リンカーン、ノリッジという三つのイギリスの古い司教都市は、人口が併せて二万に過ぎなかったのに、教会堂は百四十を数えた。十三世紀末の西欧全体の人口は約七千万だったが、礼拝施設はほぼ三十五万を数えた。修道院は数千、カテドラルは一千近くあり、そのそれぞれに、何倍もの数の僧院があった。

しかし、大事なのは、その釣り合いである。大事な儀式では、村なり町なりの全住民（といっても、乳飲み子と若い母親、そして老人は別だが）が一堂に会することのできる広さがあった。たとえばアミアンでは市民約一万（乳飲み子などを除けば約七千）に対し、カテドラルの面積は約七七〇〇平方メートルである。トゥールーズやケルン、ましてヴェネツィア、フィレンツェ、ローマといった古い都市では、その中心地にたくさんの中世以来の教会堂が林立している。

建物の高さも、信じがたいほどである。セヴィーリャのカテドラルの塔の先端にある楔石は、地上五十六メートルにある。ボーヴェのカテドラルの内陣の屋根は、高さが四十八メートル、ストラスブールのカテドラルの塔は百四十二メートル、ボーヴェの塔にいたっては、崩壊してしまったが、百五十三メートルを超えていた。

キリスト教会は、なぜ、どのようにして、かくも巨大な努力へ人々を駆り立てることができたのか？　それが人々の日常生活に及ぼした影響は、どのようなものだったのだろうか？

崇拝する神に捧げられた神殿が、貴重な材質を使い、先端技術を進歩させ、そこに、その文明の最も美しいもの、最も高貴なものを実現している事例は、世界各地に見られる。エジプトのアブ＝シンベル、ギリシアのパルテノン、ユカタン半島のチチェン＝イツァ、カンボジアのアンコール・ワットなどがそれである。しかし、それらと西欧のキリスト教建築との間には、根本的な違いがある。

西欧の教会堂やカテドラルは、神に仕える祭司だけでなく、信徒たちも内部に入り、聖人たちの聖所に近づくことができるように造られた。「神の家」は、同時に「民の家」になっていた。あらゆる人がそこで祈るだけでなく、歩き回り、食べ、眠りさえした。犬も連れていくし、世俗的なことで議論もした。都市の同業組合やコミューンの集会も、カテドラルを使って行われた。

日曜日や守護聖人の例年祭には、近郷近在の住民の大多数が仕事を休んで集まってきた。祭壇には守護聖人にまつわる聖遺物が祀られ、最大限に美しく威厳に満ちた儀式、宗教上のスペクタクルが繰り広げられた。そこで演じられた宗教劇、民衆による準典礼〔訳注・公式典礼に従わない大衆の儀式〕が発展して、クリスマスやキリストの受難に関わる祭典において幾日にもわたって行われた《聖史劇 Mystères》になったのである。

その教会が、キリスト教世界あげての巡礼地、たとえばサン・ティアゴ・デ・コンポステラとかローマ、エルサレムへの道筋にある場合は、年中、巡礼の群で賑わった。そうした通路から外れている場合は、巡礼の道から逸れて遠回りさせてでも引き寄せようと、さまざまな工夫が行われた。そこに、物見遊山的要素が入り込んでいったことはいうまでもない。フィレンツェが賑わいを見せるようになったのは、ローマへの巡礼者たちを引き寄せることに成功したからであった。

西欧が人口面でも経済力の面でも発展したとき、偉大な精神面の昂揚があり、それによってカテドラルの建設が可能となったのであったが、それとともに忘れてならないのが、動員された資金の豊富さと使い方の多様性である。

金持ちたちは、鷹揚に寄進した。それは、彼らの儲けたカネが教会法の規定の枠をはみ出していたので魂の救いを得るためでもあったが、同時に、近隣の都市よりもっと美しく、もっと大きいものを造りたい！という競争心が働いたからであり、さらには、この建物に惹きつけられてやってくる来訪者たちが更に賑わいをもたらしてくれるからであった。シャルトルの同業組合は、自分たちが寄進した回廊のステンド・ガラスに、訪れた人々の眼に飛び込みやすいよう、できるだけ低い位置に組合の印や標識を入れることによって、巧く宣伝に利用している。

貧しい人々や、あまり豊かでない人たちも寄進しているが、これは、御利益を願ってであるとともに、競争心からである。カテドラルの参事会員や建設推進委員たちは、この事業を成功させるため、自らも寄進するとともに、司教区内だけでなく西欧各地を巡回して、この教会建設のために寄進して金銭面で貢献すれば教会堂の床の敷石の下とか、なるべく聖遺物に近い場所に埋葬してもらえるし、罪を赦される、などと宣伝して、資金集めに奔走した。

それでも、パリのような大都市は別にして、建設にかかる巨大な資金を調達することは容易ではなかった。カテドラルの多くは、建設に何世代もかかったし、シエナやボーヴェ、トゥールーズ、ケルンのように、とくに十四世紀の全般的衰退に呑み込まれて未完成のままに終わったものもあり、当初の計画どおりに完成したのは僅かであった。

建設に関連して、科学的とまではいかないまでも幾つかの技術的進歩が実現された。しかし、細かく見ると、地域差がある。メロヴィング時代とカロリング時代には、ローマ時代の技術が生き残っており、信頼できる建物が建てられた。これは西ゴート族支配下のイスパニアや、ラヴェンナなどビザンティンの治下にあったイタリアでも同様で、これが《ロマネスク建築》である。その後、フランス北部やオットー朝のドイツ西部、もっと限定していえばライン地方で、新しい技術によって、水平方向よりも垂直方向に伸びる建造物、いわゆる《ゴシック建築》が現れていく。

いずれにせよ、基礎を掘り下げたり、石を運ぶことなどは、専門技術のない人々の労働によって間に合ったが、石の裁断と積み上げ、モルタル作り、漆喰塗りなどは、石切り工とか石工、モルタル工、漆喰職人といった高度な技術労働者によらなければならなかった。最もよく使われた道具は、鏝《こて》と水準器、下げ振り、鋸、鑿《のみ》などである。

煉瓦造りの教会堂であっても、たとえば《オジーヴ ogives》〔訳注・丸天井の曲面が交わる頂点部分〕や、まして彫像を作るには、石を巧みに裁断する技術が欠かせない。また、壁と壁とをしっかり嚙み合わせるためには筋交いが必要で、それは、鍛鉄の技術の改良があってこそ実現したのだった。筋交いは壁の内部で石と石を固定するためにも使われ、壁そのものの強度を高めた。パリのサント・シャペルは、そのよい例である。

地面から一挙に何十メートルもの高さに聳え立つ壁（より正確にいえば列柱）の上に丸天井を迫り上げることは、十二世紀の発明である《飛び梁 arc-boute》によって可能となった。それとともに、柱と柱の間の壁をなくし、その代わりに、大きな窓を開けてステンド・ガラスを設置できるようになった。

丸天井自体は、中世が独自に発明したものではない。ビザンティンでは、円形面から多角形の面へ下降する部分を三角形の《入隅迫持ち trompe》または《穹隅《きゅうぐう》 pendentif》で接続した丸天井がたくさんある。これは《筒型穹窿 voûte en berceau》や《尖頭アーチ arc brisé》、《交差アーチ voûte d'arête》についても同様である。肋《リブ》と梁との間に交差リブを用いることによって《交差アーチ》が強化されたことは、たしかに一つの《進歩》ではあるが、《革新》とまではいえない。ただし、とくに《オジーヴ》の完成により、多様なゴシックの穹窿が生まれたこと、そして、不燃性の材質を用いることで以前の建物より長持ちするようになったことは指摘しておくべきだろう。

事実、これらの丸天井には、古代に知られていたよりずっと念入りに造られた屋根がのせられ、雨風に耐えるものとなる。ローマ時代の瓦は重すぎて、屋根を急傾斜にすることができなかったが、中世には、スレートや小さい瓦、あるいは鉛の板で覆うことで可能となった。また、有名な《ガーゴイル gargouilles》〔訳注・怪獣を象り庇から迫り出した排水口〕の発明のおかげで、壁の基部が雨による侵食から守られるようになった。

ほかにも、建築概念や装飾の面で幾つかの革新が行われた。たとえば、古代建築の装飾によく用いられたモザイク画は、十世紀ごろまでは、ヨーロッパ全般に見られたが、その後はビザンティンと関係があったイタリアの幾つかの都市以外では姿を消し、代わって漆喰に絵具を染み込ませた《フレスコ画》がロマネスク建築の壁や天井を飾るようになる。

しかし、それよりさらに時代がくだると、彫刻が装飾の主役になる。イタリアやドイツでは、ブロンズの像が多い。その代表としては、ヴェローナのサン・ゼノーネ教会とかマインツの幾つかの教会の玄関、ヒルデスハイムのサン・ミカエル教会の門の装飾、そして、ノヴゴロドの例がある。ノヴゴロドのそれは、ドイツのマグデブルクで制作されたものである。

とはいえ、彫刻の素材で主役を務めたのは、やはり石である。彫像用の石は採石場で特別に選ばれ、愛情をこめて裁断された。その理由は、運賃が非常に高くついたからで、すでに彫刻まで仕上げたものを二輪荷車で建設現場に運んで、彫り込みをつけておいたまわりの石のなかに填め込めばよいようにしたのだった。

そうした石の彫像で際立っている例として、モワサックなどのクリュニー派修道院付属聖堂やトゥールーズのラ・ドラード、オータン、ヴェズレー、コンク、ボーリュー、カルナクなどのポーチがある。これらの教会は、彫刻を施したティンパヌム、上枠、窓間壁、入り口の垂直柱、アーチでも有名である。また、回廊の列柱の柱頭には、さまざまな生物の姿が刻まれている。

ゴシック建築には、力強い彫刻柱がたくさん用いられており、また、そのファサードと側面のポーチは、さまざまな主題の図柄で覆われている。フランボワイアン・ゴシックでは、さらに装飾の彫刻で溢れんばかりになるが、次第に、建築と一体になった彫刻よりも、あとから付け加えられたものになっていく。

ゴシック建築のすぐれて独創的な特徴の第二は、《飛び梁》で支えられた柱の間に大きなステンド・ガラスを用いていることにある。いわゆる彩色ガラスはカロリング時代にも知られていたが、当時の建築は、ステンド・ガラスを装飾要素とするには開口部があまりにも小さかったため、それほど大きな比重を占めなかった。

ステンド・ガラスの製法と彩色法は、十二世紀には、すでに完成されており、ドイツの修道士のテオフィルスが詳しく記している。まず、下絵にしたがってカットした色々な板ガラスに《グリザイユ》と呼ばれる黒褐色の釉薬を焼き付けて細部の線や陰影を描き込み、焼き付け法によって色を固定する。それから、それらの断片を鉛で接合し、鉄枠のなかに塡め込んで完成するのであるが、彩色ガラスは、かなりの厚みがあり、泡を含んでいる。しかも、色をつけるために混ぜる鉱物質にむらがあるため、光線の回折と色の干渉によって、ただならぬ色合いが出るのである。

こうした技術革新にともなって、カテドラルの構造と装飾全体を貫く構想といったものが採り入れられたわけであるが、建築家たちは、自分に託された作品をどのように実現するかについて、細かく予見できるだけの教養と知識をもっていただろうか？　彼らの計画は、建築主である教会参事会によって調整され修正されたのだろうか？

第一の点については、確かな答えはできない。私たちが中世の建築家で知ることができるのは、二人についてだけである。一人は覚書きのノートを遺してくれた十三世紀のヴィラール・ド・オンヌクールであり、もう一人は、一種の『提要manuel』を書いた十五世紀のレーゲンスブルクのロリツァーである。（レオン・バティスタ・アルベルティやピエロ・デッラ・フランチェスカもいるが、彼らの視点は、中世的というより近代的なので、ここでは擱いておく。）

ヴィラールは、自分の興味を惹き、建築の仕事に役立ちそうなことは、なんでも書き留めた。教会堂の建設と装飾に応用できそうなたくさんの動物や人物を写生し、また、宗教上の場面（そのなかには、実際に観察したものもあれば、想像力の産物もある）を粗描している。さらに、このノートには、種々の機械に関わる問題や、「三角法」など実地の測量に関連した問題の解き方も含まれている。これに、彼が研究したり建てたりしたさまざまな教会堂の平面図や立体図が加われば、彼の観察はすべてにわたっていたと認めなければならない。

それに加えて、十三世紀のストラスブールの大聖堂の設計図も何枚か見つかっている。これによって、この建築プロジェクトの細部が明らかになっており、実物を調べた結果、そのとおりに作業が進められたことも分かっている。アーヘンの宮廷礼拝堂やサン・ドニ修道院の礼拝堂、ドイツのマリア・ラーハ修道院、イングランドのカンタベリー聖堂についても、同じことがいえる。

装飾、とくに彫刻とステンド・ガラスについても、どのようなものにするかは、厳格に計画され規定されていた。その位置やテーマも、彫刻職人の気紛れによったり、ステンド・ガラスの寄進者の興味や利益を考えて決められたのではなく、参事会や修道院長、司教の指示にしたがって建築家が決めた。そうした指示は非常に明確で、エミール・マールは、今日も遺っている建築物のステンド・ガラスや彫刻の大部分は、聖職者の指示によって制作されたことを明らかにしている。

サン・ドニ修道院のステンド・ガラスも、すべて院長のシュジェが自ら選んだテーマによるもので、事実、彼は、それらが象徴する意味を自分で碑文に書いている。トロワのタペストリーやイタリアのフレスコ画の多くは、制作に先立って芸術家たちと交わされた契約書に、細かくその内容が記されている。これは、古くから決められていた伝統的原則で、すでに七八七年のニカイア宗教会議で

「宗教上の図像の構図は、芸術家の着想に任せるのではなく、カトリック教会と宗教的伝統によって認められた原則によらなければならない。芸術家に属するのはただ技法であり、構図は教父たちに属する」

と明言されている。

このように、ゴシックのカテドラルは、ローマ・カトリック教会が抱いていた世界観を映し出しており、いうなれば、文字を読めない人々にも読めるようにした《聖書》であった。庶民たちは、教会堂の細部を丹念に見ることによって、聖書の内容を学ぶことができたのである。しかも、カテドラルは、C・ハイツが明らかにしたように、その全体がキリスト教の神に捧げられた典礼儀式の場であるとともに、E・パノフス

キーが暗示したように、その装飾は、キリスト教徒が守るべき信仰とスコラ哲学を拠り所とした知識を表示している。

西欧人の生活においてカテドラルがもっていた根底的重要性を指摘した文章として、つぎのエミール・マールの一節は不滅の輝きをもっている。

「カテドラルは、遠くから見ると、その翼廊といい、尖塔や鐘楼といい、今まさに長旅に出ようとしている力強い船さながらである。この逞しい船には、その都市の市民全員が乗り込むことができる。近づいて見ると、わたしたちは、まずポーチでキリストに会う。それは、この世に生まれてきた全ての人間が彼に会うことをあらわしている。彼は、人生の謎を解いてくれる鍵であり、彼のまわりには、わたしたちが抱く全ての疑問への答えが書かれており、そこには、広漠たる宇宙の物語と並んで、わたしたち自身についての物語が現れている。

カテドラルの内側に入ると、遙か高く伸びる偉大な垂直線が、あたかも一つの秘蹟のように魂に働きかけてくる。わたしたちは、ここでもまた、一つの世界のイメージを見出す。カテドラルは、平野や森のように、その独特の匂いと光、明暗、陰影をもっている。その大きな薔薇窓は、太陽そのもののように見える。そして、わたしたちは、すでに未来の都市、天上のエルサレムにいることを感じる。そこには、深い静謐がある。

中世の人々にとってカテドラルは、神の啓示の全体であった。言葉、音楽、聖史劇の生き生きしたドラマ、彫像たちが演じる永遠のドラマ、そうした芸術の全てがここで一体化している。社会階級や職業のなかに閉じ込められ、日々の労働と生活によってバラバラに分解され、粉々に砕かれた人間が、本来の統一体としての感覚を、ここで回復し、均衡と調和を見出すのである。大きな祭礼に集まった群衆のみんなが、生きている一つの統一体であることを感じる。信徒は人類であり、カテドラルの建物は世界であり、この人間と万物とを神の霊が満たしているのであった。」

学問と教育

カテドラルも修道院も、あるいは、もっと小さい小教区の教会も、ただ、その図像によって文字を読めない人々を教育しただけではなかった。キリスト教会は、八百年以上にわたって文化と教育の専売権をもち、西欧世界を霊的と同時に知的側面でも指導する権限を維持し、そのための強力な手段を保持した。

ローマ帝政末期、打ち立てられたばかりのキリスト教会は、聖書を納得できるように説明するため、文法・修辞学・論理学の《初等三学科 trivium》と算術・幾何・音楽・天文学の《四学科 quadrivium》の、いわゆる『自由学芸 artes liberales』、さらには、地理学・動物学・医学・植物学・鉱物学といった自然科学から歴史まで利用しようと試みた。

これは、聖アウグスティヌスがその『キリスト教要理 De Doctrina christiana』で述べているもので、しかも、この書は、中世を通じて最もよく読まれた著作の一つであり、この考えはキリスト教文化の基本的憲章となったのであった。

しかしながら、ゲルマン人たちが勝利したことによって、《ローマ世界Romania》に持ち込まれたのは、貴族階級である戦士たちと農民たちの社会であった。彼らは教養がなく、唯一の文化的伝承といえば、力と栄誉と成功を褒めちぎった叙事詩や歌だけだった。キリスト教化されても、ゲルマンの若者たちが受けた教育は、競走と競泳、狩りと格闘といった肉体の鍛錬、それに辛うじて、「賢明Prudence」「正義Justice」「勇気Courage」「克己Maître de soi」などのストア的原理に基づいた道徳観の錬磨であった。

古代の学校はまだ無くなってはおらず、六世紀初めのカッシオドルスや六世紀末のグレゴリウス大法王も、そこで教育を受けたのだったが、衰退の道を辿っていたことは間違いない。いずれにしても、古代の学校は、人々の求めるものには合わなくなっていた。

《聖性sainteté》に憧憬を抱き、修道士になることを夢見た子供たちは、六歳とか七歳で《修道院学校》に入り、まず聖書の物語の抜粋とか格言集を暗誦することから始め、その後、読み書きを教わった。

この《修道院学校》と並行して《小教区学校》が作られ、ここには、俗人の若者たちが通って、司祭の指導のもとで学んだ。そうした若者たちは、原則としては、やがては司祭になるはずだったが、大多数の若者たちは結婚して、聖職の道から去っていった。

同じようにして、アルルのカエサリウスにより南フランスで、あるいは西ゴート族支配下のイスパニアで、《司教座学校》が作られた。ここでは、寄宿制が採用され、聖職者を志望する若者たちが十八歳になるまで教育を受けた。十八歳になると、聖職の道に進むかどうかを自分で決めた。

最後に、司祭の説教自体が民衆教育であり、教義の基本的な箇条を理解できるようになされるのでなくてはならなかった。

当時の子供たちの勉学生活の様子は、聖バシレオスや聖ベネディクトゥスの『規則』、聖ヒエロニムスの書簡などに窺うことができる。そこでは、子供たちが、よく食べ、よく眠り、暖かに生活できるよう、配慮されていた。叱るよりも褒めることによって、長所を伸ばすこと、競争心を刺激することを心がけ、鞭を振るうことは滅多になかった。したがって、子供をいじけさせないことが重視されたが、思春期を迎えた子供たちには、「女性の美しさに心を奪われることがないよう」監視が強められた。というのは、相手が異性であれ同性であれ、性欲を自制できることが大事だったからである。

『詩篇』の暗誦は、全員に義務づけられた。それから、低い声で、あるいは、唇を動かさないで読む訓練が行われる。テキストの内容を理解するためである。

それにもかかわらず、カロリング時代に身を置いてみると、一方で、古代の学校教育は、その内容は完全には失われていないにしても、その姿形は消滅している。他方で、宗教的より道徳的教育を受けている俗人は、貴族の若者だけになっている。結局、ラテン文化と教育の専売権は、聖職者に握られたのである。

シャルルマーニュとルートヴィヒ敬虔帝は、小教区学校に対し、俗人子弟を無償で受け容れるべきこと、ザンクト・ガレンなどの幾つかのベネディクト派修道院に対しては、貴族の子弟のための世俗学校を維持するよう要請している。こうした学校では、読み書きと歌、そして、もし可能なら、ローマ時代以来の《三学科》と《四学科》が教えられた。しかし、これらの頂点に立ったのは、もはや哲学でなく神学であった。

修道院の図書館には、アイルランドやイタリアの写字生のおかげで消失を免れた古代のさまざまな著作が並んでいた。それらは、それぞれの図書館で更に書写されたし、借り出した人々も、多くは書写した。アルクインやラバヌス・マウルス、エギナルドゥスといった傑出した知性人たちは、そうした著作によって教養を培っている。

だが、この《カロリング・ルネサンス》は、ノルマン人やサラセン人、ハンガリー人による九、十世紀の《蛮族侵入》によって打ち砕かれる。この時代、とくに豊かな富を貯えていたのが修道院であったから、彼らは修道院を狙い打ちに襲撃し、金銀財宝を奪ったあとは、その蔵書とともに焼き払ってしまったからである。

写本製作に励む修道士

そのうえ、ベネディクト派修道院は、八一七年以後、平民たちに対し門を閉ざしてしまい、その後も幼いエリートたちにラテン語文法を基礎とした教育を施したのは、イングランドではカンタベリー、ヨーク、ウィンチェスター、フランスではゲルベルトゥス（のちの法王シルヴェストル二世）がいたランス、フルベルトゥスのいたシャルトル、アッボがいたフルーリィ、ドイツではレーゲンスブルク、ザンクト・ガレンといった幾つかの中心だけとなる。

なかでも重要な役割を果たしたのはドイツで、これには《オットー朝ルネサンス》の反映が見られ、それは十一世紀半ばまで続いた。十二世紀の教会指導者や知識人の大部分は、これらの修道院学校や司教座学校で薫陶され、また、長じては、そこで教鞭を執った人々である。

大学の誕生

このころ、すでにパリは、ノートル・ダム、サン・ヴィクトール、サン・ジェルマン・デプレ、サン・モール、そしてサント・ジュヌヴィエーヴの丘の僧院などによって、教育の面で国際的な名声を確立していた。十二世紀末には、このように分散していた教師や生徒たちが集まって、一つの《教育センター》が形成される。彼らはすべて聖職者であり、したがってキリスト教会に所属していたが、教えることとそれを聴くことだけが彼らの活動であり、俸給を得たり種々の権利を保つための基盤であった。そこで、これを不可侵のものとするために、彼らは、一つの《ユニヴェルシテuniversité》〔訳注・これは、もともと「集団」とか「組合」を指した〕と呼ばれるものを作って結束した。こうして誕生したのが『大学』である。

このようにして、十二世紀から十三世紀にかけての何十年かの間に、ボローニャ、サレルノ、パリ、オックスフォード、ケンブリッジ、ナポリ、トゥールーズ、サラマンカ、ローマの各大学が相次いで誕生した。さらに、十四世紀後半までの間に、プラハ、ハイデルベルク、ウィーンなどの各大学が続く。

これらの大学は、法王によって設立されたものや、法王の同意のもと君主によって設立されたものといった若干の相違はあるが、三つの共通した基本的特権をもっている。

まず第一は、司教区とか大修道院の裁判権に縛られることなく、法王直接の裁判を求めることができたこと、第二に、世俗権力からも自由で、自前の警察と法規をもっていたこと、そして最後に、自主管理によって教員を選び、学位を授与する独占権をもち、ストライキを行うこともできたこと、である。

とはいえ、そこには法王庁の影響力が非常に強く浸透していたから、教授組合は、法王に対して最も忠実な人々、つまり、ドミニコ会士とフランシスコ会士によって構成された。

こうして、西欧のさまざまな都市に自律的な小さな飛び地が生まれたのだったが、それらは、神学・教会法・医学・文芸といった学部に分かれており、学生たちもまた、言葉や出身地によって「ナシオン nation」〔同郷団〕と呼ばれる幾つかのグループに分かれていた。

ところで、各地から集まってきた彼らの住居事情は、どの

講義風景　屋内―ドイツ（上）
野外―オックスフォード（下）

ようであったろうか？　故郷の両親が金持ちである場合は、一部屋とか続き部屋のアパートや、ときには一軒家に住み、本などを持ち運んでくれる召使いを付けてもらっている学生さえいた。しかし、大部分の学生は貧しく、出費を節約するために賃貸しの下宿部屋に身を寄せ合って生活していた。そうしたグループのまとめ役として、「プランシパル principal」と呼ばれる借家人代表がいた。

そうしたなかで、裕福で気前のよい人々により、《学寮 collège》が次第に設立されていった。とくに有名なのが神学博士をめざす文学士たちのためにロベール・ソルボンによってパリに設立された学寮、いわゆる《ソルボンヌ Sorbonne》である。その後も、パリでは、ノルマン人学生のための《アルクール Harcourt 学寮》とか南仏人のための《ナヴァール Navarre 学寮》などが作られていった。

ケンブリッジは、まだ幾つかのカレッジが点在しているだけの町で、そのなかに、宿所や食い物屋、図書館、教師の住まいがあった。

いずれの大学でも、講義は教授の家などの屋内で行われるのが普通だったが、狭くて照明もよくなかったので、とくに聴講生が多い場合とか、教師が学生を集めるのに力を入れたときは、屋外で行われた。のちにレーゲンスブルクの司教となったドイツ人、ドミニコ会士のアルベルトゥス・マグヌスは、一時期、パリで教えたことがあり、その名前が「モベール Maubert 広場」として残っている。「Maubert」とは「magister Albertus（アルベルトゥス先生）」または「magnus Albertus（偉大なアルベルトゥス）」が略されたものといわれている。

冬、地べたに坐るには寒すぎるときは、麦藁を敷いた。パリの《カルティエ・ラタン》に今も残る「フアール街 la rue de Fouarre」の名は、麦藁を表す古語「feurre, fouarre」から来ている。ダンテはシジェ・ド・

ブラバン〔訳註・アヴェロエス説の信奉者〕を謳った詩（「神曲」天国篇第十歌）のなかで、この街区の名前をイタリア語に訳し、「vico degli strami」と書いている。教師は壇の上に登り、書見台に置いたテキストを読みながら説明・講義し、それを学生たちは、地べたに坐って聴き、ノートを取った。

学部の全体集会は、たとえばパリのシトー会のような大修道院の参事会室で行われた。学部毎に別々の組合組織になっていたが、なんといっても最も大きいのは《古典》を教え、他の学部へ進む準備段階であった《文芸学部 faculté des arts》であった。

一二四五年、パリでは、フランス人・ピカルディ人・ノルマンディ人・イングランド人の四つの《ナシオン》それぞれの長が選出された。これが「学区長 recteur」で、のちには、この「学区長」が文芸学部を除く三学部の問題も処理するようになる。

大学で授与された学位は、今日のそれとほとんど違いはない。《大学入学資格 bachelier》〔いまも「バカロレア」として遺っている〕、《教師 maître》、《博士 docteur》で、学生たちに教えるには《教授資格 licencia docendi》が必要であった。

学生は、文芸学部を修了すると、なるべく高収入の就職口に恵まれている学問のほうに進もうとした。その点では、神学よりも法律や医学に人気が集まった。学生の多くは真面目で勤勉で、堅実に過ごした。最も成績のよい学生には奨学金が出た。貧しい学生たちは授業で取ったノートの写しを作り、それを金持ちの学生たちに売ったり、水運びなどのアルバイトで稼いだ。

勉強は、灯りが不足していたので、原則として昼間に限られていたが、それだけに夏などは朝早くから始まった。聖ルイ王が、夜明け前のパリの町を散歩していて、窓から捨てられた《おまる orinal》の中身を頭から浴びせられた。犯人は、早朝から起きていた勉強熱心な学生で、下を通っている人がいるとは気づかないでやったのだと判り、王はその勉強熱心を称え、補助金を与えることにした、というエピソードは有名である。

いうまでもなく、プレ・オ・クレエル〔訳注・当時は歓楽街で、名前は今も残っている〕で騒ぎ回り、まじめに勉強している学生を馬鹿にしたり、ロベール・ド・ソルボンが言う「論理学の規則よりサイコロの規則が得意」で、裁判沙汰を繰り返している者もいたし、《バゾッシュ basoche》〔訳注・「司法団」の意で、法律を学ぶ学生のこと〕のなかには、公的権力から庇護してくれている免除特権を笠に着てサン・ジェルマン・デプレの百姓だの警官だの、相手かまわず喧嘩をふっかける、鼻つまみもいた。

フィリップ・オーギュスト王は「奴らは騎士たちより勇敢じゃわい」と、次のように言っている。「鎖帷子を着るでもなく、剃った頭に兜をかぶるでもなく、ナイフを振りかざして、平気で乱戦のなかに飛び込んでいくとはな。」

彼らは、聖職者でありながら、純潔の誓いや、いかなる形の禁欲も、平気で無視した。どんちゃん騒ぎの宴会をくり返し（なにかの資格を得ると、教師や仲間に振舞うのが慣わしだった）、居酒屋へは勤勉に出入りし、ならず者や淫売婦となじみになっている者もいた。

十二世紀の大学創設の当初から、《ゴリアール Goliards》（放浪学生）は、西欧じゅうどこでも見られた。彼らは「暴飲暴食の徒 goinfres」であるとともに「口舌の輩 gueule」である。体制には反抗的で、貧しく、住む家も定まった収入もなく、気に入った教師にくっついて（あるいは、求めて）大学から大学へと渡り歩く放浪者である。遊びと酒と女を謳歌する一方、自分が属している僧職の階級社会をしつこく告発する。農民を「無学で不作法な田舎者」と愚弄し、貴族については「徳は生まれでは買えない」と悪態をつく。傭兵の荒くれ者を嘲って、「あいつらは女を優しく愛することができない。それができるのは俺たち聖職者さ。そのことは御婦人がたがご存じよ」とうそぶいた。

しかし、とりわけ教会当局者たちに対して辛辣で、「聖職売買の欲ぼけ」と罵り、修道上については「淫蕩で怠け者のくせに、うまいものには目がない」とけなす。自然の快楽を頑なに拒絶している宗教家に対しても、手加減はしない。法王は何でも貪り食らうライオンであり、それに較べると司教連中は子牛並みだが、これがまた、羊たち（一般信者）の草を横取りする強欲者だ。副司教は大山猫で、その鋭い目で、いかなる獲物も逃さない。主席司祭は宗教裁判の判事たちが張り巡らしている網にかよわい獲物を追い込む猟犬だ――と。

十三世紀には、各大学とも固定化するので、こうした《放浪学生》は次第に姿を消すが、彼らの自由奔放な生き方や反抗的態度は、幾世紀にもわたって大学生の特性として受け継がれていく。

全般的に、大学の基本的仕組は、スコラ学の開花、つまりアルベルトゥス・マグヌスやトマス・アクィナスらによるアリストテレス学説のキリスト教的解釈と相携えて出来上がっていったのであるが、それだけでなく、教会のコントロールのもとでの西欧キリスト教世界の統合と連動していた。

世俗領主たちの世界を生き生きしたものにした知的水流は細くなっていたが、かといってブルジョワと俗人の学校がそれに取って代わるまでにはなっていない。そのなかで、西欧社会全体の針路確定をめざしたのがキリスト教会で、大学は、教会のこの幅広い動きのなかに位置づけられる。しかしながら、このコントロールは、はたして全てにわたったのか？　この《大学》という存在は、《神聖教会Sainte Eglise》の懐のなかでの統一性を危うくしたのではないだろうか？　という疑問は残る。

異端運動

ところで、秩序への反抗は、その秩序の保証人であるローマ・カトリック教会への反抗になる。その報いは、間違いなく《破門》である。それを避けるために考え出されたのが、教義は尊重するが伝統的ヒエラルキーは尊重しないとか、少なくとも教義レベルでは目新しくはないが、明確に異なる一つの異端を採用することによって、教会分裂を惹き起こすことであった。

西欧は、一〇五四年のビザンティン東方教会との決定的分離だけでなく、それ以前にも幾つもの分裂〔訳注・ネストリウス派やアリウス派とのそれ〕を経てきていたし、その後も、たとえば一三七八年から一四一七年の時期、西欧を二分、三分した《大分裂》と二つの《異端運動》の激発を経験する。十四世紀のこの《分裂》は、コンスタンツ宗教会議によって和解が図られ、再びそのようなことが起きないよう決議がなされたが、そこで実現された統一は、脆く地域的なもので、一四三九年から一四四九年に再び《分裂》が生じている。

中世盛期に噴出した異端は二つある。一つは、十二世紀から十三世紀にわたって北イタリアで起きた《パタリーノ派Patarins》とそれに続くフランスの《ワルドー派Vaudois》と《カタリ派Cathares》の運動であり、もう一つは、英国でウィクリフを信奉する《ロラード派Lollards》の運動とチェコの《フス派Hussites》の運動で、特に後者はルターやカルヴァンによる《宗教改革》の遠い先駆となった。

したがって、異端は日常生活に属するものではないが、それが内包する危険性は大きく、キリスト教会は、これが息を吹き返すことがないよう、絶え間ない戦いにエネルギーを注いだ。にもかかわらず、異端の幾つかは、たちまち息を吹き返した。したがって、これらの異端の幾つかを概観しておくのも無駄ではない。

たとえば《カタリ派》は、東方に起源をもつ初歩的二元論に教義の基本を置いたもので、ブルガリアの《ボゴミール運動》と接触した商人や十字軍士たちによってもたらされ、ドイツの一部、北イタリア、プロヴァンス、ローヌ河からアルビにいたる南フランス、南西部のトゥールーズとフォアに広がった。

その淵源については議論があるものの、教義と慣習についてはおおよそのことが分かっている。その根底にあるのは、世界は相克する善悪二つの原理の餌食であるという考え方であり、悪が支配する世界にあって人間がこれに逆らうことは不可能であるから、人間に悪行の責任を問うことはできない、と説く。

こうした《カタリ派》の教義は、ローマ教会がキリスト教徒たちの上に押しつけていた重苦しい

要塞化したアルビの教会

恐怖やタブーを打ち払うもので、彼らはイエスと福音書だけを重んじ、十字架像も秘蹟も、礼拝も教会も、旧約聖書も軽視する傾向を秘めていた。いずれにせよ彼らが志向したのは、束縛から解放された、自由で、多分、のびのびとした楽しい生き方であった。

だからといって、男女が結婚し、あるいは継続的に一緒になって、子供を生み、育てる生き方を拒否したとか、《告解》を拒絶したわけではなかったが、なかには、サタンと戦い、善なる神、光と聖霊のために仕えて物質と闇に抵抗しなければならないといった議論をつきつめるなかで、来世への信念から純潔と清貧、禁欲を守り、肉食を禁じ、魚を食べることも避け、厳格なヴェジタリアンとして生きようとする動きが出てきた。とりわけ、嘘をつくことを卑しみ、宣誓することを禁じ、カタリ派共同体を大事にし、水や火など、いかなる手段による死も恐れない《完徳 Parfait》に達することを理想とし、これ自体が秘義化して既に達している人から《按手の礼》を受けることによって《完徳の人》になれるとされるようになった。《完徳》を達していない人も死の間際に按手の礼を受けることによって、魂の救いを保証されると信じられた。

この《カタリ派》の信仰は、あっという間に広がった。この運動に、社会的な意味で革命的な要素があったとは考えにくいが、西欧世界に亀裂を生じる可能性はあった。この運動が荒々しい攻撃を受けた理由は、ここにあった。

これに較べると、十五世紀に現れた異端は、いわば、イングランドのウィクリフやチェコのヤン・フスといった人々の弟子たちによって発展したものだが、内容的には、ずっとカトリックの教義に近い。ただ後者のなかでも《タボール派 Taborites》（急進フス派）は、煉獄と「聖体拝領におけるキリストの現前」というカトリックの教義を否定したし、《アダム派 Adamites》は、この世の終わりと聖霊による統治に備えるため、教会や村といった社会的枠組も書物も捨てるべきだとまで主張したから、これらは、正真正銘の革命的運動であったといえる。

キリスト教会は、こうした種々の異端に対し、あらゆる手段を用いて対応した。王侯貴族は軍事的遠征を組織し、法王、たとえば十三世紀初めのイノケンティウス三世などは、信徒たちをがっちり枠にはめるため、聖職者教育に力を注いだ。法王からすると、大学は聖職者に神学知識を打ち込むために創設されたものであり、托鉢修道会は説教によって正しい信仰を民衆に広めるためのものであるから、《キリストの新しい軍勢》として、平和的手法によってだが、かつての騎士たちの跡を継いで、深いところから一つの変革を起こすものでなくてはならなかった。

これは、息の長い作業であり、すぐに全面的に達成できることではない。そこで、十二世紀初めに登場したのが有名な《異端審問 Inquisition》で、これが強力な手段を行使した。——異端とその共犯者たちはキリスト教社会を破壊しようとする敵であるから、厳しく探索され、司教によって有罪を宣せられ、世俗君主によって火あぶりに処せられるべきである。彼らと、その公然たる友人たちは、財産を取り上げられ、最後の瞬間に前言を撤回したとしても、終身、牢獄に幽閉されねばならない——とされた。

しかし、司教たちは、こうした規定をそのとおり実行することにためらいを見せたので、法王は一二三二年、尋問をドミニコ会士に委ねた。そこで、ドミニコ会士たちは、正規の組織とは別に《異端審問所》を設け、一二五二年以後は、容疑者から自白を引き出すために拷問にかける権限を手に入れた。こうして、この恐ろしい《信仰の擁護者》たちは、「魔女」とか「魔術師」という容疑を懸けられた人々を片っ端から捕らえて責め立てた。

とくにイスパニアでは、キリスト教世界のなかに飛び地のように入り込んでいた非キリスト教徒の共同体が厳しい監視の対象となった。ムデハル mudéjars〔訳註・レコンキスタのあとも残留を認められたイスラム教徒〕、ユダヤ教徒、さらには、近年になってユダヤ教を捨ててキリスト教に改宗した人々（マラーノ marranes）まで、この標的にされた。

古来、ユダヤ人たちは、田園で農業などの生産活動に携わるのでなく、都市のなかで共同体を形成して住み、金融や商業などで裕福な生活をしていた。キリスト教徒がユダヤ人に警戒と憎悪の目を向けるようになるのは十一世紀以後であるが、その原因は、オリエントにおける彼らの同胞がトルコ人の味方をしてキリスト教徒の巡礼者を迫害しているとされたこと、この時期に西欧が経験した純化運動に参加しなかったこと、人類の罪の贖い主としてのキリストの聖性を認めなかったこと、などにあり、それに加えて、キリスト教徒が活力を増大するにつれて、それまでユダヤ人たちが果たしてきた役割が次第に不要になり、かつての羨望は憎悪へと変わり、それが激しい迫害に発展していったのだった。

最初の《ポグロム pogrom》〔訳注・ユダヤ人虐殺〕は、一〇九六年、ラインラント地方で起きた。これは、まさに第一次十字軍の運動が芽生えたのと呼応しており、一方のキリスト教徒について見れば、初期中世以来存在してきた溝が、毒を含んだ反セム主義によって険悪化した結果であり、他方のユダヤ人の側について見れば、イスパニアの《セファルデ sépharde》〔訳注・イベリア半島のユダヤ人〕やドイツの《アシュケナージ ashkenazi》〔訳注・東欧系ユダヤ人〕によるユダヤ教信仰の復活運動が、キリスト教徒との溝を急激に深くしたことに原因がある。

こうして、西欧の君主たちはユダヤ人たちを都市の中の惨めな一画に閉じ込め（これが、のちの《ゲット ghetto》となる)、衣服には車型のマークを付けさせ、先の尖った帽子をかぶらせるようになった。B・ブリューメンクランツは、キリスト教世界の図像学においてユダヤ人といえば、黒髪で肌は浅黒く髭もじゃの小男というイメージが定着していったのと、キリスト受難図のなかで「憎むべき神殺し」として同じ特徴が強調されたことによって、ユダヤ人への憎悪が強められていったプロセスを明らかにしている。

ユダヤ人共同体の立場はますます厳しいものとなり、イングランドでは種々の嫌がらせや追放が行われ、フランスでも一一八二年と十三世紀末、そして十四世紀末の一三九四年というように、繰り返しユダヤ人追放が行われた。ラインラント地方では、十五世紀初め、ヴォルムスとフランクフルトを除く各地で迫害があり、多くのユダヤ人が厳しい宗教裁判にかけられている。イベリア半島のカスティーリャ王国では一三八〇年以降、カタルーニャでは一三九〇年以降、大規模な迫害が行われるようになる。

ユダヤ人には、たとえば医者と薬剤師になれないなど活動上の制約が次々と課せられ、ようやく残されたのが質屋と両替商で、それも、キリスト教徒同業者を脅やかさない程度で許すというものであった。しかも、こうした仕事自体が、人々の羨望と憎しみを醸成する特質をもっていた。

このため、西欧の各都市に住んできたユダヤ人たちは、次第にスラヴ圏の国々へ移住し、そこに開かれていたドイツ人都市に身を寄せ合って住むようになる。南のほうでも状況は厳しかったが、ほかと比較すれば緩く、とくにイスパニアでは、商人や兵士、農民などとして生きる道が残されていたことから、たくさんのユダヤ人が逃亡先に選んだ。

おくればせながらキリスト教に改宗し西欧社会に同化しようとするユダヤ人も出てきたし、とくにヴナスク伯領のような事例〔一四三六年、エウゲニウス四世がユダヤ人問題に示した態度〕もあったが、この西欧全般のユダヤ人への不寛容と迫害の頻発については、キリスト教会に大きな責任がある。この全般的不寛容が、近代のアンチ・セミティズムの基盤の一つを形成したことを忘れるわけにはいかないだろう。

十字軍運動の本質

このようにキリスト教社会内部の純化をめざしてローマ教会が行った種々の介入については、際立って特徴的な幾つかしか注目されていないが、《十字軍》という現象も、この脈絡のなかに置いて見たとき、その複雑な構成要素の一つがより明確に把握される。つまり、ローマ法王庁は、非キリスト教徒の不信者に対する共同の戦いを《十字軍》として組織することによって、キリスト教世界を純化し統合しようとしたのであり、事実、これによって部分的にであるが内部の平和を実現したのだった。

ローマ教会は、一〇九九年のエルサレム攻略から一二九一年のアッコー Saint-Jean-d'Acre 喪失までの期間だけでなく何百年にわたって、教会主導の《正義にして神聖なる戦い》のために資金援助と直接の協力をするよう説教・勧告し、特権授与の約束などによって人々に呼びかけた。この《聖戦》の目的は、聖墓の奪還と守護にあり、そのシンボルが「十字 Croix」であった。この《十字軍 croisade》の理念は、カール五世の時代（1519-1556）や《レパントの戦い》（1571）にも、さらには一六八三年のトルコ軍に対するウィーン防衛戦のときにも生きている。

一〇九五年のクレルモンでのウルバヌス二世の最初の聖地奪還の呼びかけや、一一四七年のヴェズレーでの聖ベルナルドゥスによる第二次十字軍の呼びかけは、資金と志願兵を募るため教会が恒常的に行ったプロパガンダのなかでの個別的キャンペーンの例に過ぎない。このような法王自らによる公式アピールは、のちには頻度も強度も低下し、それに代わって、民間説教師によるアピールが盛んに行われ、《十字軍運動》は日常生活のうえに、より明確にはみ出してくる。

たとえば、直ちに思い起こされるのが、クレルモン宗教会議のあとの隠者ピエールの例で、彼がはじめた群衆の行進は、フランスを横断してドイツに入り、そこで「文無しのゴーティエ」に率いられた群衆と合流し、正規の第一次十字軍に先立つ《民衆十字軍》になった。

年代記者たちは、この《国民総動員levée en masse》のイメージを好意的に広げて、職人も商人も労働者も、領主も騎士も、全財産を放り出し、妻子を連れてこれに加わったとし、彼らは、自分の知っている世界を一歩出るや、地平線の彼方に城や都市を目にするたびに「あれがエルサレムか？」と訊ねたことを記している。

人々の心の中には、司祭たちが祈りと祝別をもって広めた「主なる神は、アーロン〔訳注・旧約聖書のモーゼの息子〕の杖を祝別されたように、巡礼の十字の印を祝別されるゆえに、この十字を身につけてキリストのために戦う人々を危難のなかに見捨てられるわけがない。必ず天使ガブリエルを遣わし助けてくださるはずだ」という決まり文句しかなかった。そして、祈りの儀式のあと《十字の印》が授与され、つぎのような言葉で締めくくられた。

「救世主の受難と死の象徴であるこの印を受けよ。さすれば、汝の旅のあいだ、不幸も罪も汝の上に降りかかることはなく、汝は汝の家人のもとに、より幸せに、より善人となって帰ることであろう。」

クレルヴォーの修道院長、聖ベルナルドゥスがキリスト教世界の真の裁定者と目されていたころの説教の内容を記録したものが遺っている。この説教は、フランス王ルイ七世の臨席のもとに開かれたヴェズレーの丘の上での民衆集会で行われた。このとき彼は、聖地エルサレムが最近、トルコ人によって攻撃を受けたこととキリスト教徒が負っている恐るべき罪について語ったうえで、「武器の撃ち合う音、さまざまな危難と労苦、戦いの苦しみ、――これらこそ、罪を贖うべく神が呈示されているものである」と訴えた。これに鼓舞されて、騎士や領主たちが大挙して十字軍に加わったのだった。

このあとも、ベルナルドゥスはフランスやドイツの町々をまわって説教を続ける。その足跡は、コンスタンツからマーストリヒトにまで及んでいる。しかも、イタリアの全ての教会に宛てて、熱烈かつ感動的な手紙を送り、それを信徒たちの前で読み上げさせた。ドイツでは、群衆はラテン語による彼の説教をよくは理解できなかったものの、大勢の熱狂した群衆が彼をめざして押し寄せた。もし皇帝コンラートが兵士を動員して群衆を排除しなかったら、彼は窒息死するところであった。

いずれにせよ、この巡回説教は、期待以上の成果をあげた。ベルナルドゥスは法王エウゲニウスに充てた書簡で、こう書いている。

「――いずこの町も城も、いまや無人となりました。残っているのは、夫や父を送り出したあとの女や子供たちのみであります」。

誇張はあるが、事実は、そのとおりであった。

それにしても、十字軍の最初の成功をもたらした要因として幾つかの政治的事実を挙げることができるが、それらがまた、この成功を一時的なものにし、そのあと、救援のために次々と軍を派遣しなければならなくしたのだった。すなわち、一方でキリスト教徒たちはイスラム教徒の手から南イタリア、シチリア、イスパニアの一部を奪還し、教会の祝別によって異教徒と戦うことが当たり前のようになっていき、他方で、セルジュク・トルコに脅かされていたビザンティンは、身を守るために《フランク軍》(ビザンティン人にとっては、西欧人はみな《フランク》であった)にキリスト教徒としての連帯を訴えることによって、無報酬の援助を得られると期待したのであった。

そもそも第一次十字軍で西欧人が成功を収めたのは、一〇九二年からしばらく、トルコ人、アラブ人、エジプト人といった近東のイスラム教徒同士が争い、混乱していたからであった。したがって、イスラム陣営の内紛が終息し、彼らが歩調を揃えるや、西欧人の勝利もたちまち瓦解したのは当然であった。

とはいえ、このような企てが現実化した背景には、このころ、西欧の人口が急激に増加したことと、騎士階級の遺産相続が長子相続の形をとるようになって、相続を受けられない男子が増えていたこと、さらに、法王を中心とする宗教的絆が強まったことなど、種々の事情がある。

法王は、自分が精神的父親としてキリスト教世界を一つにまとめ、戦士たちの力を異教徒に向けさせることにより、《神の休戦》や《神の平和》よりずっと効果的に西欧の田園の平和のために貢献できると考えたのかもしれない。また、ビザンティンとの亀裂も、イスラムに対して共同戦線を張ることによって消滅できる可能性があったし、破門までして関係が悪化している西方皇帝（ハインリヒ四世）と対抗するのに、東方ビザンティンの皇帝が大いに力になることも期待された。

このような状況のなかで確立されていったのが、《聖戦》の観念であり、聖職者によって祝別された《キリストの戦士》は、戦場に臨んで救われることはもとより、教会を守護するため《十字》を付けているのだから、その資産は教会裁判権のもとにあり、聖職者たちによって守られる、との考え方であった。《エルサレム》について人々が抱いた観念は、もはや黙示録のそれや「天上のエルサレム」ではなく、軍事的に手中に収め、巡礼すべき対象であった。それゆえ、人々はコンスタンティノープルへ、さらにキリストの墓へと惹きつけられ、しかも、行く先々でキリストの受難にかかわる聖なる遺物を見出したのだった。

他方、巡礼者たちは、聖墓に詣でれば永遠の救いを得られるとの希望と奉納したいとの思いから、高価な品をたくさん携えていたから、エルサレムへの途上で待ち受けるベドウィンの盗賊たちにとっても、魅力的な餌食であった。そこから、お宝と命と自由を守るために武装もやむなしという考え方になっていったのである。

当時はまだ、西欧人の海運業者は人々を聖地へ送り届けるだけの力がなかったから、聖地へ行くためには、ビザンティンの領土を通らなければならなかったが、そのメーン・ルートであったアナトリアがトルコ人たちによって占領されてしまっており、聖なる都に到達するには、高い通行税を取られた。

ともあれ、この熱狂的な遠征が二百年以上にわたって次々と企てられたことも、驚くべき現象である。そこにあったのは、全体的にはキリスト教徒としての純粋な信仰の熱情であるが、騎士たちについていえば、富と武勲への憧れが、商人たちについていえば、莫大な儲けへの希望が、冒険を唆したのであって、トルコ人に対する恐怖とか憎悪で全てを説明することは不可能である。

しかし、この持続性は、少なからぬ痕跡を西欧の上に残した。その一部分は、日常生活の上での幾つかの変化として現れる。たとえば、絹の衣服が憧憬の的となり、紋章の使用が普及したこと、騎士たちの食事に香辛料が用いられるようになったこと、アンズなどの新しい農作物が入ってきたこと、築城における銃眼や教会の尖頭アーチといった建築技術の導入、そして、カタリ派信仰や《女性崇拝》と《愛》の観念などの新しい精神的特徴が現われたことである。

なににもまして大きいのは、伝統的社会が蒙った変化である。田園は比較的に平和になり、貴族たちは権限を王権に吸収され、軽々しい行動をとれなくなったこと、土地の相続と権利譲渡が容易になったこと、海運業者や商人たちが力をつけたこと、最後に、一二〇四年に十字軍士たちがコンスタンティノープルを攻略し掠奪を恣にしたことにより、東方教会との分離がひどくなったこと、さらに、法王が異端者や異教徒だけでなく政治的敵対者（その頂点にあったのが皇帝であった）を攻撃するためにまで《十字軍》を興すよう唆し、信頼と権威を大きく失ったこと、である。

十字軍遠征は、十一世紀から十三世紀にかけての西欧の大躍進と軌を一にしている。それは、西欧が経験した最も顕著な出来事の一つであり、《キリスト教世界の後見人》であるローマ教会の指導あるいは支持のもとに行われた事業であった。したがって、その莫大な努力のために息切れがひどくなるにつれて、西欧社会に対する教会の影響力は低下した。そして、そのぶん、《都市世界》の最終的かつ主要な受益者であった地中海の海運業者と商人たちが活力を高め、確固たる存在になっていったのであった。

第六章　都市の世界——商人・職人・ブルジョワ

十一世紀に確定したままの身分社会であったとしたら、都市の住人や、旅して回った人々の占める場はなかったであろう。そこでの《都市》は、ローマ帝政時代の都市であり、司教とその小宮廷と小役人たちによって辛うじて維持されているだけだったろう。同様に、《道》も、ローマ人が作った道を軸に、糸巻きのように交差している小道を荷車や行商人、巡礼、騎士、領主といった人々が行き交っているだけであったろう。

そうした都市に住み、街道を往来した人々は、人口のごく小部分でしかなく、農村に住み農業的環境に結びついている大多数の人々からすると《あぶれ者たち》に過ぎなかった。経済的条件は、それ以前から変わりはじめていたが、十一世紀、なかんずく十二世紀に入ると、商業と都市が再生し、古い道路が活気を取り戻したり新しい道路ができて、伝統的社会とその日常生活のなかに根底的変化を惹き起す。

こうして、ブルジョワ、都市貴族、海運業者、商人、《街区信心会 confréries de quartier》、職人組合、《コミューン communes》、都市機構などとともに、新しいタイプの人間像と組織、そして新しい風景が現れてくる。

ローマの道・中世の道

「太初《はじめ》に道ありき……」

これは、ヨハネ福音書の「太初に言葉ありき」のパロディであるより以上に、《道》がいかに基本的に重要であるかという真理を言い表している。《道》があってこそ、自給自足と自律を旨とする社会的細胞はその被膜を破って相互に結合することが可能になるとともに、考え方や技術、商品、人間の交流が行われるのである。

ローマ帝国は、まっすぐ走り、しっかりと舗装された道路網をヨーロッパ（といっても、ローマによる継続的占領がなかったライン以東とダニューブ以北の地は別であるが）

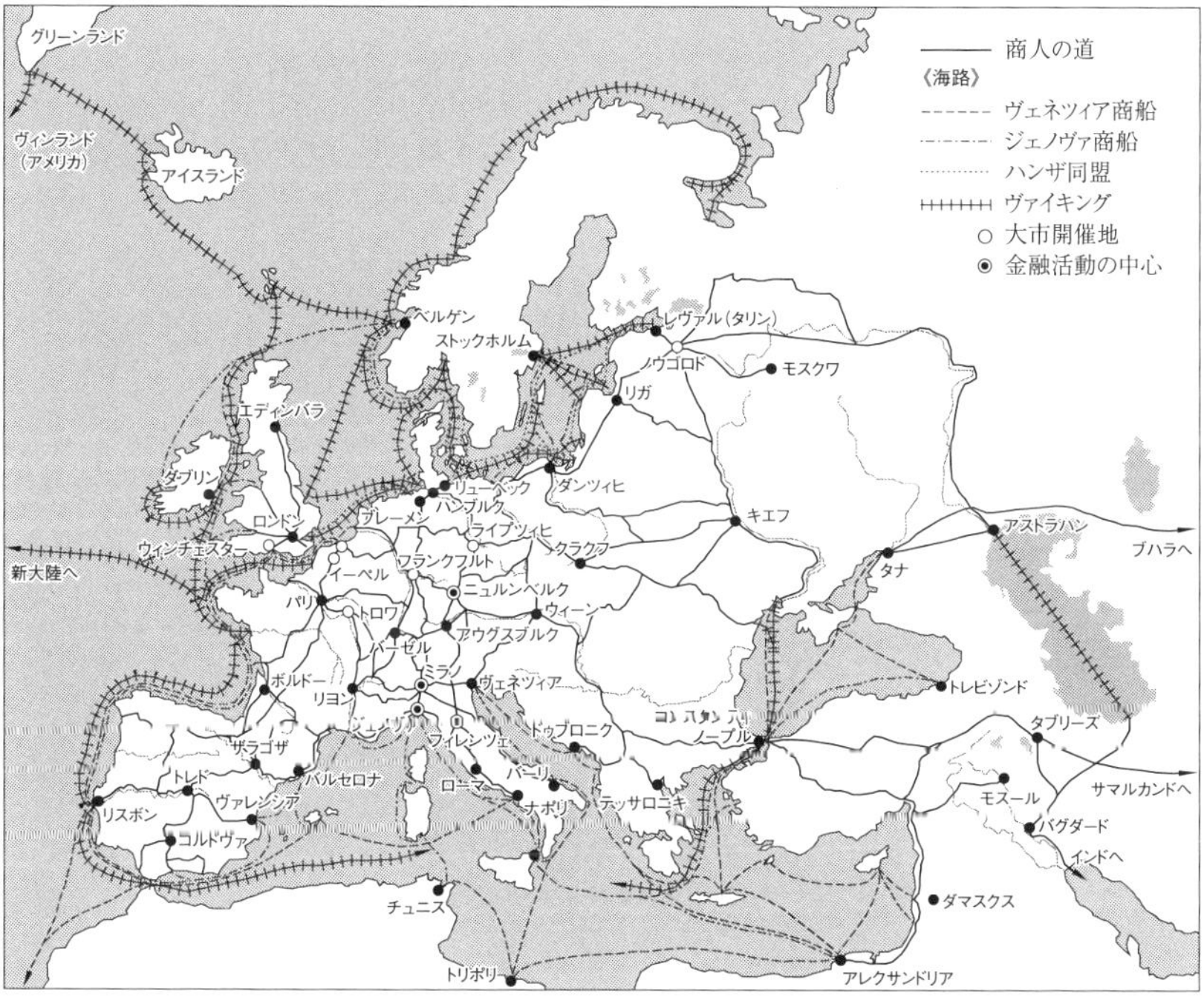

中世の商人たちが歩いた道

に完成し、その時代を通じて使用し、これを中世西欧に遺贈した。だが、その《高速道路 via lapide strata》を舗装していた頑丈な石は、中世の建設ブームのなかで剝がされて他の用途に転用されてしまい、道筋は頑固に示し続けているものの、端っこ以外は歩けない道になっていた。

そこで、これとは別に、砂利を石灰で固めただけの、舗装してない《土手道 chaussée》が出来ていった。この「中世の道」は、くねくねと曲がっている。というのは、町と町をまっすぐに結んだり、ある町から、自然が確定し人間が改良を加えた通過点（峠や橋、渡し場）へ向かうのでなく、この城だの、あの修道院へだのと迂回していくからである。

もとより、「村道」「県道」「国道」「国際道路」といった今日のような区別は、中世の初めからあった。十三世紀、フィリップ・ド・ボーマノワール（1270-1285）は、道路を「小道 sentier」（幅三ピエ。一ピエは約三十二センチ）、「細道 voière」（幅八ピエ）、「道 voie」（幅十五ピエ）、「街道 chemin」（幅三十二ピエ）、「王の道 chemin royal」（幅五十四ピエ）の五種類に分けている。

最後の二つは、メロヴィング朝の王やカロリング朝の皇帝たちがその家臣団を引き連れて、領地から領地へ移動して、地代として集められストックされていた食料を消費してまわった道であり、その後、カペー王朝やプランタジュネット王朝の王たちがローマやエルサレムへ旅するために通った道であ

り、フランス各地の司教や高位の聖職者が、司教杖や司教冠、僧禄を授けてもらうため、あるいは公会議に出席するために通った道でもある。

さらには、世俗の君主や貴族たちが、ある敵に騎馬軍団を差し向けるためとか、封建的主従関係により義務づけられた徴兵に応じるため、またさらに、さまざまな人々が病気の治療や魂の救いを求めて巡礼するためにこれを旅した。そのほかにも、兵士とか手紙を運ぶ人、商人、とくに十三世紀になると、托鉢修道士たちが盛んに行き来した。

ほとんどは徒歩で、四輪の大きな馬車はいうまでもなく、駄馬に牽かせた、ずっとみすぼらしい車も稀にしか見られなかった。それというのも、砂利を敷いただけの道だったから、路面がでこぼこで、長距離を車で旅すると、人間が参ってしまったからである。ごく短い距離の旅とか、重い荷物を運搬する場合とかだけ、のんびりと牛や馬に牽かせたのだった。比較的生活の豊かな人や、権力者たちは、ほとんどがロバやラバ、馬の背にまたがって旅をした。したがって、街道では、商品などを運ぶにしても、車よりも、動物の背に載せた姿が圧倒的に多かった。

蹄鉄を打つことは初期中世から知られていた。このおかげで、動物の力を適切に出させることができたし、不安定さも減らすことができた。拍車は、少なくとも片方の足（左足が普通だった）に付けた。鞍と鐙は、馬を乗り回

馬車を使ったのは貴婦人たちであった

すうえでの疲れを大幅に減らした。それでも、一日の行程は、約三十キロがせいぜいであった。

十世紀から十三世紀の間に、旅の事情はずっとよくなっていった。しかしそれは、道路がよくなったとか輸送技術が改善されたということではなく、安全性と宿泊施設が充実したのである。路面が相い変わらず劣悪であったのは、領主たちが通行税や市場税を取りながら、それらはほかの目的に使われ、道路の整備には振り向けられなかったからで、道路は相変わらずデコボコで、雨が降ったり雪解けのときは、ぬかるんで通行不能になってしまった。

安全性が増したのは、橋が造られたり、湿地にも盛り土式の道路が整備されたりということもあるが、何よりも、警察機構が充実して、旅をするのに大勢の護衛を付けなければならない煩雑さがなくなり、日没で暗くなっても暫くは歩けるようになったことである。とはいえ、夜間は相変わらず、山賊や辻強盗の天下であった。

道路の保安状況がよくなった背景としては、道に沿って町や集落、住居が増え、そこに定住する人々の努力で安全が確保されたことが挙げられる。そして、旅人を快く迎えてくれる館や、修道院とか村の宿泊施設も増えた。

しかし、これは却って旅の行程を遅らせる要因にもなった。というのは、たとえば第一の修道院と第二の修道院の間が一〇キロ、第二の修道院と第三の修道院の間が二五キロある場合、この三つの修道院を運任せで一挙に旅するよりも、安全策をとって、きょうは第一と第二の間を歩き、第二と第三の間は明日歩くというふうにする人が多くなったからである。

いずれにせよ、このように旅の速度がゆっくりしていたことから、中世の人々にとっての西欧世界は、その子孫たちにとっての《世界》よりもずっと広大であった。手紙なども、至急に届けなければならない場合は、たとえばアヴィニョンの法王の信書を運んだ飛脚は一日に九〇キロ、ジャンヌ・ダルクの側近の使者は、毎日五〇キロを進んだが、そうでない普通の場合は、フランス南西部のバイヨンヌから、今のベルギーのヘントまで、フランス王国の領土を辿って一か月もかけたり、ヴェネツィアからブルッヘまで、南ドイツ経由で二十五日から三十日もかかった。

水上輸送

奇妙に思われるかもしれないが、陸上よりも河川や海上のほうがずっと速かった。五ノットで航行する船〔時速では九キロになる〕は二十四時間で約二〇〇キロ進める。「二十四時間」というのは、特別の障碍の心配のない海域では、夜間も停泊しないで航行できたからである。しかも、水上航路は、分量でも重量でも、陸路よりずっとたくさんの荷物を運搬することができた。中世末には、メートル法に換算して五〇〇トン〔例外的には一〇〇〇トン〕も運べる船が活躍している。

それに加えて、安全性や快適さ、楽しさの点でも、船のほうが遙かに優れていた。八四〇年、ルートヴィヒ敬虔帝は、重い病気のためにアーヘンからインゲルハイム〔訳注・マインツの少し下流のライン河畔の町〕まで、陸路でなくライン川からマイン川へと船で旅している。

船については、時代と場所により、河川と海上では別々に論じる必要がある。河川を航行する船についてあまり明確ではないが、辛うじて分かっているのは、たとえばハンブルクやリューベック、リガのような、河川に臨む港で、海上をやってきた船から荷物をおろし陸に揚げるのに利用された艀《はしけ》である。三人か四人が乗り組み、平底の船で甲板はなく、櫂で進み（例外的に帆で進むものもあった）、最大のものでも一二トンを超えることはなかった。大部分は、それよりずっと小型で、ヴォルホフ Volhov の激流を経て、ノヴゴロドに着岸したロシアの川舟（lodje）に似ている。

古代の文献や絵で私たちが知ることができるのは、海を航行した船だけである。その海洋の船も、地中海で活躍したそれと北海を航行したそれとでは、驚くほどの相異がある。

十五世紀にヴェネツィアで建造された《ガレー船 galère》についていうと、これは、ローマ帝政期やビザンティン帝国で使われたのを引き継いで改良を加えたもので、帆と櫂の両方を動力とした。幅が狭く、底も浅いが、長さがあり、操縦しやすくてスピードが出た。荷物のほか、かなりの人数も運ぶことができたが、漕ぎ手は、大きなものでは二百人に達した。海賊に襲われる心配があったので、腕前を確かめたうえで雇われた弓の射手も二十人ほど乗っていた。そのため、航海にはかなりの資金調達が必要で、しかも、俸給は次第に高くなっていった。ガレー船の漕手は十六世紀まで自由人で構成されていた。だが、それゆえにこそ大きな自律性が保たれていて、旅の途中で偶発的事態が生じたときの防御・対応の仕方には注目に値するものがある。大型船の場合は、三本マストというのもあり、前檣には三角帆と小さな四角帆が付けられ、中央のメーン・マストは高さが三十メートルに達することもあり、十二本の鞆綱《ともづな》で支えられていた。

これとは別に、古代の商船の伝統を引いた大型帆船があった。こちらは、全体的に丸みをもった形をしており、ジェノヴァには積載量一〇〇〇トンを超えるものがあった。舷側は異常に高く、船首は城塞を思わせるような造りになっていた。スピードはさほど出なかったが、比較的少ない乗組員で動かせた。

これらと張り合ったのが北海の大型船で、操縦もしやすくなくスピードもさほどでなかったが、少ない乗組員で動かすことができた。サクソン人とスカンディナヴィア人の船については、イースト・アングリアの《サットン・フー Sutton-Hoo》やニーダムのそれのような素晴らしい考古学上の発掘によって、よく知られている。これには、八世紀以前はマストはなく、推進力は三十人の漕ぎ手によった。船尾と船首が同じ形をしており、そのまま逆向きに前進することができた。竜骨はないが、一枚の内竜骨板がある。舵は横腹に付けられたさほど長くない舵専用の櫂でとった。この種の船では、大海原を直線的に航海することはなく、もっぱら岸に沿って航行した。クヴァスンドの船はマストが一本で、帆も小さい。

九世紀ごろのヴァイキングの船

しかし、ゴーケシュタッドで発掘された船によって、九世紀の《ドラッカー drakkar 船》の実態が明らかになった。それによると、長さは二四メートル、最大幅は五メートル二〇センチで、排水量は二三トン、三十二本の櫂で進み、それ以前のものとは格段の進歩が認められる。竜骨のおかげで安定性も増し、これを忠実に再現したものは、一八九三年、大西洋横断に見事に成功しており、ヴァイキングがこの船でアイスランドからグリーンランドへ、さらにはアメリカ大陸に到達したという言い伝えが裏づけられる形になった。

中世の盛期には、同じこの北の海で新しく生み出された船により、活発な海上輸送が行われた。ハンザ同盟諸都市の、いわゆる《コッゲkogge船》と《フルクhourque船》である。《コッゲ》は丸みのある船体で、波を切る能力に優れ、長い竜骨のおかげで、素晴らしい安定性をもっていた。帆と舵を巧く操作すれば、風に逆らって進むこともできた。

《フルク》のほうは船首というものがなく、平底で北海の砂地の浅瀬を乗り越えたり、河川を遡っていくこともできた。その太鼓腹のような構造から、積載能力は《コッゲ》より優れ、五〇〇トンを超えた。乗員は三十から四十人であったが、たくさんの商人や巡礼、聖職者を運んだ。速度も驚くほど出て、風や水流に逆らって、一昼夜に一五〇から二〇〇キロ進むことができた。

冬季は普通、航海を休んだ。ノルウェーのベルゲンでは、船は砂浜に引き揚げ、屋根のついた小屋に収蔵された。とくに河川に面した港では、氷結から保護することが必要で、春になって氷が融けると、ペンキを塗り直し、聖職者によって祝別されたあと、歌と音楽が奏でられるなか出航していった。

船長たちは、別に学校で教育を受けたわけでもなければ、航海に関して教えた教材があるわけでもなかった。そもそも文字が読めなかったのだから、頼るのは自身の経験と、先輩や仲間から口伝えで聞いた知識の

十四世紀のコッゲ船

集積しかない。それらはきわめて不確かだったが、船長は複雑に入り組んだ海岸線に沿って船を航行させながら、陸地にある特徴的な風物、たとえば岩とか山並み、岬、植生、とりわけ、ほかの建造物とは際立っている城や塔、風車、鐘楼（レヴェレすなわちエストニアのタリンのそれのように）といったものを目印に、自分の位置を判断できなければならなかった。

危険な水路には、ときには航路標識が設置された。一二二五年には、スウェーデンのワルデマール王により、ファルステルボーに、また、エルベ河の島にも、《ノイヴェルクNeuwerkの標識》が立てられている。ブイを設置して灯りをともしたり、灯台を建設したりもしている。

昼間は、水の色合いを見て深いところを辿ったが、浅瀬を見分け座礁を避けるのには糸の端に鉛の錘を付けた《水深測量器sonde》が使われた。水夫はこの錘を船が進む前方できるだけ遠く投げる。錘の表面には小さな窪みがついていて脂が塗りつけてあり、水底の泥がついていると、一目で分かるようにしてある。一四五八年、ひとりのヴェネツィア人は「バルト海では、コンパスも海図もなく、もっぱら測鉛によって航行が行われている」と述べている。この言葉は、多分誇張があるが、北海と地中海とでは、航海のために利用されている与件が違っていることを強調して述べたのである。

どちらの場合も、単純にいえば、経験をよりどころに人間の才能と物体を巧みに使う技術が頼りで、航海の危険を最小限に食い止めるべく努力が図られたが、それでも事故はたくさんあった。風や水流のなか、狭い水路をひしめき合って通らなければならないため、操縦を誤って互いにぶつかり合うこともあった。それに加えて、暗礁に乗り上げることも少なくなく、とくに北海には、潮の干満によって水面上に現れたり消えたりする暗礁が至るところにあった。海面が氷結して航行不能になることもしばしばで、一四〇〇年には、シュトラルズンド〔訳注・北ドイツ、バルト海沿岸の町〕とプロイセンとの航路が全面的に閉鎖されている。さらに、暴風雨がある。一四〇四年にはポーランドのエルビング船団の六隻の船が嵐で損傷を蒙り、一四三五年にはデンマークの船団がファルステルボーの近くで三日三晩、暴風雨で苦しめられた。

これらは自然によってもたらされる苦難であるが、それに加えて人間によるもっと恐ろしい危難がある。山賊や海賊に襲われたり、海戦に巻き込まれたり、などである。ときには、沿岸住民によって襲撃され、船も積み荷も生存者も掠奪された。一四三二年十一月、ジャック・クールは、はじめてオリエントへ旅した帰途、コルシカ島で座礁し、島の住民たちに襲われて、商品ばかりか所持品も、さらには衣服も靴も、下着まで脱がされて奪われたうえ、乗員は全員が監禁され、身代金まで要求されたことを述べている。

このように餌食を待ち構えていて襲ってくる盗賊たちに加えて、積極的に掠奪してまわった海賊団がいる。十一世紀、アドリア海を舞台にしたナレンタのスラヴ人たち、また、何世紀にもわたって西地中海全域に脅威を振りまいたバルバリー海賊、さらにバルト海では、十四世紀末の《ヴィタリエン兄弟 Vitalienbrüder》などがそれである。

国同士の海戦のなかで、沖合の艦隊から逃れてきた船が海賊団の餌食になった例もある。ダンツィヒのパウル・ベネケは、ロンドン市長といった名士だけでなく、一四七三年にはフランドルとイングランドの間でメディチ家のブルッヘにおける代理人、トマソ・ポルティナーリが派遣したガレー船まで捕獲している。

だからといって、陸路のほうが海路より安全だったわけではない。ここでも、《盗賊騎士 Raubritter》や野武士、さまざまな《アウトロー》たちがいっぱいいた。これらの盗賊たちの主たる目的は、土地の住民から掠奪することではなく、商人たちの富と商品を奪うことである。これは、各地の道路が商業の復活によって活気に溢れ出したことを示している。

商業活動

商業活動は、時代や地域によって、かなりの変動幅がある。それは量的側面だけでなく、形態面でもそうである。十世紀以前の時期、商業の主役を務めたのは、中東のシリア人やレバノン人、ユダヤ人などで、彼らは西欧各都市の商人居住地に集まって生活し、絶えず町から町へ旅してまわった。

扱われた品物は、嵩張らないで、しかも利幅が大きい贅沢品で、顧客は、せいぜい何千人かの特権階級の人々であった。たとえば、シリアの高級毛織物、ビザンティンの金糸入り絹織物、フェニキアやコルドヴァの革製品、宝石、ガラス、パピルス、奴隷、香辛料、ギリシアやシリアのワイン、ナツメヤシの実、イチジク、アーモンド、オリーヴ油など、要するに、地中海地方の産物とか地中海経由で運ばれてきた品々であった。

これらの商品がさばかれたマーケットは、とくにロワールとライン両河に挟まれた田園と森の広がる一帯である。注目すべきは、古代の通商の中心軸であった地中海世界の大部分が約一世紀の間（639-711）イスラム教徒に支配されたことが、当時はまだローマ帝政末期の貧しさを引きずり、農村的な小単位に分かれて自給自足経済を基本としていた西欧世界に、いかに重大な影響を与えたか、である。

それは、ある地域には大規模商品流通を断ち切ることによって農村化をもたらす一方で、別の地域には逆に大規模な商業活動を再開させた。というのは西欧は、木材や鉄、奴隷、武器、毛皮などをイスラム教徒に売り、その見返りとして、イスラム教徒が独占しあるいはスーダンやヌビアから貢ぎ物として盗賊的に強奪していた貴金属類を入手し、この貴金属類をもって、ビザンティンから高級な布とか香水、香辛料そのほかの贅沢品を買うことができたからである。

さらに、同じ九、十世紀以後、スカンディナヴィア人たちも通商の流れのなかに入ってくる。彼らスカンディナヴィア人たちが西欧ともイスラム世界とも密接な関係を保っていたことが近年の発掘調査によって裏づけられている。

イスラム世界との結びつきを示すものとしては、たとえば、アラビアの貨幣が八万枚もスウェーデンで発掘されている。しかも、その半分の四万枚はゴトランド島から出たものである。

西欧世界との結びつきについては、スウェーデンの凍石（蠟石の一種）がドイツで、逆にライン地方のガラスがスカンディナヴィアで発見されている。しかも、これらがもたらされたのは九五〇年以前で、フィンランドで発掘されたイングランドの八百枚の貨幣と同様、掠奪によるものではないことが明白である。

いずれにせよ、十一世紀に入ると際立った商業活動の興隆が見られる。これは、それ以前の閉塞的で凝固した経済のあと、人口の回復と緊密に連動して生じた変化である。

こうした商業活動の大きな特徴を集約的に表しているのが《大市 la foire》であるが、これは多分、以前から地域的枠組のなかで、封建領主の土地から出た余剰物資と職人たちの製品が持ち寄られ、物々交換を主に、ほそぼそと行われていた《市》が発展したものである。

定期大市

こうした地方的な《市》の幾つかは、すでに十世紀のころから、定まった開催日をめざして広い範囲から商人たちが集まってきて活発な取引の行われる中心になっていた。場所と時期を固定して開催されたことから、継続的取引が可能になったのであった。

たとえば、フランドル地方では、羊毛や毛織物を扱う市がイーペル、リール、ブルッヘ、メザン、トルホウトに設けられ、イングランドではウィンチェスター、ボストン、ノーサンプトン、セント・アイヴズ、スタンフォードに開設された。

フランスでは、トロワ、プロヴァン、ラニー、バール・シュル・オーブを含む《シャンパーニュの大市》がある。ここは、北方からはフランドル人やドイツ人、南からはイタリア人、カタルーニャ人、プロヴァンス人がやってきて一年じゅう取引が行われた。そのほか、パリの近くでも、サン・ドニの傍らで開催された《ランディ大市》が有名であった。

こうした《市》は、それぞれ少なくとも二週間から三週間つづいた。商人たちは商品陳列台を借りて八日間、商品を並べ、それから何日間かを販売に費やしたあと、八日から十日間かけ、「手形交換 clearing」つまり決算と支払いを済ませる。

サン・ドニの《ランディ大市》は、六月の「聖バルナベの日」（十一日）から「聖ヨハネの日」（二十四日）まで開かれた。これは、サン・ドニ大修道院の聖遺物到来を記念する祭礼にあわせて開催されたもので、パリの商人たちはサン・ドニ修道院の代表者たちとの打ち合わせのため五月初めには出かけていった。祭礼の開幕にあたっては、パリ司教がノートル・ダムから行列を作ってやってきて、商人たちを祝別する儀式を厳粛に行った。

《市》には、移動式の屋台もあれば、固定式の店舗もあり、さまざまな店がびっしりと並んで街路を形作った。場所は、扱う商品の種類別に分かれており、鎌や半月鎌、斧、鉞などの作業道具を売る店が集まっている一画があるかと思うと、別の一画では、さまざまな食べ物を商う店が並んでいる。その向こうには、ラシャ商人や亜麻布の商人、裁縫職人、錦商人が軒を連ねている。もっと先には、皮革や毛皮の商人たちがおり、そのなかには、金持ちや貴族をお得意とする豪奢な毛皮を扱う店もあれば、学生や聖職の書記などが主な客である羊皮紙業者もいる。コルドヴァ産の革を商う店もあれば、革鞣し工、馬具職人、靴の修繕屋などといった、種々の商人や職人が店を開いている。そのほか、居酒屋もあればロンバルディア人の金貸しの本部もある。

こうした《市》の開設は種々の問題を提起した。

まず第一に《安全》の問題である。商人たちは、ここにやってくるにも終わって帰っていくにも、高価な商品やカネを携えているから、この全ての人の安全が保障されなければならない。そのため、それぞれに《護衛》を付ける必要があり、これには西欧のすべての道路が関係した。シャンパーニュ伯たちは、その勢力下の全ての領主たちに、この《護衛》の役目を務めさせ、十三世紀に入ると、この制度はフランス王の承認のもとに継続された。

第二は、商人たちの《宿所》の問題である。《シャンパーニュ大市》の中心となったプロヴァンには「ドイツ人街」と呼ばれた一画があったし、ロンバルディア人も特別の建物を持っていた。トロワでも、モンペリエ、レリダ、ヴァランス、バルセロナ、ジュネーヴ、クレルモン、イーペル、ドゥエ、サントメールといった具合に、それぞれに宿所と市場の区画が用意されていた。地元の権力者との折衝や相互間の紛争を解決するために、このそれぞれが《領事consul》を選出するようになった。

また、市の開催中、取引が正当に行われ、商人たちの安全が守られるよう監視する必要があった。この役目を担う人々を《監視人gardes》といい、訴訟事件が増大するにつれて、この役人たちが裁判も担当するようになっていった。十三世紀には、商人同士の契約にも彼らが立ち会い、それを公証人が記録するようになる。また、犯罪取締りの警察の役目を果たす《執達吏sergents》もできた。

もう一つ残っているのが《支払い》の問題である。支払いは、その場で行われるのでなく、手形を交換し、それを最後に債務返済の形で決算した。《買い》よりも《売り》が多かった人は、差額を受け取り、逆に《売り》よりも《買い》が多かった人は、差額を支払うのである。

《シャンパーニュ大市》は、とくに、この信頼性において評判が高く、十三世紀半ばから十四世紀初めにかけては、全西欧各地の商人だけでなく聖職書記や貴族のそれも含め毎年の繰り越し債務が、この大市で決済された。まさに、《シャンパーニュ大市》は、全西欧の《手形交換所clearing house》の役目を果たしたのだった。

しかも、この大市では、現行のあらゆる通貨が扱われたから、両替商の活動が不可欠であったし、為替相場と公定歩合の固定化が必要となった。そこでは、シエナ人やフィレンツェ人の金融業者や、彼らを媒介にしてヴェネツィア人やジェノヴァ人が行っていた商取引のこの時代の先端技術が手本とされ、それがキリスト教世界全体に広がっていった。

これに伴って、商業の復活の第二の特徴である、支払い手段としての貨幣の使用という、日常生活に直接影響する問題が出てくる。

貨幣経済の隆盛

実際問題、十一世紀より以前は、西欧の大多数の人々にとって、通貨はほとんど無縁の存在であった。もとより貴金属そのものは、スカンディナヴィアやスラヴ世界でも知られていたし、取引には普通は銀が使用されたことが判っている。しかし、それは《貨幣》という形ではなく、銀そのものとしてで、商品と同じく重さを量ってやりとりされた。したがって、すでに貨幣の形になっているものは、細かく切り刻むか地金として鋳潰すかして使用された。

古くからローマ化していた地域の土地所有貴族と、彼らと取引していた商人たちの間では、《ソリドゥスsolidus金貨（sous d'or）》が引き続き使用されていたが、この貨幣も、次第に小さくなったうえ、金含有量が減って銀の含有量が五〇%を超えるまでになり、九世紀初めには西欧から姿を消してしまっていた。銀貨は《ドゥニエ denier 貨》(ローマ時代の「デネガシオ denegatio」が変形したもの)として存続し、シャルルマーニュによって重さ・刻印とも改良されている。しかし、一ドゥニエ銀貨はオート麦五十リットルとかパン十二個に相当する値打ちがあり、これより少額の単位がなかったから、農民など庶民の日常生活には使われなかったと考えられる。

農村は基本的に自給自足であったから交易自体がほとんど行われなかったし、せいぜい機能していたのは《物々交換 système de troc》であった。このため、領主が貨幣を鋳造しても、ごく狭い範囲でしか通用しなかったうえ、造られた貨幣も「黒粒 pièces noires」と呼ばれた少額通貨であった。当時の経済状況にあっては、これで充分に間に合ったわけである。

ところが、農業以外の活動を生活の基盤とする人々が増えるにつれ、彼らとて生きていくためには農作物を必要としたし、農民のほうでも、農作物の余剰分をこれに差し向けるゆとりが出来、しかも、手工業品とか遠隔の土地からもたらされた物資をその場で買い求める気持ちがない場合、手放した農産物とあとで求める品物との仲介役として《貨幣》が必要不可欠になっていった。

他方、商人たちは遠隔地からの品物の仕入れには、一貫して当時の国際通貨であるイスラムの《ディナール金貨 dinar d'or》とか、ビザンティンの《ビザント besant 金貨》とかを使用していたが、西欧圏内でも、ある領主領だけでしか通用しない貨幣ではなく、できることなら西欧のどこでも使える、より強く、より安定した銀貨が必要になってきた。

この商人たちの欲求は、大きな権力をもつ君主たちの関心とも合致した。それに応えて最初に出来た貨幣が十二世紀末のヴェネツィアの銀貨「グロスgros」であり、それに続いて、イングランドの「エステルランesterlins銀貨」〔訳注・英語ではスターリング銀貨〕、フランスの聖ルイ王による「グロgros銀貨」などが造られた。

イベリア半島のカタルーニャやカスティーリャ、ポルトガルとか、さらにシチリアなど、イスラム圏に接しているキリスト教国家が自前の金貨を鋳造しはじめるのは十一世紀から十二世紀以後である。これは、ヨーロッパでは黄金はハンガリー以外では産出しなかったため、これらの地域で通商によって黄金が貯えられるようになってのちになったからである。

イタリアのルッカやフィレンツェ、ジェノヴァ、ヴェネツィアといった諸都市でも、オリエントとの交易で黄金の備蓄量が増えると、金貨が鋳造され始めた。フィレンツェの「フローリンflorin金貨」、ヴェネツィアの「ドゥカートducat金貨」はとくに有名である。これに刺激されて、十三世紀にはイングランドのヘンリー三世とかフランスの聖ルイ王も金貨を鋳造しようとしたが、王制諸国家が本格的に金貨を造り出すのは十四世紀になってからである。

こうして、都市と商人によって普及しはじめた貨幣が次第に農村にも浸透していき、農民の生活を変えていったのであるが、それとともに、商業にも別のさまざまな問題を生じていった。とりわけ大きかったのが大金を持っての旅の危険、通過する地域ごとに異なる貨幣を使い分けなければならない不便、さらに、資本金を蓄積することの困難などである。

これらの問題の幾つかは、十四世紀に次第に広がった為替手形システムによって解決された。具体的に例を挙げると、商人であり銀行家であるリカルド・デッリ・アルベルティは住んでいるブルッヘからバルセロナにいる代理人のブルナッチオ・ディ・グイードに、ある金額の銀貨を届ける必要に迫られた。彼は、ブルッヘの商人たちに当たり、たとえばグリエルモ・バルベリが、やはりバルセロナの取引き相手であるフランチェスコ・ディ・マルコ・ダティーニからカネを送ってもらい、商品のラシャを買い付けて送りたいと考えていることを知る。そこでバルベリはリカルドからその金額を借り受け、その借金をアルベルティ商会のバルセロナの代理人であるブルナッチオに支払って返済するよう命じる。

そうすると、当然、ラシャはブリュージュのバルベリからバルセロナのダティーニへ送らなければならないが、カネは、同じブリュージュのリカルドからバルベリへ、またバルセロナでダティーニからブルナッチオへ移すだけで、この取引は成立するわけである。このやりかたは、フランドルとバルセロナまで現金を運び、為替交換する手間を省いてくれるとともに、この両方の土地の間を手形が届くまでと支払いをする期日までの時間的ずれによる為替差額から来る損失の問題を解消してくれるのである。

このような為替手形に姿を変えた借入金の手法に人々が気づく前は、もっと簡単な資金集めという問題のためにも、さまざまな手法が並行して用いられていた。まず幾人かの商人たちが封建領地の経営という枠内での《成金》の身分から抜け出すことに成功し、次に、領主のために珍しい高価な産物を仕入れる責任を担った執事が財をなし、その息子はこのおかげで君主に隷従する身分から足を洗い、もっぱら自分のためにこの商売を継続する。さらに、農民のなかにも、勤勉と運と、健康に恵まれた家族のおかげで裕福になり、はじめのうちは片手間に余剰生産物を取引に回していたのが、そのうちに全面的に農産物の取引に力を注ぐようになる。あるいはさらに、ヴェネツィア人に見られるように、大地から得た利益を海上貿易に投資し、大資本家へと成長していった。彼らは、何百年にもわたって、ささやかな商人として営々と働き、そのなかから少しずつ蓄積して大きな資本を動かせるようになった人々であった。

しかし、多くは事業の拡大のためには、手持ちの資本に加えて、なにがしかの資金を持っている人々に呼びかけて、投資を募らなければならなかった。それが、のちに西欧に広がって「コンメンダcommande方式」と呼ばれるものであるが、ヴェネツィアでは、十世紀のころから、たとえば航海の資金集めに行われていた手法である。商人が出資を呼びかける。出資者は原則としては航海に同行せず、ただ資金をこの商人に託し、いっさいの責任を持たせる。航海から帰ってくると、持ち帰った商品を売り捌き、それによって出資額が返済されるとともに、利益の四分の三が出資者に、四分の一が商人および船員のものになるのである。ときには、商人自身が資本の三分の一を出し、利益の半分を自分が取ることもある。利益の四分の一は労働の報酬として、四分の一は資金の利子としてである。

もちろん、商人が出航に際して「コンメンダ」契約を結ぶ相手は、さまざまな人でありうる。そして、それによって利益をさらに大きくすることができるし、さらには、そのカネを他の「コンメンダ」に投資することもできるわけで、その場合は、彼自身、出資者の立場になる。

陸路による通商は、相対的には、より危険が少なかった。その場合も《組合société》が形成されたが、《組合》の継続期間は一回の旅に要した時間より長く何年間にもわたり、そこには、たくさんの人々が集まった。そうした《組合》の多くは同じ家族で構成され、同じパンを分け合う人々（ということは、同じ仲間になること）が資本のなかのある部分を互いに分割し合った。利益は貢献度に応じて配分され、組合員は連帯責任を負った。人数が多いことから、何人かに商品の輸送を担当させたり、商取引の中心となる都市に人員を配置し常駐させることもできた。

このようにして出来たのが《商会compagnie》で、資本金に加え、株主でない人々からの預託金も固定的な利益の配当と引き替えに自由に使うことができた。イタリアの大きな商会は、十三世紀末には、そうした連帯責任制の支店を各地に作り始めており、十四世紀初めには、フィレンツェのバルディ家は二十五、ペルッツィ家は十六の子会社を持つにいたっている。その資本金は、バルディ商会の場合、一五万フローリン、年間取引額は九〇万フローリンに達した。同じころ、法王がアヴィニョンの領地を八万フローリンで買い取っていることを知れば、これらの商会の経済活動の規模の大きさが理解されよう。

これらの《商会》は、十四世紀末には、全般的不況と、支店相互が連帯責任をもつやり方のために凋落する。それに代わり、十四世紀末から十五世紀にかけて、より強固な基盤を築くのがダティーニやメディチといった《新しい世代の商会》である。彼らは、支店の大部分を互いに連携しない自律的組織にして、最大の株主は全般的方向性を立てるだけで、あとは誰かに委任し、自らは間接的に関与するにとどめた。

ダティーニ商会は、プラート、フィレンツェ、ジェノヴァ、ピサ、アヴィニョン、バルセロナ、バレンシア、マヨルカに設立された複合体で、ブルッヘ、ロンドン、パリ、ヴェネツィア、ミラノなどに代理人を置き、年に二〇%以上の利益を生み出した。その創設者は文無しから出発したのだったが、死んだときは七万フローリン以上の動産あるいは投資金を遺している。

この「新しい商人」は、青年時代を行商や市の現場で商売を学んだあとは、もはや、動き回ることはしない。昼も夜も、送られてきた手紙を読み（ダティーニ商会だけで十五万通以上の手紙が残っている）、手紙を書いて各地の支店の代理人や製造業者に売り買いを指示したり、記録したり、監査したりすることに費やす。

彼は何十人（バルディ商会の場合は何百人にもなる）もの手代や雇い人、製造業者を選別し、それを円滑に動かすことに大変な注意を払う。

フランスでこのタイプの商人として挙げられるのはジャック・クールであるが、彼が好んだのは、組織化された一つのシステムを興すことではなく、あらゆる種類のたくさんの事業に参画することであった。

ドイツについていえば、ハンザ商人（その代表として、ヒルデブラント・フェッキンヒューゼンがいる）や北方の大型商人たちの大部分は小規模の商社を利用したが、ライン地方、とくに南ドイツでは、巨大な複合商社が活躍した。たとえばラーフェンスブルクで一三八〇年から一五三〇年まで続いた一つの商会は十三の支店と多くのエージェントを擁し、十五世紀末には、その資本は一五万フローリンに達した。一四四七年にその筆頭株主となったコンスタンツのルートフリート・ムントプラートは、死んだときの資産は五万三五五〇フローリンを数えた。

ディースバッハ＝ヴァット商会は、一四二〇年から一四六〇年まで続いたが、その設立者の一人であるベルン人、ニコラス・フォン・ディースバッハは、一四三六年の時点での所有資産は七万フローリンを数えた。フランクフルトのブルム商会の取引額は、一四九一年から一四九三年までの二年間で三〇万フローリンを超えている。

最も有名なヤーコプ・フッガーは、その設立した複合商社のおかげで、当時の世界で一番の金持ちになった。一五二五年の彼の個人資産は、正確には算出できないが、二〇〇万から三〇〇万フローリンであったことは確かである。

商人階級の台頭

こうした商人たち（そこまで成功しなかった商人たちも含めて）は、その生き方と考え方のスタイルによって、伝統的な中世社会のなかに深い変化をもたらした。彼らは、農民が納入した物資の余剰分（ドイツのユンカーの場合は小麦、イングランドのジェントリーの場合は羊毛、アクィテーヌの貴族の場合はワインといった具合に）を貴族たちから買い取って商った。ときには、彼らから資金を借り入れることもあったが、それ以上に、カネを貸してまで奢侈品を買わせたりした。そして、その貸付金の担保として、貴族から宝石類や開拓地の独占権や領地の年貢徴収権、さらには、土地そのものを手に入れた。商人たちは、このようにして入手した土地や権利を、より安定性をもった資本として事業を拡大するとともに、社会的威信を増したから、貴族たちが失った権力の一部が彼ら新興の市民のものになっていったのだった。

農民たちにしてみれば、こうして地主が交代したからといって、得るものは何もなかった。むしろ、がめつさでは貴族より商人のほうがうわてで、とくに新しい地主の商人たちは、土地も商業的視点から効率的に利用しようとして、市場に出しやすく利益のあがる物を作らせようとしたから、農民の窮状はいっそうひどくなった。

商人たちと貴族とは、ときに排斥し合い、軽蔑し合った。フィレンツェ市民たちは、騎士たちの《騎馬試合》をパロディ化して、豚に跨って《騎豚試合》を開催した。他方、貴族たちは自分たちの威信を守るため、《奢侈取締り令》を出して、金持ちの商人たちが贅沢品を使うのを禁じた。しかし、やがて、商人たちのなかから、土地だけでなく城をも保有し、馬に乗り、剣を腰に、「貴族的な生活」を営み、ついには、息子や娘を貴族と結婚させたり、自ら貴族の仲間入りをする者まで現れる。

教会との関係では、商人の立場はすでに述べた《身分社会》のなかには予定されていなかっただけに、厳しいものがあった。トマス・アクィナスは「商業は、それ自体を考えると、恥ずべき性質をもっている」と述べ、その理由として、利欲、富への執着、貸付によってカネにカネを生ませることの非などを挙げ、これは、恥ずべき高利貸しのやり方だと言っている。

しかしながら、そういう教会も次第に、人々の借金の返済が遅れると、商人の損失のしわ寄せが自分のところにまわってくることから、利息を取ることも許されていると説くようになる。つまり、労働あるいは社会への奉仕に対応した代価を受け取るのは当然であると言い、十五世紀には、その観点から、大規模な通商は神の思し召しに叶っているとさえ言うようになる。

そのうえ、聖職者たち自身が、堂々と利息を取ってカネを貸したり、商売に投資するようになる。たとえばシトー派修道会や「テンプル騎士団」は、羊毛取引や金融に手を染め、「テュートン騎士団」はケーニヒスベルクからマリエンブルク、ブルッヘを結ぶ大規模な通商路を築き、その仲買人はロシアのノヴゴロドにまで出かけている。

それとは逆に、商人のなかから修道院生活に入った人もたくさんいる。その手本がクレモナの聖ホモボヌスや、シエナの人でモントヴィリエ教団（olivetains）の創設者、ベルナルド・トロメイ、さらに、アッシジのフランチェスコである。

商人たちの大部分は、「主なる神」を思い、慈善に励んで、教会教義や高利貸し禁止令にひっかかることのないよう心がけた。そして、死に臨んでは、フランチェスコ・ディ・マルコ・ダティーニのように、地獄への恐怖から全財産を貧しい人々のために遺贈する例も少なくなかった。結局、ジャック・ル＝ゴフが明らかにしているように、資本主義の黎明期の担い手であった商人や金貸しにとっては、告白し贖罪のため貧しい人々に財産を遺贈することも、あの世で地獄から救われるための《必要経費》になったのである。

しかし、このようにして教会と折り合いをつけ、伝統的社会のなかに受け容れられたとしても、所詮、商人が「アンファン・テリーブル enfant terrible（恐るべき子供）」であり《鬼っ子 trublion》であることに変わりなかった。彼はすべてを理性によって測り、予見し、秩序に従って組み立てる合理主義精神の人間である。

そこで求められる教育は、ほかの人々が聖職者の支配下にある大学や学校で受けていたのとは全く異なっている。とくに商人の子供たちが身につけなければならないのは、素速く計算できること、ラテン語ではなく実際に使われている諸言語で明瞭に書けること、古い知識の積み重ねでなく明確な地理的概念をもって地図が描けることであり、これらによって、自分が知らなければならないことを要約して的確に示し、数字の意味を具体的な物によって明らかにし、時間の長さと時点を正確に捉えることである。

この新しい精神は、商人が経済的に援助し注文して制作された絵画や建築芸術にはっきりと表れている。伝統的絵画が専ら宗教的テーマで描かれ、その図柄も平板で紋切り型であったのに対し、商人たちの注文になるものは、自分の家の中に飾る自身の肖像が主で、正確な遠近法によって写実的に描かれている。

建築についての商人の影響に関して言えば、政治や行政・社会における態度と同様、とりわけ《中世都市》というその住環境のなかに移しかえられなければならない。

都会生活

ローマ帝政末期の三、四世紀ごろの西欧には、都市は点々と散らばっているだけだったが、それから千二百年後の十五世紀には、西欧全体が都市化している。しかし、これら二つの時代の間に、幾つかの都市は、場所は同じでも、その人口規模も外観も、すっかり変わってしまっている。

そうした変容は、すでに三世紀のアウレリアヌス帝時代に始まっていた。それまでは田園に向かって大きく開かれていたローマ都市が、壊れた建物の石を応急的に積み上げた城壁のコルセットで身を包むようになるのである。ただし、この段階で保護されたのは都市の中心部だけで、郊外地はまったくの無防備である。中世都市は蛮族によって頻繁に荒らされ、大金持ちたちは自分の所有地へ移り、都市の人口は激減する。中世都市の特徴は、この蛮族侵入時代に生まれた。

幾つもの塔が並び立つ城壁で囲まれたことから、都市の核となる部分は、きわめて狭くなる。ローマの一二七五ヘクタールというのは別にして、ミラノは四〇〇ヘクタール、トリアーは二八五ヘクタール、マインツ、ニーム、メリダ、トゥールーズ、ケルンは、いずれも一〇〇ヘクタールそこそこ、それ以外の大部分の都市は五〇ヘクタールにさえ達しない。

しかし、この小さな城塞都市のなかに、新しい独創的な建物がひしめき合っている。たくさんの教会堂がそれで、しかも、これらの都市は普通、《司教évêque》が司祭だったから、そのための「カテドラルcathédrale（司教座聖堂）」が建てられた。司教は、その土地の有力な家系のなかから選ばれたが、聖遺物の礼拝や、都市型修道院の設立、学校の創設、聖俗にわたる教育の振興など、さまざまなやり方によって人々の情熱を掻き立て、それを維持しようとした。

こうして彼は、《神の都》になぞらえられ、聖なる時によってリズムを刻むこの都市の創始者、組織者であり、列聖される幾人もの司教たちの系譜の始祖であり、彼が祈った場所ごとに、教会堂や修道院、墓地が建設された。しかも、司教は多くの土地を所有しており、そこからあがる収入と産物はこの都市に吸い寄せられた。彼とその周囲にいる人々は、繊細な布を織ったり、金銀細工をしたり、陶器を焼いたりといった特殊技能（いずれも、田舎の作業場で行われているそれらより遙かに素晴らしい出来映えである）をもった職人たちにとって上得意であり、また、近くにあるユダヤ人共同体や遠方からやってくる商人たちのよい顧客である。

周辺にひろがる田園の人々は、秘蹟を受けるため、聖遺物を拝観するため、さらには、自分の作物を売り捌き、生活必需品を買い求めるため、都市にやってきた。とくに飢饉のときは、多くの貧しい人々が命を繋ぐために流れ込んできた。

その地方の伯の宮廷に仕える役人たちも、裁判を担当するためにやってきて滞在した。当時の国王は、廷臣たちを引き連れて、たえず国内を旅していたが、その国王の一行が華やかな歌と出迎えのなか入城することもあった。したがって、メロヴィング時代の都市は「死んだ都市」のイメージとは懸け離れていたが、それでも厳密にいえば、城壁の内側には僅かな住民しかおらず、しかも、そのすぐ外側は、過去の建造物の廃墟のなかに畑や菜園が広がっていた。

都市生活といっても、その基盤の大部分は田園に依存しているうえ、当時は、旧来の権力者たちは田園に避難していた。侵略してきたゲルマン人たちも、馴染みのない都市での生活を嫌って田園地帯に根城を築いた。ゴート人やヴァンダル人にいたっては、フランス内陸部には留まらず、もっと人口の稠密な地中海地方をめざして、すぐ立ち去ってしまった。
七、八世紀には、西欧の都市は農村化の影響を蒙り、周辺の田園に対する統合力を実質的に失う。その記念碑的外観をもつ城壁の中で繰り広げられたのは、とりわけ宗教的活動であった。肥沃で豊かな地方の中心都市の場合も、城壁の麓には郊外地がひろがり、家々は街道沿いや修道院のまわりに建てられていた。
パリは人口二万を下回ることはなく、市域がシテ島だけに閉じこもることもなかった。城壁は教会堂を取り込んで、その基礎を形成する形でめぐらされていた。セーヌ左岸には、幾つもの教会堂や古代の建造物があり、それらを中心に家々が建ち並んでいた。

カロリング朝のもとで平和が回復し、人口が増えてくると、こうした都市の中心部では狭苦しく、城壁が邪魔になってくる。このため、新しい都市や人口密集地域が誕生する。宮廷とか古代の館（villa）を核にして誕生した例がアーヘンやフランクフルトであり、軍事的要衝を中心にして誕生した例がドゥエやヘント、ナイメーヘン、ユトレヒト、バーゼル、ボンである。また修道院を中心に出来たのがサン・ドニ、ザンクト・ガレン、フルダ、ライヒェナウ、サン・リキエ、大領地とか港を中心に誕生したのがクェントヴィク、ドゥールステドである。

新しい中世都市

しかし、八、九世紀以後、司教座都市とか修道院や交通の要衝地を核とした古い都市とは別に、もはや土地を耕す労働にばかり頼らない新しい人々の町が出現したことが注目される。こうした町は、当初は木の柵をめぐらし、のちに石壁で囲まれるようになったことから、「ヴィクvik」とか「ポルトゥスportus」「ブルグスburgus」といった語尾が呼び名に付いている。

その立地は、伝統的な消費中心地に近い街道筋とか主要道路の交差するところ、河川の合流点とかで、住民は、農業ではなくパン屋とか飲物屋、肉屋、樽屋といった消費にかかわる仕事や、馬車屋、運搬業といった輸送の仕事、手芸材料、衣料品、車屋、鍛冶屋、皮鞣し、機織りなどの製造業というように、新しいタイプの生業を営む人々である。

イタリアの場合、都市の六分の五がローマ帝政期に起源をもつ司教座都市であったが、次第にその役割を変え、住民の構成も都市機構も変化していった。パヴィア、ミラノ、ベルガモは、九、十世紀には活発な商業活動を展開するようになっている。これと並ぶ商業的発展をみせたのがロワール川とライン河に挟まれた北フランスであるが、ただし、後者を直接に支えていたのは、封建制度のシステムであった。

中世においては、司教座が置かれていた《シテcité》は明確に識別できるが、いわゆる《町ville》と《村

village》を区別することは、そう簡単ではない。人口の集中地が《都会urbaines》として認められるには、幾つかの特徴を備える必要がある。というのは《都会》と《田舎campagnes》の間に絶対的に対峙するものがあるわけではなく、《都会》の内側にもたくさんの畑や果樹園、菜園、穀倉、家畜小屋があり、都会に住んでいても、多くの人は農作業に従事していたからである。また、城壁に囲まれているからといって、《都会》だとはいえなくなっている。村でも城壁をめぐらしているものがあるからである。

しかし、城壁は、その内側の領域をまわりの平地と区別し、襲撃に対しては防御の役目をし、入ってこようとする人々を選別する。そこには大きな門があって、商う品々を持った人たちも、ここで調べられる。とくに人口が増えたり、経済的に発展しているときは、都市の内側は城壁で空間を限定されているため、そこに住んでいる人々は、互いに身を寄せ合い、窮屈な思いをしなければならない。勢い、建物は上へ上へと階数を増やしたり、橋の上や教会の壁にくっつけてまで建てられることになる。

かといって、たとえば人口二〇〇〇人以上を《町》、それ以下は《村》というふうな区切り方もできない。中世の都市は、人口がやっと数百というのが少なくないからである。むしろ、もっと別の角度から考えたほうが《都市住民citadins》と《農民》とを区別しやすい。たとえば、生活様式とか精神状態とかである。都会人の場合、固定された場で職人仕事や商売に従事し、大部分の時間をその町で過ごし、町の中に住居を構えている。行商人の場合も、家は町の中にある。

都市は、市場をもち、行政・司法・宗教・軍事・政治の機能をもっていることによって、周辺の農村地域に対する支配権を拡大した。そのことがまた、都市を農村から、より一層明確に区別する。つまり、裁判とか政治面での特権を含む広範な権利が、《都市》という活動的部分と、しばしば人口の大部分を占めた農民世界とを区別したのである。

こうした《都市》が住民たちの眼にどのように映っていたかを示しているのが挿し絵や木版画、絵画や印影であるが、それを私たちが知るのにもっとよいのは、ほとんど当時のまま無傷で保存されてきている中世の町である。

たとえばプロヴァンの場合、頑丈な城壁の内側にたくさんの塔や鐘楼がひしめき合っているが、所々に菜園などがあり、風の通りをよくしている。都市域の外側に延びている街道に沿ってすでに家々が並んでいるが、市の城門に近づくにつれて、その密度は増す。城壁の外周は、河川をそのまま利用したり、河川から引いた水を湛えた壕を巡らしている。そのような取水路には、水車がたくさん設置されていた。したがって、河川から遠く離れて造られた都市というのは滅多にない。川岸に位置し、しかも、そのうえに壕で守られていることが多い。

いずれにせよ、城壁は巨大で、随所に塔と防塁が配置されている。カスティーリャの荒れ地にあるアヴィラ〔訳注・マドリッドの西方〕の場合、高さ十二メートルの城壁が二四〇〇メートルの長さに連なり、八十八の頑丈な塔で支えられている。アヴィニョンの町は、十四世紀には恐らく人口三万を数え、西方キリスト世界の中心であり、最大の都市の一つであったが、これを囲む城壁は長さが四三三〇メートルに達した。

一般的に城門は一つだけのこともあれば、幾つか備えていることもあるが、四つ以上ということはまずなかった。《城塞》の場合、稜堡がめぐらされて門を防御するようになっているが、《都市》の場合は、城壁や塔が持っていた役目は防御だけではない。それは、防御と同時に、平地地域に対して都市の力と壮麗さを誇示するシンボルという意味があった。そのため、塔は必要以上に多く、しかも複雑な形に造られた。門も、

長さ2400メートル、88の塔を備えた城壁をめぐらしたアヴィラの町

大砲の出現によって脆さがはっきりしてきた時代に、むしろ数も増え、かつ装飾的になっている。

門を入ると、町の全体は、塔のどれかに登らなければ見渡せない。都市の内部は、狭い道が曲がりくねっており、両側からは家々の壁が太鼓の腹のように張り出していたり、バルコニーが迫り出しているので、空は僅かな断片が見えるだけである。しかも、その狭い道に職人の仕事場や店舗がはみ出しており、人々は、それらを縫うようにして歩かなければならない。路面の舗装は悪く、多くの場合はどろんこで、藁やゴミが散らかっている。真ん中が溝になっていて、生活廃水がここを流れている。

何本かの道路が交差するところには広場が設けられていて、そこには十字架が立っており水汲み場がある。広場の傍らには、金持ちの商人の館（palazzo, hôtel）や、教会堂などの宗教上の建物が偉容を誇っている。教会堂の塀の背後には、よく手入れされた畑が広がっていた。

道路をさらに進んでいくと、中央広場（plaza mayor, piazza maggiore）がある。これは、西欧の都市の特徴をなすもので、多くの街路がここに収斂しているのであるが、それらの街路は、それぞれに同じ職種の職人が住む町になっていて、鋳鉄製の標識が掲げられている。フィレンツェには今も、そうした職種を表す名称のついた街路がたくさんある。「ポル・サン・マリア通り」は絹織物の職人を表し、「カリマーラ通り」はラシャ屋、「ペリチェーリア通り」は毛皮職人に由来している。

空が大きく開けた中央広場に面して、都市の重要な建物が美しさを競い合っている。なかでも際立っているのが市役所（hôtel de ville, palazzo communiale, Rathaus）と、その鐘楼（beffroi, campanile, Turm）である。鐘楼は、城塞の場合の天守閣と同じく、権力（都市の場合は自治権）を誇示するもので、都市の公共建築でも最も美しく、しかも、集会や取引、出会いや何かあったときの避難所といった具合に、多目的に使われた。そこには地下室もあり、記録書類の保管や、ときには牢獄として使われた。見張り塔の警鐘が鳴らされると、市民軍としてかねてから登録されている市民たちが広場に集まり、臨戦態勢が組まれた。

屋根付きの中央市場（marché couvert, mercato, Kaufhalle）があって、普段は、ほとんどの職人や仲買人がここで売り買いをした。街路がそれぞれに専門別の職人や商人の根城になっていたのに対し、広場は、互いの境界を取り払った交流の場となっていた。たとえばブレスラウ〔訳注・現在のポーランドのウロツラフ〕の中央広場（grosse Ring）には、大きなラシャ市場と、その隣には亜麻布の織り工場や皮鞣し場、パン焼き場などが入っている建物があり、それと釣り合う形で、向かい側には絞首台がある。さらに、その横には、魚市場があり、その先に塩市場（Salzring）がある。

リューベックでも、同じように中央広場に面して重要な建物が配置されているが、違っているのは、ノートル・ダム教会（聖母マリア聖堂）も同じ広場に面して聳えていることである。聖俗の建物は、つねに調和の姿を見せているわけではなく、むしろ、美しい教会堂や、とくにカテドラルは、別の広場に面して建てられていることが多い。

そうした複数の中心をもつ構造は、多くの場合、その都市の起源の二重性あるいは多重性を明瞭に表している。トゥールーズは、古代神殿（カピトリヌス）を中心としたローマ時代の都市に中世のサン・セルナン城が結合した都市で、司教座であるサン・テチエンヌ聖堂は周縁部にある。

ポーランドのクラクフは、二つの核をもっている。国王の居城であるヴァヴェル城と聖堂のある《ブルグbourg》は丘の上にあり、低地に広がる、織物市場を中心に入植者が集まった商業地域を見下ろす形になっている。両者は、本来は離れていたが、中間地帯に人々が住み着いたため、一つに繋がってしまったのである。

リューベックも、城を中心とする区域、聖堂の区域、商人や職人が住む区域と、三ないし四つの核をもっている。ブラウンシュヴァイクやヒルデスハイムは五つもの核をもっており、それぞれが城壁で囲まれているうえ、全体がまた一つの城壁で囲まれていて、それぞれが独自性を保持したまま、互いに結合した都市になっている。

メッスは、静かな環境と風通しのよい家を好む聖職者や貴族がカテドラルのまわりに住居を構え、そうした核がはっきり残っている。プロヴァンでは、山の手と下町が、切り立った自然の崖で分断されている。リモージュの場合も、城と市街とは別々になっている。

最も整然としていて調和がとれているのがアーヘンとブルッヘ、フィレンツェで、これらは、宮殿と司教館、伯の館を結合した一つの核を中心に発展した都市である。

膨らむ城壁の環

都市全体を防御するために欠かせないものとして築かれた城壁も、人口が増大し、その内部に住民を収容しきれなくなった場合、都市域を広げるうえで障碍になった。そこで、ある程度圧力が高まると、新しく城壁を造り直すことになる。これによって一時的には楽になるのだが、さらに発展が続くと、第三、第四の城壁が造られることとなる。フィレンツェの場合、十四世紀初めに六番目の城壁が建設されている。ヘントでは、一一六三年、一二一三年、一二五四年、一二六九年、一二九九年と、わずか一世紀半の間に五回も城壁が造り直されている。

なかには、将来の発展を見越して、碁盤目状の合理的な図面を引いて計画し、その後、年月をかけて各部分を造っていった都市もある。カルカソンヌとか、エーグ・モルト、またグルナード＝シュル＝ガロンヌのような《バスティードbastides》と呼ばれる南西フランスの要塞都市、ドイツの多くの町の拡張部分などがその例である。

いずれにしても、これらの都市は、それほどの広さをもっていたわけではなく、ヘントでさえ、やっと六〇〇ヘクタールで、これでも、ヴェネツィアや、城壁の外にまで溢れた住宅地も含めての当時のパリより

典型的な《要塞都市（バスティード）》エーグ＝モルト

大きかった。それ以外でいえば、ケルンが四〇〇ヘクタールを超えていたが、その人口密度はかなりのものであった。初期中世のポーランドの《グロードgrod》と呼ばれた城塞都市は、ヘクタール当たり一〇〇〇とか一二〇〇、ときには二〇〇〇人以上の住民を数えた。これは、現在のパリを上回る稠密ぶりである。

アルビなどの南フランスの町やジェノヴァは、ヘクタール当たり六〇〇人を超え、多くの階数をもつ建物がひしめき合い、しかも、どの部屋にも多人数からなる貧しい人々が住んでいた。ケルンの場合も、ポーランドの《グロード》には及ばなかったが、それでも高い密度を示していた。

当時のパリのように約六〇〇ヘクタールの広さに二〇万人もの人を住まわせるなどということは、今では考えられないことだが、それが現実であったし、ジェノヴァの場合も、一一〇ヘクタールに一〇万人、フィレンツェ、ヴェネツィア、ナポリ、ミラノも同様であった。そのほか、ヘント（五万）、ロンドン（四万）、ケルン

(三万)などが、中世の大都市として挙げられる。

当然のことながら、このように城壁で囲まれた狭い空間での異常な人口密度の高さは、種々の大きな災厄の引き金になった。建物の多くは木造だったから、火災が発生すると、炎はたちまち町全体に広がった。衛生状態も劣悪で、頻発する伝染病のため、大勢の人々が死んでいった。しかも、住民だけでも込み合っているところへ、巡礼、旅行者、商人、近隣の農民たちといったさまざまなタイプの来訪者で、季節を問わず、ごったがえしていた。

街路は、もともと狭いうえに、臨時の屋台だの、店舗のはみ出しで、さらに狭くなったが、朝から晩まで活気に満ちていた。とくに貧しい人々は、家が狭く、居心地がよくなかったから、天気のよい日は、女も子供も、街路に出てきて、隣人とおしゃべりしたり、遊んだり、小売り店主たちや領主、聖職者などによって提供される《見世物》を楽しんだ。

こちらでは、毛皮商が白や黒の子羊や銀リス、テンなどの美しい毛皮を広げているかと思うと、あちらでは、食料品屋が「天国にのぼるように気持ちよくなる薬」や、消化を助けてくれる薔薇香水入りの薬、練り薬、シロップなどを並べて声を張り上げている。もっと向こうでは、ラシャ屋や薬剤師、金銀細工師が店を開いている。

居酒屋はいたるところにあり、その洞穴のような店は、思わず足を踏み入れたくなるほど魅惑的である。内部は、打ち固めた土間に藺草が敷かれており、座り込んだ客に主人が大麦ビールとかワインを注いで運んでくる。肴はニシンの塩漬けで、ますます喉が乾くようになっている。客種は多種多様で、失業者や無頼漢、怠け者の学生、あるいは、ここを根城にしているいかさま師などと会話を交わすことができる。一緒にサイコロを振ったり、あやしげな遊びをすることもできるが、たちまち有り金を残らず取られてしまうのがオチである。

こうして、遊びや女、酒で情念を満足させて表へ出ると、狭い道路には相変わらず人の波が流れているだろう。そうした当時の街路の様相を見事に活写した有名なアンブロジオ・ロレンツェティのフレスコ画がある。そこには、さまざまな商店と並んで、道端で品物を広げている小商人や、地べたに坐って仕事をしている職人、健気に働いている小学生ぐらいの子供、衣類を詰めた籠を頭の上にのせ、赤ん坊を腕に抱いている女たち、ラバの背に木材や袋などを載せて引っぱっている運搬屋、犬といっしょに十二頭ほどの山羊を追っている山羊飼いなどが描かれている。

より北欧的なニュルンベルクでは、雨が頻繁に降ったうえ、汚物を片づけてくれる豚がいなかったので、市民たちはオーバーシューズを着用しなければならなかった。狭くて人の波で溢れている街路は、馬車とか車で通ることは困難だったから、貴族だの上流市民、また、視察や旅から帰ってくる商人たちは、駕籠を雇ったり、馬に跨って通った。

しかも、神への感謝のためとか、町に慈悲を垂れてくれるようにとか、何かの祭の一環としてとかで行われる宗教的行列のために、しばしば通行止めになった。大勢の見物人が集まるなか、聖職者たちが聖遺物を掲げて練り歩いた。また、同業組合の職人たちがその職種の守護聖人の像を車に載せて練り歩いたり、ある街区や小教区の信心会のメンバーが、最高に着飾って行進した。

あまり頻繁ではなかったが、それだけ人気が高かったのが刑罰の執行である。人々は、晒し台だの絞首台、斬首台だののまわりに詰めかけ、罪人に責め苦が加えられたり、刑が執行されるのに立ち合った。多くの群衆は興奮して、死にゆく人間に罵声を浴びせ、石を投げつけた。罪人が有力者であればあるほど、人々は喜んで攻撃を加えた。

パリでは、フィリップ美男王の寵臣で絶大な権勢を振るったアンゲラン・ド・マリニーが一三一六年に絞首刑に処され、その後、ブルゴーニュ派が権力を握るとアルマニャック派の人々が次々と斬首され、反対に、アルマニャック派が権力を奪うと、ブルゴーニュ派が処刑された。この雰囲気は、第二次世界大戦の終幕におけるナチ協力者に対するリンチを彷彿させる。

楽しい庶民的な見世物もたくさんあった。軽業師、熊使い、吟遊詩人、説教師、宗教劇やドタバタ喜劇などで、そのほかにも、家々に美しい飾り付けをし、花を撒き散らした街路を王侯貴族が威風堂々入城するセレモニーも、人々の心を浮き立たせるお祭り騒ぎのチャンスであった。こうした祭日のほとんどが、仕事は強制的に休みで、公共の場は、集まった市民や近隣の農村から押し掛けた大勢の群衆の洪水となった。このときほど、人々が一つの共同体に属しているのだという意識を掻き立てられたことはなかったにちがいない。都市への《愛国心》が、こうして生まれ発展したのである。

夜の帳がおりると、市門は閉じられ、番兵が立った。街路は人通りが絶え、真っ暗になった。夜警隊による規則的な巡邏は行われたが、松明と武器を持った護衛を付けなければ、夜遅く街路を歩くことはしないよう勧告された。事実、墓地とか《貧民窟 cours des Miracles》を根城にしている盗賊団が幾つもあり、夜間、不用意に歩いていると、襲われ、喉を掻き切られたり、膝の後ろの腱を切られたりして、金品を奪われた。

なんらかの重要性をもった中世都市なら、どこでも、昼間は不具を装って憐れみを乞い、夜は残忍なやり方で懐を肥やしている下層民が必ずいたし、そうした連中を一掃することに成功した都市は一つとしてなかった。M・ドゥフルノーは、こうした偽乞食を追放すべく出されたフランス王の布告の一つを紹介している。

「必要もなくして杖を携行して手足麻痺の振りをし、あるいはテンカンの真似をし、あるいは身体に血を塗りつけて傷を装い、あるいは膏薬、サフラン、小麦粉、獣の血そのほかを染み込ませたる布をもって疥癬に見せかけ、あるいは、膿汁を滲ませた服をまとい、黒苺、朱砂で誤魔化した血を口や鼻より流しつつ、教会、大通り、広場などで布施を乞う者は、神の真の貧しき子らになされるべき施しを横領せんとする不届きの輩なり。」

都市が大きくて、布施を受けられる（また、盗みができる）望みが大きいほど、乞食（本物か偽物かは別にして）がたくさん流れ込んできた。こうした非生産的な職業の人間がますます増えていったので、ときどき一斉手入れを行い、放逐する必要があった。たとえばパリの《カイマン caimans》（浮浪者）をムラン〔訳注・パリから少し南東にある町〕などへ移して正業に就かせる試みが行われているし、ドイツの諸都市でも、市民権の厳格な検査が行われ、もとからいる貧民と、よそから流入してきた貧民との区分が行われている。これらの措置は、慈善と貧困との連鎖を断ち切るために執られたことであるが、このため、最も恵まれない労働者たちと流入貧民とが結びついて、しばしば暴動が起きた。

都市コミューン

《都市》であることの決定的条件は、その住民の生活が城壁の内側で営まれているかどうかではない。すでに指摘したように、住民に、周辺の農村地帯や伝統的身分社会におけるのとは法的に異なる地位と権利が保証されていることである。

都市住民は、封建領主が管轄する世界では少数派であったが、領主に税を納めながら農業に従事している人々もいれば、通行税や納付金、市場税を払って部分的に職人仕事や商業を営んでいる場合もある。彼らは領主の法廷に出頭したり、戦争の結果払わなければならなくなった賠償金を負担したりするが、自分たちの富を守るために築いた城壁に守られており、それだけに連帯も強く、そうした連帯の核を形成しているぶん、孤立していると感じている。

市民としての結合力が強まるためには、まず、法の前の平等、つまり、出身がどうであれ、たとえ、もとは浮浪者であろうと、逃亡してきた農奴であろうと、領主のもとにいた下級役人であろうと、全ての人は人格的に自由であることが保証されなければならない。次に、あらゆる結合や提携、契約に正当につきまとう一つの誓約が呈示され、《コミューン》の全員がこれに加わらなければならない。そして何よりも、《コミューン》は、市民の人格的自由を保護できるためには、都市としての自律性と自主管理権を、旧来の支配者である領主に認めさせなければならない。

ケルン、ヴォルムス、カンブレー、ラン、また、イタリアの多くの都市のように、ローマ帝政期からの都市の場合、司教が同時に領主であり、彼らは、領主としての権限は限定されていったものの、司教として持っている権限はけっして手放そうとしなかったため、さまざまな紛争が生じた。

この種の紛争がようやく終熄するのは、自主市場税の問題が難交渉の末に決着をみることによってであるが、これにも、一〇七七年のカンブレーのように司教が勝利を勝ち取った場合と、逆に、司教側が敗北し、ヴォルムスやケルンのように放逐されたり、イタリア諸都市のように、市の周縁部に辛うじて存続を認められた場合と両方あるが、司教側が敗れたケースのほうが多いことはいうまでもない。

それに対し、世俗領主の場合は、ふつうは都市の外に住んでいて、ときどきしか姿を見せなかった。たとえばブルッヘの場合だとフランドル伯、プロヴァンの場合はシャンパーニュ伯、ディジョンはブルゴーニュ公が、そうであった。まして国王などの君主が都市の領主である場合は尚更で、彼らは現金で税を納めてくれることを条件に、かんたんに自由権を譲っている。

こうして、フィリップ・オーギュストは三十九都市に自由権を与え、ドイツ皇帝は十二世紀以後、約五十都市に『帝国直属都市Reichsstadte』の称号を与えている。そのなかには、リューベック、アーヘン、ケルン、ドルトムント、ヴェツラー、ゴスラー、ニュルンベルク、レーゲンスブルク、フランクフルト、アウクスブルクと、さらに以前に司教座があった七ないし九つの都市、さらに、マインツ、ヴォルムス、シュパイアー、シュトラスブルク、バーゼル、コンスタンツなどの《自由都市》がある。

同様にして、イングランド王やカスティーリャ王も、多くの都市に自由権を与えているし、また、国王ではないが、フランスの《大公princes》やドイツの《フュルステンFürsten》（皇帝や王につぐ大公の位）といった大貴族から権利を手に入れた都市も約三千にのぼっている。

これらの都市は、《コミューン》としての存立と自律権、自らが得た利益を管理する権限を与えられさえすれば、幾つかの税の徴収権と下級裁判権、経済的自由については譲歩した。というのは、いずれの都市も、通貨の使用が普及するにつれて周辺への影響力を強めていたものの、その基盤は農村世界のなかに組み込まれており、土地領主への依存度は相変わらず高かったからである。

領主たちは、たとえば自家製ワインを真っ先に売り出す「葡萄酒先売権banvin」とか、死んだ農奴の遺産を処分できる「死手権mainmorte」、「領外婚姻税formariage」、「下級裁判権」などは手放したが、地代・人頭税の現金納入、軍事的奉仕（たとえば兵員用食料の提供）、不慮の事故の際の負担金といったものを求める権利はしっかり保持した。

数は少ないが、このほかにも、ポアティエのように市民が集団で臣下となって、領主が起こした軍事行動とか騎馬行列に全面的に協力した例や、シャトーヌフ・ド・トゥールのように、市長などの代表を立てて臣従誓約をした例もある。ドイツでは、「帝国税Reichssteuer」を払うことを条件に「帝国議会Reichsstag」に《フュルステン（大公）》と同等の資格で代表を送るようになった都市もある。

こうして、シュトラスブルクやバーゼルの場合、都市集団そのものが《領主》として、天守閣や城壁、印璽、騎馬軍、裁判所、そして勢力下の田園をもつにいたり、その自律性は、誰びとに対しても服従を拒む本物の独立へと進展していった。とくに、フィレンツェやシエナなどのイタリア都市は、独自の外交政策を展開して他の都市や王国と盟約を結んだり、自市の管轄下の農村地帯（コンタードcontado）を拡大し、力を増大していった。

西欧の都市は、最もみすぼらしい都市から最も裕福な都市にいたるまで、自治のための議会と行政機構をもっていた。《評議会Conseil》は、しばしば、専門別の委員会に分かれており、議員数は、それほど多くなく、ふつう、ドイツや南フランスの場合は十二人、フライブルク、マインツ、シュトラスブルクなどは二十四人であった。

彼らは、市民による選挙とか、すでに評議員になっている人による推薦、あるいは抽選によって任命され、一人あるいは複数の市長（同時に並立する場合と交代制の場合とがある）を立て、書記、執達吏、公証人から成る行政スタッフをこれに付けた。そうしたスタッフは、リューベックやフランクフルトの場合、約二百人を数えた。

評議会の活動内容は、その都市がもっている自由権の如何によって様々であった。イタリア都市の行政官は、君主制のもとでの評議会メンバーと似通っているが、フランスやイングランドの場合は、自主性はもっていたものの、強力な君主や、隣接する封建領主の力も考慮しなければならなかった。それに較べると、ドイツの都市評議会は特別で、ほとんどの問題に自律的に対処した。とはいえ、領主の権限との調整はついても、教会との抗争は容易には片づかなかった。とくに裁判に関しては、聖職裁判権が、個人的にせよ集団的にせよ、彼らの所有財産全てに適用されるのかどうかという問題や、聖職者の土地資産について都市は税を取ることができるかどうか、といった問題があった。

教育に関してブルジョワたちが希望したのは、息子たちにもっと世俗的で実際的な教育を受けさせたいということであった。こうして、リューベックが一二五二年に《中等学校école secondaire》開設の認可を得る。

その後、ブレスラウが一二六六年、ヴィスマールが一二六九年に認可を勝ち取り、さらにフファイブルク、ウィーンがこれに続く。一三七九年にはエルフルト、一三八八年にはケルン、そして、メクレンブルク公と提携したロストック〔訳注・バルト海に面した北ドイツの都市〕は、大学の誕生にさえ重要な役割を演じることとなる。キリスト教会は、その権利も専売権も放棄しようとはしなかったが、教師団を監視する聖職視学官の任命権については、都市評議会に譲った。

病院の設立と管理や貧しい人々への食料の給付といった貧民救済の分野での教会の役目も、次第に市当局に取って代わられた。さらに時代がくだると、都市が領主として、小教区司祭に報酬を支払ったり、小教区の財政管理のために人を派遣したり、さらには、ウルムやシュトラスブルクのように、大教会やカテドラルの建設について支援までするようになる。

都市評議会は、君主が保持している権限とぶつからないよう配慮しつつ、市壁の内側だけでなく外側であっても、市街地化している地域については、徐々に諸権利を獲得していった。たとえば武器の携行や不法な集会を取り締まったり、夜間の通行の安全を守ったり、消火を厳守させたりするための警察権である。すでに述べたように、当時の都市はほとんどの建物が木造で、火事になると壊滅的被害を蒙ることが少なくなかったから、暖炉の煙突掃除は念入りにチェックされ、消防隊の人員を増やし、厳しい訓練が施された。

とくにドイツの厳格なブルジョワは、衛生面と倫理面の問題に重大な関心を払った。なかんずく、この傾向が顕著になったのが、十五世紀末、梅毒が流行しはじめてからである。賭博や暴飲暴食は禁じられ、服装の過度な華美も『奢侈取締り令 lois somptuaires』によって規制された。イタリアとドイツでは、この種の法律が十四世紀半ばごろから盛んに作られている。

軍事面での負担は、多岐にわたり、かつ重かった。いざというときは、市民も徴兵に応じなければならなかったし、とくに上流市民の場合は、騎兵として参加するのが普通であった。平時において市民兵が行うのは、城壁や城門の守備とか市内の巡邏などであったから、抽選で動員メンバーが決められ、仕事に差し障りがある場合は、誰かに代わってもらうこともできた。

そして、城壁の外への軍の派遣とか敵との交戦とかは、貧しい貴族で構成された傭兵に依存することが多かったが、ときには市民兵も動員された。そうした軍の指揮官は当然貴族で、さまざまな役人のなかでも最も高い給料を支給されていた。

配下の人数は、たとえばニュルンベルクの場合は平時の一三七七年で二十七人、戦時の一三八八年でも八十七人と、そう多くなかった。しかし、その下には、馬丁や蹄鉄工、車大工、鍛冶屋、武器職人、弩の射手、砲兵、大砲の鋳造工などがおり、それらの人件費から材料費まで考えると、軍事費がいかに都市の予算を圧迫したか、想像に難くない。たとえばケルンでは、平和時の一三七九年でさえ、予算の八二％を軍事費が占めていた。

しかも、都市の収入自体、さほど潤沢ではなかった。とくに、その理由は、権力を握っている裕福な市民たちが、自分たちの収入に対してはほとんど税をかけなかったことにある。いわゆる《逆進課税》の方式が採られていたわけで、平均的収入の人々には一％の税がかけられたのに、最も裕福な人には〇・四％しか掛けられていなかった。他方で、完全に税を免かれている貧民たちもたくさんいた。

そのうえ、十四世紀以前は、税収入の大部分を占めていたのは都市地域の人頭税で、飲み物など流通商品に掛けられる間接税は微々たるものであった。その背景には、そうした商品と関係していることを表沙汰にされたくない気分が支配的であったこと、そのため、取引額が把握できなかったことが挙げられる。ようやく徴税が規則的に行われるようになるのは、《中央卸売り市場Kaufhaus》や品種別の卸売り市場（ラシャ市場とか魚市場、塩市場など）が設けられ、商人、とくに外国商人たちに、ここに倉庫を置いて売りさばくことが義務づけられて以後である。これには、貨幣の鋳造も関係しており、たとえばリューベックが独自の貨幣鋳造権を獲得するのは一二二六年以後のことである。

いずれにせよ、都市は、その収入の全体をもってしても、通常の支出をまかなうのがやっとであった。そこで、非常時の支出に対処するために採られた手段が、富裕なブルジョワを対象に《公債》を発行することであった。たしかに彼らは、なんらかの担保を引き合いにすれば、応じてくれる可能性があったし、それは、ユダヤ人とかロンバルディア人の銀行家に較べると格段に近づきやすかった。こうして、終身年金による償還を条件にした公債や、短期償還公債が発行された。

一三五一年のケルンでは、長期公債が総額三万九二〇〇マルク、そのうち一〇％を終身年金が占めていた。ヴェネツィアでは、自発的寄付（自発的といっても、これを拒絶することは困難だったが）という形で集められた。イタリア、ドイツ、フランス、イングランドについては、当時の都市の財政に関する記録がかなり遺っているが、規則的で公正な税制などというものは、どこでも期待すべくもなかった。多くの場合、責任をもつべき役人は根性が狭く些末なことばかりにこだわり、簡明で効率的なシステムを考案することはできなかった。

しかしながら、十四、五世紀になると、一つの発展が現れる。ヨーロッパのほとんど全域で、王政府の要求に応えるためと、城塞の建築や兵員調達も含めた戦費を生み出すために、ますます厳格な税制が採用されるようになっていく。その結果、収支は改善され、役人たちはテクノクラートになっていった。この傾向はとくにフランスで顕著であるが、大なり小なり、ヨーロッパじゅうが、この方向に進む。フィレンツェ市とその支配下にあるトスカーナ地方では、一四二七年に、直接税制度を確立するため大規模な検地が実施され、その結果作成された大きな「土地台帳 catasto」が遺っている。パリやペリグー、サン・フルールでも、たくさんの記録書類が遺されている。

都市内部の権力抗争

そうした努力にもかかわらず、財政を預かる仕事は相変わらず厄介であった。都市評議会や行政官は、収支状況について、自分を選んでくれた人々に対してだけでなく、納税義務を負っている市民全体の前で説明しなければならなくなっていった。市民たちの発言力が、どのような影響のもとで強化されていったか、そして、西欧都市の社会的発展のなかで、どのように移り変わってきたかといった細部にはここでは立ち入らないが、北イタリアとトスカーナの諸都市が全般的に辿った経緯は、かなりよく知られている。

これらの都市では、初期の時代（十一、二世紀）、たとえば司教などの封建領主に対抗して貴族たちが結束し、権力奪取に成功、執政官を置いて統治を始めた。ついで、十二、三世紀、彼ら同士の間で党派争いが生じ、外国人の司法官に援助を求めなければならなくなる。その動揺に乗じて、《職人組合 arti》によって経済力を強めた新貴族、いわゆる《ポポロ・グラッソpopolo grasso》が台頭する。彼らはその経済力と組合の力を利用して、職人や平民の、いわゆる《ポポロ・ミヌートpopolo minuto》を統治するにいたる。

やがて、圧制に不満を抱く《ポポロ・ミヌート》を煽動して独裁的な指導者が出現。彼は、市長とか行政長官として終身（さらには世襲的な）権力者となり、近隣諸都市にまで勢力を拡大していく。こうして、一都市国家から、同じ領主を頂点とする都市が幾つか集まった《公国principauté》へ発展を遂げるのである。

フランドルでは、少し違った展開が見られる。十二、三世紀の段階で、すでに権力は《コミューン》をリードする富裕市民patriciensの手に握られていた。彼らは相互に婚姻関係を結んで結束を固め、都市域の土地や市壁の外の不動産を保有。さらに商売をひろげて富を増やし、市場税の管理権まで掌握するにいたる。その生活は、召使いたちにも馬を使用させ、自分を「殿sire」と呼ばせ、騎馬試合にも出場するなど、貴族と変わらないものとなる。

ドイツでも、当初、封建貴族（nobles）たちが去った都市で、経済的・社会的優位を勝ち取った一人の貴族（patriciat）が周辺の《封地》を手に入れ、それを配下に分け与えることによって都市を管理し支配する権利を独占するのが見られる。彼は、都市評議会（Rat）を牛耳り、さらには教区の参事会や司祭の任免まで恣にするようになる。

多くの追随者たちに取り巻かれ、塔をそびえさせた館に住み、出かけるときは、鎧を身につけ、剣を帯び、馬に乗って、威風堂々と振る舞う。田園から移ってきて近くに住んでいる古くからの本物の貴族は、彼にとってはライバルであるが、ときには、婚姻によって結合した。この特権的貴族たちも、旧来の貴族に対しては、まだ羨望の念を禁じ得ないでいるのである。

こうして十三世紀のフランドルやドイツの都市では、職業を基盤に富を増やした新しい富裕階層が興隆し、上流階級を形成していく。同じ現象がイタリアの都市貴族についても見られる。ときには、貧しい小市民たちが暴動を起こして、こうした都市権力者を追い出した例もあるが、だからといって、《コミューン》の統治権を手にするにはいたらなかった。

フランドルでは、新興富裕層の勝利は一時的なもので終わる。というのは、十四世紀以後、《コミューン》は、しばしば、新興富裕層に対抗して雄弁家やデマゴーグを支持し、旧来の土地貴族が都市の支配権を奪還するのを助けたからである。

ドイツでは、同業組合の親方たちが競争を監視し、利益配分の調整をめざしたが、勝利を勝ち取ったのは、中央ドイツと南部ドイツにおいてのみで、しかも、かなり時間がかかった。マグデブルクが一三三〇年、ケルンが一三九六年、それに、マインツ、シュパイアー、メンミンゲン、シュヴァーベン、アルザス、スイスが続く。ときには、コンスタンツ、ウィーン、シュトラスブルクのように、都市貴族との間に一種の均衡を実現した例もある。

他方、ハンブルク、リューベックなどの北ドイツの都市や、ブレスラウ、ニュルンベルク、レーゲンスブルク、ライプツィヒなどの東部ドイツの都市では、貴族階級は非常に活動的で、裕福で力をもち、新興の家族に対しても開放的であった。このため、組合親方たちからだけでなく、都市社会の底辺を成している貧しい平民（plebe）からの衝撃にもかかわらず、大規模商業と都市行政における主導権を保持した。

この点で想起されるのが、梳き毛工ミケーレ・ディ・ランドの指導のもとに起きた『チオンピCiompiの乱』（1378）のような、貧しい労働者たちの抵抗運動によって揺れ動いたフィレンツェはじめイタリア都市の状況である。《チオンピ》とは毛織物業において洗毛、打毛、梳毛、刷毛などの作業に携わった下級労働者の呼称である。

この時代、市壁の内側で営まれていた生活がどのようなものであったかは、伝統的権利を保持して民衆を圧迫した聖職者や土地貴族の存在とともに、そうした貴族たちと裕福な商人や職人と「搾取される大衆」の間で繰り広げられた残忍な抗争を抜きにしては、理解できない。

商人たちは、当初から都市の行政権と不動産をもっていた人々で、新しい最もダイナミックな勢力の一つであった。しかし、ヴェネツィアやリューベックのような物資流通の中心地ですら、大規模商業に直接に携わったのは少数の人々で、大多数の市民が携わったのは、農業であり、家内工業であった。

そうした家内工業は、その地方の消費者のためのものであることも遠隔地への輸出用であることもあれば、一つの組合の枠内に限定されていることもあれば、理論的には自由であることもあった。しかし、いずれにせよ、労働条件や原材料の入手法、製品の捌き方、品質管理などについては、自治都市あるいは封建領主の権力に由来する幾つかの取決めによって規制されていた。

同業組合の発展

自由労働者は、おそらく多くの都市で多数派を占めていたにもかかわらず、その実態はほとんど知られていない。リヨンやボルドー、ナルボンヌといった幾つかの都市には《同業組合corporations》の厳密な体制は確立されていなかった。

エティエンヌ・ボワローの『職業の書Livre des métiers』によると、十三世紀末ごろのパリでは、法的に認められた職業は百一しかない。しかし、当時の《人頭税台帳livres de taille》には、三百以上の職種が数えられる。この「パリ市長」の調査には、大きな手落ちがあちこちにあり、たとえば、《水売り》や《屠殺業者》、《毛皮商》などが忘れられている。他方、ドイツのさまざまな法規では、組合には加入していなくても登録された人々と同じ仕事をしている労働者や親方については、きちんと記載されている。したがって、全般的には、状況はさまざまであるといわなければならない。

しかしながら、十四世紀に入るころには、《同業組合》の強化が行われる。組合の力が強くなり、同じ職業に携わる人は、明確に定められた規則を守り、監視役の審査員の権威を尊重するようになる。同業者たちは《一つの金庫》、《一つの印璽》、《一つの標識》を持つ。その起源は明らかではないが、ローマ時代の同業団体《コレギアcollegia》と何らかの繋がりがあることは明白である。

加えて、すべての場合とはいえないまでも多くの場合、キリスト教の《信心会confréries》の影響がかなり見受けられる。同じ聖人を崇拝することで結びつき、定期的に集まって一つのテーブルで食事し酒を飲み交わすこと、また、祭典では自分たちの聖人の像をかかげて行列を組んで街路を練り歩くこと、メンバー相互の慈善と扶助を原則とする結社であることに、それは表れている。

こうした兄弟愛は、一つの街区でも、あるいは、田舎の一つの小教区でも、住民の核として形成されえたはずであるが、知られているのは、同じ職業の人々が、たとえば毛梳工の場合は聖ブレーズ、金銀細工師の場合は聖エロワというように、自分たちの守護聖人を中心に作った集まりだけである。〔訳注・ブレーズはブラシオス。アルメニアの司教で、三一六年、リキニウス帝による迫害で殉教したとされ、鉄の櫛で身体を細分されたとされる。エロワはエリギウスといい、六世紀末、リモージュの近くで生まれ、聖職に入る前は、金銀細工師であった。〕

パリの金銀細工師たちは、十三世紀末、病気や貧窮に陥った仲間を助け、仲間の誰かが死んだ場合は、その遺児を一人前の職人に育てるなどの協力体制を作った。また、大きな祭典の日には、みんながこの日を祝うことができるようにという趣旨から、市立病院に入っている貧しい人々に施しを始めている。また、《市場税denier-Dieu》〔品物の売買のたびに、一リーヴルあたり一ドゥニエを納める税〕を積み立てた基金をもっていたが、ここには、祭の日に限って店を一つ開くことで得られた収益が繰り込まれ、また、親方たちの醵金も、これに加えられ、それが、こうした貧民救済に充てられた。

ドイツやイタリアの多くの『職業規範』にも、これらの活動に加えて、互いの団結を強めるための日曜日の集会、新入りの職人の歓迎会、亡くなった仲間の追悼ミサを行うことなどが定められている。新入り職人の歓迎会には、新しく親方資格を取った人がビールを一樽提供した。また、平日も、「朝の話合いMorgensprache」と呼ばれる仕事上の問題についての打合わせ会が開かれていた。

多くの場合、《信心会confrérie》がまずあって、そのあと《同業組合corporation》が出来た。そうした《信心会》は、ティール〔訳注・オランダ東部の町〕やヴァランシエンヌ〔訳注・ベルギーに近いフランスの町〕では、すでに十一世紀中頃にはあった。とはいえ、最も初期のものと推定されているマインツやサン・トメールの組合規則でも、仕事に関する問題しか取り上げられていないし、十三世紀末のパリの多くの同業組合の規則書にも、「兄弟愛fraternité」を想起させる内容は見受けられない。

いずれにしても、聖職者や貴族といった権力者たちは、この同業の職人たちによる共同体を、当初から《神が打ち立てたもうた秩序》に刃向かうものになる恐れを秘めていると見て、これを抑圧しようとしたし、その傾向は年月とともに強まっていた。

しかも、この共同体自体、本来は慈善的なもてなしのための機構であったのが、近隣諸都市との競争のなかで共存していくため、メンバーの多くに平等のチャンスを与えるために、階層化された複合的集合体となり、やがては、生産のコントロールと規制のための組織体へと変化していった。

仕事を仕切ったのは最終的には《親方衆》（フランス語では「prud'hommes」）であった。一般的に、一人前の《親方maître》になるには、《親方昇格作品chef-d'oeuvre》を仕上げて、その力量と誠実さを示し、しかも、違反を犯した場合に罰金を払えるだけの資金を積んで、同僚たちによる推薦を受けなければならなかった。資格授与の儀式は、たくさんの証人が立ち合うなかで行われ、宣誓をし、御馳走が振舞われた。資格を受ける人は、組合の入会金も支払わなければならず、その額はますます大きくなっていった。

親方は何人かの奉公人（フランス語では「valets」、ドイツ語では「Knecht」または「Gesellen」といった）を使って仕事をした。この奉公人たちは、必要な技能は身につけているが、自分の仕事場をもつだけの経済力がなく、やむなく、ある親方のもとに、ある仕事のためとかある期間、雇われて給料をもらっているのである。これは、自由を奪われているので「下男」とか「従卒」という意味の前記の呼び名が付けられているのであるが、その代わり、仕事がないときも、生活は保証されていた。

もし、上の立場に登ろうと思うなら、節約に努めて、親方昇格作品を作る材料代や、親方になったときの祝宴の費用、組合入会金を払えるだけのカネを貯めるか、さもなければ、それだけのカネを婚資として持参してくれる女性と結婚するかしかなかった。その意味では、親方の息子は、父親の跡を継ぐのだから、非常に有利であった。

他方、見習い奉公人の数については、親方の財力や地盤の規模によって異なるが、普通は、親方の息子を別にすると、二人までで、三人以上ということは滅多になかった。見習い奉公の契約は、父親または後見人の署名によって結ばれた。奉公の長さは、その仕事の習得の難易度によってさまざまで、なかには、十年とか十二年とかに及ぶものもあった。十三世紀のパリに例をとって見ると、二年から四年というのが四業種、五年から七年が九業種、八年から十年というのが三十一業種、十二年以上が二業種となっている。

少年がまだ仕事ができず、役に立たない間は、父親は親方に養育と教育の費用としてなにがしかを払わなければならなかった。ようやく品物を作れるようになっても、安い値しかつけられなかったし、その儲けは親方のものになった。しかも、ときには、少年を他の親方に貸して、その給料を自分が受け取ったり、そのまま同業者に譲るなり売り渡すこともできた。

幼い奉公人は、最初の何年間かは、使い走りや子守をさせられ、女主人からぶたれることもあった。それから、仕事を徐々に教わって試験に合格し、自分の生活を支えることができるようになってはじめて、職人仲間に入れてもらうことができた。

仕事場、いわゆる《アトリエ atelier》は、狭いうえに、製品を売るための店舗も兼ねていた。見習い奉公人は《下男》でもあり、食事も親方一家と一緒で、時間の無駄遣いは許されなかった。中世の職人たちの際立って家族的な、古風な人間関係は、ここに由来している。

作業はほとんど分業化されておらず、原材料の段階から仕上げの段階まで、同じ一つの品は、同じ人間の作業に依った。その反対に、職種間の分業は顕著で、たとえばフランクフルト・アム・マインでは、鉄を扱う職種が五十以上あった。ニュルンベルクでは、金属を扱う職種が全体の四分の一以上を占めていた。このように特殊化が著しかったのは、多分、品質維持のためであったが、そのことが生産量に限界をもたらした。親方たちが製品の出来映えによって仕訳をし、その地方の領主とか権力者によって指定された審議会員が厳格に審査し監視した。

原材料を誤魔化したり、仕事を手抜きしていると、審議会員によって厳しく指摘されたし、作業自体、公衆の前で開放的に行われることが求められた。したがって、夜間に作業することは、灯り代が高く付くためだけでなく、不正をなくすために禁じられた。悪質な手抜きに対しては、罰金、投獄、晒し台、ときには追放などの厳しい刑罰が課された。

一日の仕事は日の出とともに始まり、灯りが点されるころに終わった。したがって、冬は朝八時から夕方五時までしか仕事はできなかったと考えられる。昼間が長い夏は、それだけ作業時間が長くなったが、祭や日曜日（土曜日の正午から休みに入った）は、同業組合のミサだの、守護聖人の祭典だののため、仕事は休みになった。

住宅に関しては、パリのような家賃の高い都市でも、さほどの問題は生じなかった。R・カゼルは、奉公人クラスの場合、住居費は給与の八％以下、石工の親方の場合は、三％に過ぎなかったと計算している。

自由労働者は職業組合の規則には縛られなかったが、厳しい競争原理に晒された。彼らは、朝一番に職業周旋所に出かけ、よい仕事を見つけなければならなかった。これは、パリでもケルンでも、そのほかのどこでも同じで、専門的でない給料の安い仕事でも、ありつけさえすれば、よしとしなければならなかった。

フランドルの織物産業の例

今日、巨大な機械装置で作られている織物を、中世人は複雑な工程のほとんどを手作業で作っていた。その背景を調べたときに、中世の職人の生活とその都市生活への影響というものが明確に理解できるであろう。そうした織物産業の中心であったフランドルについて取り上げてみよう。

まず忘れてならないのは、原材料である羊毛は、普通、イングランドから輸入されていたことである。羊毛は、生産者自身によって上中下の三等級に分類され、荷造りされて送られてきた。しかし、これは荷ほどきのあと、《選別工 elisseresses》によって、さらに細かく仕分けされた。その後、簀の子の上で《弓 archers》で打って柔らかくされ、ついで洗浄されて、羊の汗腺から出た脂が除去される。ときには、オリーヴ油をベースにした軽い油で潤いが与えられる。これによって、ふかふかした柔らかさが出るのである。

つぎに、鉄製の櫛とか、板の上に固定した矢来で梳いて縺れ毛や毛玉が取り除かれる。この場合、櫛で梳くのを「pigneresses」、矢来で梳くのを「carderesses」という。このあと、毛を撚って束糸にしながら紡錘竿あるいは糸巻きに巻き付けていく《糸紡ぎ fileresses》となる。十三世紀になって「紡ぎ車」が考案され、かんたんに仕上がるようになったが、それまでは田舎や都会の主婦の手作業に頼っていた。彼女たちにとっては、手間賃は安いが他の仕事の合間にできる手軽な副業だったのである。

出来た糸は《織り工tisserand》の仕事場で布に仕上げられる。織り工は水平台の木製の織機（これは、少々値が高い）を使っており、これで高級なラシャ地も織ることができた。まず《整経工ourdisseurs》が、織機のしなやかな細い棒に、布が出来上がったときの長さ（最大五十六オーヌ、つまり約六十八メートル）に縦糸licesを千本から三千本、セットする。それから、この縦糸に交互に上下になるように杼を往来させながら、横糸を仕上げていく。

こうして出来た布は、《ラシャ打ち工foulon》によって、粘土でこすって脂分を除去し、濯ぎ、何度も踏まれる（十三世紀以降は、この工程は水車を動力として行われる）。布は乾くときに、縮みながら厚みを増す。これをまた濡らして、打ち、鋭い刃がついた矢来の間で摺り合わせてフェルトのようにし、これをさらに何度も濡らし、バターか獣脂を塗って三日間、圧縮する。その後、縦横に引き伸ばし、両面とも滑らかなビロードになるよう、毛足を切りそろえるのである。

以上が、白いラシャ地が出来る工程であるが、普通、ラシャ地は染色されている。それらは、当然、染め物師の手を経るのであるが、布地に織る前の糸の段階から染めるのは多色染めの場合だけで、通常は、出来上がった布の表面の毛足を切りそろえる段階で染められる。

その場合、ラシャ地は銅桶に入れられ、明礬液に浸し、これを熱して脂肪分を取り除いたあと、色を定着させる。染料は、黄色を出すのにはモクセイソウや茜などの植物、鮮やかな赤を出すには臙脂虫などの動物性のものが使われた。藍の場合は明礬は不要で、灰で充分であるが、その代わり、長時間、熱湯に浸し、ゆっくり空気に晒して酸化させなければならない。

織物商人の力を見せつけるイーペルの組合本部（長辺は132メートルある）

フランドルの織物産業では、羊毛の質や糸の紡ぎ方、染料によって、実に多様な品が生産されていた。回収した梳き毛を綿と混紡した、少し品質の落ちる毛織物も作れば、かと思うと、ラクダの毛織物とか緋色の豪奢な布など、さまざまな織物を作り出した。

色も、リンゴの花の色（appleblossom）とか、桃の花の色（perkersblossom）、血のような赤、同じ緑でも明るいのや暗いの、波形模様に染めたもの、など多彩である。原材料の羊毛から製品になるまで約三十の工程があり、少なくとも一か月はかかった。

なによりも重要なことは、これら各種の作業をする《労働者ouvriers》と《製造業者producteurs》の間に社会的差別があったことである。羊毛を選り分け、梳き、紡ぐのは、一般の家庭の主婦であった。糸を選び、布に織る《織り工》とその奉公人は、それなりに専門技術を身につけた人々であったが、賃金は都市によって決められていた。

《ラシャ打ち工》や《染め物師》は、長さが普通二十から三十メートルある布を扱うのであるから、重労働である。当然、職人に手伝わせたが、こうした職人の賃金はきわめて安く、しかも、爪が染料で染まっていたので、社会的差別を受ける原因になった。

他方、これらの労働者たちに指示を下すとともに、羊毛や明礬などの原材料を供給し、製品を売りさばいたのが《製造業者》たちである。織り工や染め物師の親方たちは、こうした《製造業者》に利益を配分してもらう側であったから、その立場は弱かった。ただし、これにも違いがあり、織り工の親方が、意地汚く値段を掛け合わなければならなかったのに対し、染め物師のほうは、前もって料金が決められており、比較的悠々と仕事ができた。

最後に、労働者大衆がいる。これにも、奉公人として安定的に雇われている労働者と、仕事のたびに臨時的に使われる低賃金の労働者とがいた。とくに染め物師のもとで働いた労働者は、「青爪 ongles bleus」と呼ばれ、まさに正真正銘の《プロレタリアート》であった。

拡大する貧富の差

このような状況は、西欧のすべての都市に当てはまったわけではないが、十四世紀、十五世紀と経つにつれて、ますます多くの都市で見られるようになり、しかも、織物産業だけでなく、都市社会全般の現象となっていく。

金持ちたちは国際的な通商に手を広げ、富を増やしつづけた。一四一八年、南ドイツのコンスタンツには、《ヘラー heller 貨》で二〇〇〇リーヴル以上の現金を蓄えているブルジョワが百三十七家族あったのが、一四五四年には百二十三家族に減っている。その半面、平均的所有高は五四一三リーヴルから六三七七リーヴルになっている。つまり、少数者への富の集中が進んでいるのである。

東北ドイツのロストクでは、賃金八シリング以下の人が、一三七八年には二四・四％であったが、一四〇九年には三四・四％、一四三〇年には四六・二％、一四五四年には三七・九％、一四七三年には四八・三％になっていて、低賃金労働者が年々増えていることが分かる。アウクスブルクでは、税を免除された貧困家庭が四三八五家族のうち六六％にのぼっている。

こうした貧富の格差の拡大は、同じ業種の親方同士の間でも生じている。一四二九年、バーゼルの鍛冶屋の親方たちについてみると、二〇〇〇グルデン以上のカネをもっている親方が二人、一五〇から二〇〇グルデン持っている人が七十八人、一〇から一五〇グルデンもっている人が七十七人いるのに対し、一〇グルデン以下という親方が十五人いた。

一四四三年、ゲルリッツ〔訳注・ポーランドと国境を接するドイツの都市〕では、一〇マルク以下のカネしか持っていない織り工の親方が二十三人、一〇から一〇〇マルク持っている人が七十五人、一〇〇から一五〇マルク持っている親方が三十九人いた。

そこで、こうした格差の拡大を抑制するために、《同業組合》は組合の管轄外での「闇作業」や、近隣の出稼ぎ農民を使うことを禁じたり、親方の数を限定したり、仕事場の広さを制限して同業者同士の競争に厳しい規制を設けたり、高価な新しい機械の導入を禁じたりした。

それに加えて、組合は、見習い奉公人の採用について、難関を設けていった。たとえば、見習いになるには、生まれが正しい自由民で、しかも、ドイツ人でなければならない、といった条件をつけたのである。しかも、年季奉公の年数も長くなり、親方になった場合も、納めなければならない税が高くなった。修業を終えても、親方になるには、その都市の市民権を持ち、親方昇格作品を作るための費用が払え、都市の中に土地を持っていて、仕事場を作れるだけの資金を用意しなければならなかった。

しかも、事態はますます悪くなっていった。親方たちは、仕事場と仕事道具を持っていても、原材料の値段も、製品の売値も《企業家》である《製造業者》によって決められるので、収入は減少する一方である。ゆとりのある少数の親方たちだけが、自らも《企業家》になり、「商業資本家」の仲間入りをしていった。アウクスブルクの七人の納税義務者のうち四人は織物業の親方から出た人々で、そのなかで最も金持ちだったのがヤーコプ・フッガーであった。

このようにして、大勢の賃銀労働者を抱え、巨大なアトリエを構えて、羊毛や絹の織物、綿入りの麻布(シュトラスブルクとザンクト・ガレンが有名)、種々の金属製品や地金、紙、ガラス、印刷本などを市場に提供する企業家が出てきた。これらの活動は、大規模商人の大部分がそうであったように、《同業組合》の狭い枠をはみ出して、広い世界で展開された。

そのうえ、すでに述べたように、資格は得ても、職人が親方になることがほとんどできなくなったことから、新しい動きが出てくる。たとえば一四八一年から一四九八年、エルフルトの大工職三十人のうち、親方になれなかった二十人が《兄弟》として連帯し、助け合いながら町から町へ回って仕事を求め、給料を上げさせたり労働条件をよくしてもらうために、力を併せてボイコットしたり、決起したりした。彼らが要求した条件の改善のなかには、仲間で集まることのできる居酒屋〔Trinkstube〕を作ることや、毎日十六時間も働かされているので、毎週か月に二回、月曜日を休日にし、入浴したり討議ができるようにしてほしいというのがある。

一四〇七年には、四千人以上の職人が参加した靴職人のストライキが、ラインの上流地域で起きている。一四七〇年には、アルザスとライン上流域の全ての毛皮職人によるストライキが起きている。

最後に、どこの都市でも、家族をもちながら人に雇われ給与で生活する労働者、いわゆるローマ時代でいう《プレブスplèbes》〔平民〕は、ますます数が増えていく。

そのなかにはまず、荷物運びや波止場人足、荷物の寸法を測ったり重さを量ったりする仕事で商人に直接に使われた人々がいる。ケルンでは、人口の四%がこうした労働者とその妻子で占められていたうえに、たくさんの船頭や船員がいた。もっと多いのが、親方になれない職人、自由労働者、手工業労働者、鉱山とか岩塩鉱の坑夫、庭師、ぶどうの木を剪定する職人、都市コミューンの職員、古物商、召使い、旅芸人、売春婦、乞食、そして、罪人の家族とか、神経病や梅毒などの病気で働けないでいる人々などである。

給与生活者たちは、給料があがっても、穀物や原材料の値段が高騰すると、生活は苦しくなった。一四七四年、ハレ〔訳注・東部ドイツ、ライプツィヒに近い都市〕では、給料を二倍に上げるよう求めて労働者たちが決起している。中世も末になるほど都市の周縁部には、移住労働者が増えている。

ここに挙げたのは、主としてドイツの例であるが、中世末には、西欧全体の多くの都市が同じ問題に直面し、都市内部の社会的緊張が高まっていく。緊張は、職業や経済の面だけでなく、都市行政など政治面にまで広がる。すでに見たように、富裕市民たちは民衆の力を利用して権力を手中にしたのだったが、その民衆が彼らの富と権力に異議を差し挟みはじめると、たちまち、この民衆に対し徹底的な圧迫を加えていったからである。

こうして、商業の発展と新しいタイプの都市の出現が、中世末の幾世紀かを特徴づける。たしかに、西欧全人口の六〇から九〇%を占めたのは農民であったが、土地資産の大部分を所有して社会の最上位を占め、万事について決定権をもっていたのは貴族であり、とくに聖職者たちであった。フランスとイングランドの都市は、彼らとは距離を置いて身を持していたが、ドイツの都市は多くが彼らの監視を受け、十五世紀末には「骨抜き récupérer」されてしまう。イタリアの都市は、自らが生み出した新貴族の手に身を委ねる。

しかし、そのような違いはあるものの、総体的に、商人、ブルジョワ、市民たちのおかげで、現金の流通が日常を支配し、簡単に投資できてカネを生み出し、労働力を買い、利益を増殖してくれる《資本》が姿を現していった。十三世紀に現れた中流階級は、十四、五世紀には押し潰され、こうして、都市内部で姿を表した階級闘争の諸条件が、危機に乗じて田園世界をも手中に収めていく。かくして、神が望みたもうた《身分秩序》による社会は、決定的に粉砕されたのである。

結び

中世社会で営まれていた日常生活を、かなり急ぎ足で見てきたが、これによって、今日の人間には奇妙と見えることも、少しは理解できるようになっていただけただろうか?

まず第一に、西欧の中世を超えて、ときには古代に結びつき、現代世界にまで繋がる長い持続性をもったいろいろな構造が明らかになったと信ずる。その最も簡単な例が、農民の生活であり、その穀物栽培ととくに個人的に行われる家畜飼育である。豚の調理、暖炉の前での冬の夜なべ仕事、地域によって異なる住居のタイプと、使われている素材、馬や牛を犂に繋ぐ仕組み、蹄鉄、二輪車、おばあさんが語ってくれる昔話、季節の移り変わりと宗教上の祭の奏でるリズム、絶え間ない大地との関わり、野菜や木々、動物たちとの接触……これらは、少なくとも第二次世界大戦にいたるまでは、西欧の幾千万の人々の日常生活を織りなしてきた横糸であった。

貴族階級は、その武具と、ときには、狩猟場、城、そして戦士としての職業をさえ保持してきた。教会の階級制度と教義が教育と政治生活に及ぼした影響も、ほとんど変わらないできた。たくさんの中世の建造物が特徴的にあらわしている都市の配置が大きく変わり、輸送と通信手段に革命が起きたのは、やっとこの一世紀、いや、ここ何十年かのことにすぎない。

しかし、このような深い連続性を超えて、中世にはあったけれども現代には失われてしまったものは何だろうか？　と数え上げることも大切である。

それは、もっと厳しかった自然、バランスの悪い食事、変化の乏しかった衣服、ずっと短かった人生、ギリシア・ローマ的明晰さが欠け、したがってデカルト主義もなかった精神構造、神の望みたもう秩序に従っていた社会、大きな変革を受け容れようとしない態度、《働く人》が《戦う人》や《祈る人》を養っている社会、そして、ロベール・フォシエが言う「利得よりも品質が、会社よりも兄弟愛が、個人的利益より共同の資産が、企画するより運に任せることが、個人よりも集団が優位に立っている世界」が、それである。

訳者あとがき

著者のロベール・ドロールは一九三二年にフランスのアジャンで生まれ、エコール・ノルマル・シュペリウールを卒業した中世学者で、パリ大学や母校のエコール・ノルマル・シュペリウール、ジュネーヴ大学で教鞭を執り、後輩を育成する一方、多数の著書を執筆している。日本では、歴史と動物の関わりに焦点を当てた「動物の歴史」（みすず書房）が翻訳されている。本書でも、環境の変化と歴史の推移が述べられており、ヨーロッパの中世史を独自の観点から解明されている。

訳者が興味を惹かれたのは、その視野の広さである。概して西洋史といっても、フランス人学者の場合はフランス、ドイツ人学者の場合はドイツ、イギリス人学者の場合はイギリスに記述の大半を費やしがちであるが、ドロールの場合は、フランス、ドイツだけでなく東欧の動向にも関心を向けている。本書の初版は一九七二年にスイスのローザンヌで刊行されており、あたかも、スイスの山々の高みからヨーロッパを眺望したかのように、満遍なく視線が注がれているという印象がある。それだけに、その知識の該博さは、人を驚かせるものがある。

一九七二年の原著は、「Le Moyen Age---Histoire illustrée de la vie quotidienne」のタイトルで、興味をそそるたくさんの写真、図版を収めた豪華本であるが、一九八二年に本文に加筆修正してスーイユ社から「La Vie au Moyen Age」というタイトルでペーパーバックで刊行された。拙訳書は一九八二年版に拠っているが、冒頭の「はじめに」と図版は選んでであるが一九七二年の原著から転載させていただいた。

その題名が示しているように、人々の生活、しかも、限られた一部の人々の生活だけでなく、中世社会を構成していた「働く人々」「戦う人々」「祈る人々」の三身分と、中世末に台頭し、やがて近代の主役となる「都市の住民」である商人と職人、ブルジョワといった全階層の人々の生活が採り上げられている。もちろん、このほかにも、アウトローの人たちも無視することはできないのであるが、これほど、中世世界を網羅して解明した書は他に類がない。

まさに本書は、地理的にはヨーロッパ全域を視野に収め、上は王侯貴族から下は農民、労働者にいたるまで、広く人々に照明を当てて、その生活と文化の実像に迫ろうとした総合的研究になっている。しかも、そのような論述が陥りがちな表面的観察に終始するのでなく、そうした社会を生み出した精神的特質にまで掘り下げた書となっているのは、感動的でさえある。

その意味で本書は中世ヨーロッパの文化と人々の生活に関心を持つ人々にとって多くの知識を与え眼を開かせてくれる著書であるが、盛り込まれている情報の豊富さに比して訳者の力不足を痛感させられる。私としてはベストを尽くしたつもりであるが、至らないところや間違いも少なからずあるかもしれない。お気づきのことはご指摘いただければ幸いである。

なお本訳書の刊行に尽力いただいた論創社社長森下紀夫氏、編集部の松永裕衣子氏に心から謝意を表したい。

二〇一四年九月

桐村泰次

E. A. Gutkind, *International History of City development,* Londres, Collier-Macmillan, 1964-1972, 5 vol.

J. Heers, *Le Travail au Moyen Age,* Paris, PUF, 1968.

J. Le Goff, *Marchands et banquiers au Moyen Age,* Paris, PUF, 1969.

M. Mollat, *Le Commerce maritime normand à la fin du Moyen Age,* Paris, Plon, 1952.

J. Gimpel, *Les Bâtisseurs de cathédrales,* Paris, Éd. du Seuil, 1966.
M. D. Knowles, D. Oblensky, *Nouvelle histoire de l'Église,* Paris, Éd. du Seuil, 1968.
J. Le Goff, *Les Intellectuels au Moyen Age,* Paris, Éd. du Seuil, 1968.
E. Mâle, *L'Art religieux de la fin du Moyen Age en France,* Paris, Colin, 1922.
E. Mâle, *L'Art religieux du XIIe siècle en France,* Paris, Colin, 1938.
E. Mâle, *L'Art religieux du XIIIe siècle en France,* Paris, Colin, 1925.
C. Morrisson, *Les Croisades,* Paris, PUF, 1969.
R. Oursel, *Les Pèlerins au Moyen Age,* Paris, Fayard, 1963.
M. Pacaut, *Les Ordres monastiques et religieux au Moyen Age,* Paris, Nathan, 1970.
F. Rapp, *L'Église et la Vie religieuse en Occident à la fin du Moyen Age,* Paris, PUF, 1971.
P. Riché, *Éducation et culture dans l'Occident barbare, VIe-VIIIe siècle,* Paris, Sirey, 1972.
P. Riché, *Les Écoles et l'Enseignement dans l'Occident chrétien de la fin du Ve siècle au milieu du XIe siècle,* Paris, Aubier, 1979.
W. Ullmann, *The Growth of Papal Government in the Middle Ages,* Londres, Methuen, 1955.
A. Vauchez, *La Spiritualité au Moyen Age,* Paris, PUF, 1975.
J. Verger, *Les Universités au Moyen Age,* Paris, PUF, 1973.

〔都市の世界——商人・職人・ブルジョワ〕

Y. Barel, *La Ville médiévale, système social, système urbain,* Grenoble, Presse universitaires, 1975.
E. Coornaert, *Les Corporations en France avant 1789,* Paris, 1941.
E. M. Carus-Wilson, *Medieval Merchant Venturers,* Londres, Methuen, 1954.
B. Chevalier, *Tours, ville royale(1356-1520). Origine et développement d'une capitale à la fin du Moyen Age,* Louvain-Paris, Université de Lille, 1975.
R. De Roover, *The Medici Bank; its Organization, Management, Operations and Decline,* Londres-New York, 1948.
P. Dollinger, *La Hanse (XIIe-XVIIIe siècle),* Paris, Aubier, 1964.
G. Duby (sous la direction de), *Histoire de la France urbaine,* t. II, *La Ville médiévales,* Paris, Éd. du Seuil, 1980.

G. Duby et A. Wallon (sous la direction de), *Histoire de la France rurale,* Paris, Éd. du Seuil, 1975.

B. Gille, *Histoire des techniques,* Paris, La Pléiade, 1978.

R. Grand(en collaboration avec R. Delatouche), *L'Agriculture au Moyen Age de la fin de l'Empire romain au XVIe Siècle,* Paris, De Boccard, 1950.

J. Heers, *Fêtes, jeux et joutes dans les sociétés d'Occident à la fin du Moyen Age,* Montréal-Paris, Vrin, 1971.

R. H. Hilton, *Les Mouvements paysans du Moyen Age,* Paris, Flammarion, 1979.

E. Le Roy Ladurie, *Montaillou, village occitan,* Paris, Gallimard, 1975.

F. Lutge, *Geschichte der deutschen Agrarverfassung,* Stuttgart, Ulmer, 1963.

B. H. Slicher van Bath, *The Agrarian History of Western Europe (A. D. 500-1850),* Londres, E. Arnold, 1966.

P. Toubert, *Les Structures du Laium médiéval,* Rome, École française, 1973.

〔戦う人々——騎士〕

M. Bloch, *La Société féodale,* Paris, 1939-1940.

R. Boutruche, *Seigneurie et féodalité,* Paris, Aubier, 1959 et 1970.

P. Contamine, *Guerre, État et société à la fin du Moyen Age. Étude sur les armées des rois de France* 1337-1494, Paris-Leyde, Mouton, 1972.

P. Contamine, *La Guerre au Moyen Age,* Paris, PUF, 1980.

G. Duby, *Hommes et structures du Moyen Age,* Paris-Leyde, Mouton, 1973.

G. Fournier, *Le Château fort dans la France médiévale,* Paris, Aubier, 1978.

E. Koechler, *Trobadorlyrik und höfischer Roman,* Berlin, 1962.

H. -I. Marrou, *Les Troubadours,* Paris, Éd. du Seuil, 1971.

M. Pastoureau, *La Vie quotidienne en France et en Angleterre au temps des chevaliers de la Table ronde (XIIe-XIIIe siècle),* Paris, Hachette, 1976.

A. Schultz, *Das höfische Leben zu Zeit des Minnesinger,* Leipzig, Hirzel, 1879-1880.

〔祈る人々——聖職者〕

J. Chélini, *Histoire religieuse de l'Occident médiéval,* Paris, Colin, 1968.

E. Delaruelle, *La Piété populaire au Moyen Age,* Turin, Bottega d'Erasmo, 1975.

1965.

M. Devèze, *Histoire des forêts,* Paris, PUF, 1969.

A. Gottschalk, *Histoire de l'alimentation et de la gastronomie,* Paris, Hippocrate, 1948.

E. Le Roy Ladurie, *Histoire du climat depuis l'an mil,* Paris, Flammarion, 1967.

G. Roupnel, *Histoire de la campagne française,* Paris, 1932.

J. C. Russell. *Late Ancient and Medieval Population,* Philadelphie, 1958.

J. Vogt, *Les tremblements de terre en france,* Orléans, BGRM, 1979.

C. Weikinn, *Quellentexte zur Witterungensgeschichte Europas,* Berlin, Akademie Verlag, 1958, 3 vol.

L. White, *Medieval Technology and Social Change,* Oxford Clarendon Press, 1962.

〔精神構造と社会生活〕

F. Autrand, *Naissance d'un grand corps de l'État. Les gens du Parlement de Paris, 1345-1454,* Paris, Publications de la Sorbonne, 1981.

M. Bloch, *Les Rois thaumaturgies,* Paris, Colin, 1923.

G. de Champeaux, Dom S. Sterckx, *Introduction au monde des symboles,* Saint-Léger-Vauban, La Pierre qui vire, Zodiaque, 1966.

G. Duby, *Les Trois Ordres ou l'Imaginaire du féodalisme,* Paris, Gallimard, 1978.

G. Duby, *Le Chevalier, la Femme et le Prêtre;le mariage dans la France féodale,* Paris, Hachette, 1981.

E. Gilson, *La Philosophie au Moyen Age, des origines patristiques à la fin du XIVe siècle,* Paris, Vrin, 1944.

J. Le Goff, *Pour un autre Moyen Age,* Paris, Gallimard, 1977.

J. Le Goff, *La Naissance du Purgatoire,* Paris, Gallimard, 1981.

M. *Mollat* (*sous* la direction de), *Le Navire et l'Économie maritime,* Paris, SEVPEN, 1958-1960, 2 vol.

P. Riché, *De l'éducation antique à l'éducation chevaleresque,* Paris, Flammarion, 1968.

〔働く人々——農民〕

G. Duby, *L'Économie rurale et la Vie des campagnes dans l'Occident médiéval du IXe au XVe siècle,* Paris, Aubier, 1962.

参考文献

〔概説書〕

F. Braudel, *Civilisation matérielle, économie et capitalisme, XVe-XVIIe siècle,* Paris, Colin, 1979, 3 vol.

N. F. Cantor, *Medieval History, New York. Macmillan, 1963*

R. Delort, C. de la Roncière, Ph. Contamine, M. Rouche, *L'Europe au Moyen Age. Documents expliqués,* Paris, Colin, 1969-1971, 3 vol.

G. Duby (sous la direction de), *Histoire de France,* Paris, Larousse, 1971, t. I et II.

G. Duby, Robert Mandrou, *Histoire de la civilisation française,* Paris, Colin, 1980, t. I.

J. Evans, *Life in Medieval France,* Londres, Oxford University Press, 1925.

R. Fossier, *Histoire sociale de l'Occident médiéval,* Paris, Colin, 1970.

J. Le Goff, *Civilisation de l'Occident médiéval,* Paris, Arthaud, 1964.

J. -F. Lemarignier, *La France médiévale. Institutions et société,* Paris, Colin, 1981.

M. Mollat, *Les Pauvres au Moyen Age,* Paris, Hachette, 1978.

M. M. Postan, *The Medieval Economy and Society,* Londres, Weidenfeld and Nicolson. 1972.

〔人間と環境〕

Archéologie du village désérté, Paris, Colin, 1970, 2 vol.

Archéologie du village médiéval, Louvain et Gand, Centre belge d'histoire rurale, 1967.

A. Armengaud, M. Reinhard, L. Dupâquier, *Histoire générale de la population mondiale,* Paris, Montchrestien, 1968.

M. Bresford, *The Lost Villages of England,* Londres, Lutterworth Press, 1863

J. -N. Biraben, *Les Hommes et la Peste en France et dans les pays européens,* Paris-Leyde, Mouton, 1975.

M. Bloch, *Les Caractères originaux de l'histoire rurale française,* Paris, Colin, 1976.

F. Boucher, *Histoire du costume en Occident de l'Antiquité à nos jours,* Paris, Flammarion,

1140年　グラティアヌス法令集。教会法の整備。
1180年ごろ　風車出現。
1204年　十字軍、コンスタンティノープルを劫掠。
1209年　アルビジョワ十字軍。
1212年　イスパニアでキリスト教徒軍がイスラム軍に大勝（ラス＝ナヴァス＝デ＝トロサの戦い）。
1214年　ブーヴィーヌの戦いで、フランス王フィリップ・オーギュストがイングランド＝フランドル連合軍に勝利。オックスフォード大学に最初の特許状。
1215年　パリ大学設立。
1230年ごろ　アリストテレスの研究熱高まる。
1250年ごろ　パリ高等法院設置。中世の百科全書、続々。
1261年　コンスタンティノープルのラテン帝国滅亡。
1291年　エルサレムの十字軍国家壊滅。
1307年　テンプル騎士団、強制的に解散させらる。
1346年　クレシーの戦いで英軍勝利。フィレンツェの銀行倒産。
1348年　ペスト大流行。
1356年　ポワティエの戦いでフランス王、英軍の捕虜に。
1378年　クレメンス七世、フランス王に擁立されて対立教皇となり、ローマ教会、分裂。
チオンピの乱など民衆の反乱続出。
1415年　アザンクールの戦いで英軍勝利。
1431年　ジャンヌ・ダルク、ルーアンで焚殺さる。
1453年　コンスタンティノープル、オスマン・トルコ軍に占領される。
1465年　ソルボンヌで印刷始まる。
1492年　クリストファー・コロンブス、新大陸に到達。
イベリア半島におけるイスラムの最後の拠点、クラナダ陥落。

略年表

476年　西ローマ帝国滅亡

500年ごろ　フランク王クローヴィス、キリスト教の洗礼を受ける。

590-604年　法王グレゴリウス、ローマ教会の基礎を固める。

720年ごろ　ヘッセンとテューリンゲン、キリスト教に改宗。

732年　カール・マルテル、ポワティエでアラブ軍を撃破。

751年　ピピン、フランク王となりカロリング朝創始。

800年　フランク王カール、帝冠を授与される。

842年　シュトラスブルクの盟約。

843年　ヴェルダン条約。フランク王国、三分される。

850年ごろ　ノルマン人とアラブ人による劫掠激化。

910年　クリュニー修道院設立。

911年　サン＝クレール＝シュル＝エプト条約で、フランス王シャルル三世、ノルマンの首長にルーアンなどを譲渡し、ノルマンディー公国誕生。

962年　オットー一世、神聖ローマ帝国皇帝となる。

987年　パリ伯ユーグ・カペー、フランス王となりカペー王朝創始。

1000年ごろ　ノルマン人、アメリカ大陸に到達。

このころ、農業技術が改良され、鐙と鞍に改善が加えられる。

ロマネスク芸術が開花。

1030年ごろ　《神の休戦》が広まる。イタリアでコミューン運動。

1054年　西方ローマ教会と東方ビザンティン教会の分裂。

1059年　ノルマン人による南イタリア支配。

1066年　ノルマンディー公ギヨーム、ヘースティングスの戦いで勝利し、ウィリアム一世としてイングランドを支配。

1075年　法王グレゴリウス七世、教皇至上性を宣言し、聖職者の叙任権をめぐる抗争始まる。

1085-1087年　イングランドで土地調査簿（ドゥームズデー・ブック）作成。

1087年　クリュニー第三教会建設。

1095年　法王ウルバヌス二世、「十字軍」を宣言。年末には《農民十字軍》出発。翌1096年、第一次十字軍出発。

1099年　十字軍、聖地を奪取しエルサレム王国を建てる。

1100年ごろ　南仏にカタリ派信仰広まる。

1120年ごろ　新しい都市の誕生相次ぐ。ヴェネツィア商業興隆。

1130年ごろ　シトー派修道院隆盛。ラングドックでトルバドゥール活躍。

【ハ行】

バスティド bastides 189, 373
《機織り歌 chansons de toile》246
パタリーノ派 Patarins 326
破門 excommunication 258, 298, 302, 303, 305, 326
『薔薇物語 Roman de la Rose』124
『パリの家政 Ménagier de Paris』140
『秘密の秘密 Secret des Secrets』47, 81
『百科宝典 Livres de Trésor』107
『平信徒への光 Lumière aux Lais』136
ブーヴィーヌ Bouvines の戦い 258, 262
《フェーデ faide》161, 163
『フォヴェル物語 Roman de Fauvel』280
フォルミニ Formigny の戦い 262
フォントヴロー修道院 Fontevrault 138, 275
布告権 ban 217, 289, 301
フス派 Hussites 220, 262, 327
普通法 Landrecht（ラント法とも）160
物々交換 système de troc 350, 355
葡萄酒先売権 banvin 217, 381
『プラシデスとティメオ Placides et Timeo』97, 105, 222
『フランス大年代記 Grandes Chroniques de France』129
フレスコ画 311, 314
プレモントレ修道院 Prémontré 275, 283, 285
フランシスコ会士 les franciscains 171, 282, 284
『ベリー公のいとも豪華な時禱書 Très Riches Heurs du duc de Berry』195
封建法 Lehenrecht（レーン法とも）160
封地相続税 relief 229
《法の属人主義》158, 166
《法の属領主義》158, 159, 166
ボカジェ bocager 187
ポグロム pogrom（ユダヤ人虐殺）330
ボゴミール bogomir 327
ポポロ・グラッソ popolo grasso 387
ポポロ・ミヌート popolo minuto 387
ポワティエ Poitiers の戦い 262

【マ行】

マイヨタン Maillotins の乱 218
『マユーの悲嘆 Lamentation de Mahieu』141
マルタ騎士団 Chevaliers de Malte 281
マーンス manse 205, 206
ミンネザング Minnesang 250
免除特権 immunité 293, 294, 304, 324
モンテ・カッシーノ修道院 Mont Cassin 270, 272
モントヴィリエ教団 olivelains 362

【ヤ行】

『ユオン・ド・ボルドー Huon de Bordeaux』157
ユンカー Junker 213, 361

【ラ行】

《ラキンブルギ Rachinbourgs》160, 164
ランディ Lendi 大市 351, 352
立願 profession 267
立願修道士 profès 267
領外婚姻税 formariage 230, 381
領主徴収権 champart 187
『ル・ヴィアンディエ Le Viandier』45
禄地 bénéfice 227, 229
ロラード派 Lollards 220, 327
『ローランの歌 Chanson de Roland』157
ワルドー派 Vaudois 249, 326

死手権 mainmorte 230, 381
シトー会 Cîteaux 270, 275, 276, 277, 285, 299, 323
『シドラックの書 Livre de Sidrac』 115
シモニア simonie（聖職売買） 300
ジャックリー Jacquerie の乱 218
シャリヴァリ charivari 203
シャルトルーズ修道院 Chartreuse 275
『ジャンとブロンド Jehan et Blonde』 144, 148, 149
シャンパーニュ大市 353
『ジュヴァンセル Jouvencel』 239
自由学芸 artes liberales 316
―― 三学科 trivium 316, 318
―― 四学科 quadrivium 316, 318
自由地 alleux 210, 215, 228, 289
十分の一税 dîme 187, 220, 230, 288, 294, 304
宿泊権 droit de gîte 217, 229
小兄弟団 les mineurs 282
『職業の書 Livre des Métiers』 390
『贖罪早見表』 145, 154
臣従誓約 hommage 226, 381
信心会 confrérie 133, 291, 338, 376, 390, 391
『人生の四季 Quatre Ages de l'Homme』 138
浸炭窒化法 carbonitruration 24
神明裁判 ordalie 162, 163, 166
『審問官の手引き Manuel de l'Inquisiteur』 129
頭陀袋修道会 les sachets 282
ステンド・ガラス 195, 276, 309, 312, 314
聖域 campo santo 288
聖史劇 Mystère 308, 315
聖職者 clergé 285
―― 修道会聖職者 clergé régulier
―― 在俗聖職者 clergé séculier
聖杯 saint Graal 281
聖務停止 302
『世界の姿 L'image du Monde』 98, 105
『世界編年史 Chronique universelle』 106
説教者修道会 les prêcheurs 282
セファルデ sépharde 330

【タ】

タボール派 Taborites 220, 328
托鉢修道会 ordres des mendiants 269, 282, 284, 329
『魂の巡礼 Pérlinage de l'Ame』 109, 170
チオンピ Ciompi の乱 388, 389
帝国議会 Reichsstag 259, 381
帝国直属都市 Reinchstädte 380
手形交換 clearing（精算） 351, 353
テュートン騎士団 Chevaliers teutoniques 278, 285, 362
「天使の日時計 ange au cadran」 79
『天体と時間計測の要 Recueil d'astronomie et de computation』 195
テンプル騎士団 Templiers 165, 277, 278, 280, 281, 285, 362
盗賊騎士 Raubritter 348
土地台帳 castato 186, 386
飛び梁 arc-boutant 310, 312
トマル騎士団 Tomar 278
ドミニコ会士 les dominicains 283, 285, 321, 322, 329
『トリスタンとイズー Tristan et Iseut』 144

【ナ行】

『ナンセのゾーネ Sone de Nansai』 106
ニコポリス Nicopolis の戦い 262
ニコライ派 nicolaïtes 149

〔事項索引〕

【ア行】

アウグスティノ会士 les augustins 282
《朝の贈与 Morgengab》137
アザンクール Azincourt の戦い 262
アシュケナージ ashkenazi 330
アダム派 Adamites 220, 328
《アメスマン amessement》202
アルスーフ Arsuf の戦い 262
『アルマゲスト Almageste』98
「アルノルフィーニ夫妻」58, 109
『イセングリヌス Ysengrinus』21
《ヴェールゲルド Wergeld》161
『ヴェルソンの農民の歌 Chant des vilains de Verson』196
『エレクとエニード Érec et Énide』149
『黄金伝説 Légende dorée』128
《王の四〇日間 Quarantaine le roi》164
オジーヴ ogive 310
『親指太郎 Petit Poucet』191
オブラトゥス（献身者）oblats 267
恩給地 honneur 228, 297

【カ行】

ガーゴイル gargouille 311
かささぎ修道会 les pie 282
カタリ派 Cathars 125, 142, 211, 249, 282, 283, 303, 326, 327, 328, 337
寡婦給与財産（権）douaire 137
『神のお宝 Besant de Dieu』123
《神の休戦 Trêve de Dieu》258, 335
《神の平和 Paix de Dieu》134, 163, 218, 258, 274, 335
カルメル会 les carmes 282
「キエルジ法令 La capitulaire de Quierzy」228
『ギオの聖書 La Bible Guiot』65
騎士叙任式 adoubement 231, 252
『狐物語 Roman de Renard』119
救護騎士団 Hospitaliers 277, 281
教会大分裂 Schisme 292
『ギヨーム・ド・ドール Guillaume de Dôle』162
『キリスト教要理 De Doctrina Christiana』316
『クリジェス Cligès』149
クリュニー修道院 Cluny 270, 273, 274, 285, 298, 312
グロード grod 33, 374
ゲットー ghetto 330
剣帯騎士団 Porte-Glaive 278
市場税 denier-Dieu 391
『告解の手引き書』145
小作人 hôtes 187
『小姓ジャン・ド・サントレ Petit Jehan de Saintré』149, 251
コルトライ（クルトレ）Courtrai の戦い 262
コンメンダ commenda 契約 358

【サ行】

『作法の書 Livre des Manières』150, 152, 153
《サン＝シルヴェストルの火》64
《サン＝タントワーヌの火》64
サン＝ティアゴ刀剣騎士団 Saint-Jacques-de-l'épée 278
《サン＝ローランの火》64
三圃式農法 assolement triennal 48, 49, 181
三身分 trois ordres 170

ベルトラン・ド・ボルン Bertrand de Born 257
ベルナール・ギィ Bernard Gui 129
ベルナルド・トロメイ Bernardo Tolomei 362
ベルナルドゥス（聖）Bernard 276, 279, 333, 334
ヘルベルシュタイン Herberstein 20
ヘロン Héron（アレクサンドリアの）26
ヘンリー二世 Henri 64
ヘンリー Henri 三世 356
ヘンリー Henri 六世 67
ホイジンガ Huijinga 120
ボエティウス Boèce 124
ボードワン Baudoin 63
ホノリウス（オータンの）Honoré d'Autun 167
ホモボヌス（クレモナの）Homebon de Crémone 362

【マ行】

マクシミリアン Maximilien 150
マテュー・ド・ヴァンドーム Mathieu de Vendôme 129
マリ・ド・ブルゴーニュ Marie de Burgogne 150
マール（エミール）Mâle, Emile 120
マルグリット・ダンジュー Marguerite d' Anjou 67
マルグリット・ド・プロヴァンス Marguerite de Provence 61
メネニウス・アグリッパ Menenius Agrippa 167
モリエール Molière 65

【ヤ行】

ヤコブス・デ・ヴォラギネ Jacques de Voragine 128
ヨハネス十世 Jean 296
ヨアンネス・カッシアヌス Jean Cassien 269

【ラ行】

ライムンドゥス・ルルス Ramon Lulle 96
ラ・イール La Hire（Etienne Vignolles）244
ラバヌス・マウルス Raban Maur 318
ランカスター公 duc de Lancastre 259, 263
ランスロット Lancelot 143, 244
リチャード（獅子心王）Richard Coeur de Lion 261
ルイ Louis 六世 64
ルイ Louis 七世 334
ルイ Louis 八世 61, 123
ルイ Louis 九世（聖王）2, 22, 58, 61, 163, 164, 165, 235, 323, 356
ルイ Louis 十一世 235
ルイ Louis 十四世 164
ルクレツィア・ボルジア Lucrétia Borgia 58
ルター Luther 327
ルートヴィヒ（敬虔帝）Louis le Pieux 117, 168, 272, 318, 343
ルートフリート・ムントプラート Lutfrid Muntprat 360
ルードルフ（ハプスブルクの）Rodorf 68
ルネ・ダンジュー René d'Anjou 67
レオ Léon（大法王）294
レオン・バティスタ・アルベルティ Léon Battista Alberti 313
ロジャー（ホヴデンの）Roger de Hovden 257
ロジャー・ベーコン Roger Bacon 95, 96
ロベール Robert 二世 169
ロベール・ド・ブロワ Robert de Blois 142
ロリツァー Roriczer de Ratisbonne 313

ディオニュシオス・アレオパギテス Denys l'Aréopagite 97
テオフィルス Théophile 312
デュゲクラン Duguesclin 155
トマス・アクィナス Thomas d'Aquin 77, 96, 138, 151, 283, 325, 362
トマソ・ポルティナーリ Thomas Portinari 348
ドミニクス Dominique 282

【ナ行】

ニコラウス Nicole 一世 291
ニコラウス Nicole 五世 247
ニコラス・フォン・ディースバッハ Nicolas von Diesbach 360
ニムロデ Nemrod 222
ネブカドネザル Nabuchodonesor 170
ノア Noé 222

【ハ行】

ハインリヒ（捕鳥王） Henri 238
ハインリヒ Henri 四世 336
パウル・ベネケ Paul Beneke 348
バシレイオス（聖） Basile 318
ピエール（隠者） Pierre l'Ermite 333
ピエロ・デッラ・フランチェスカ Piero Della Francesca 313
ピエール・ド・ボージュー Pierre de Beaujeu 235
ヒエロニムス（聖） Jérôme 318
ビュロー Bureau 兄弟 261
ピレンヌ（アンリ） Pirenne, Henri 93
ヒルデガルト Hildegarde 138
ヒルデブラント Hildebrand（グレゴリウス七世） 167
ヒルデブラント・フェッキンヒュゼン Hildebrand Veckinchusen 360
ファン・エイク Van Eyck 58, 59, 109
フィリップ・オーギュスト Philippe Auguste 165, 235, 258, 324, 380
フィリップ・ド・タオン Philippe de Thaon 100
フィリップ・ド・ノヴァール Philippe de Novarre 138, 153, 154
フィリップ・ド・ボーマノワール Philippe de Beaumanoire 340
フィリップ・ル・ベル Philippe le Bel 150, 165
フォシエ（ロベール） Fossier, Robert 143, 211, 212, 404
フス（ヤン） Huss, Jan 328
フッガー（ヤコブ） Fugger, Jacob 360, 400
プトレマイオス Ptolemée 98
ブランシュ・ド・カスティーユ Blanche de Castille 61, 67
フランチェスコ（アッシジの） François d' Assise 282, 284, 363
フランチェスコ・ディ・マルコ・ダティーニ Francesco di Marco Datini 357, 363
フリードリヒ Frédéric 二世 157, 254
プリニウス Plin 102
ブルネット・ラティーニ Brunetto Ratini 107
フルベルトゥス Fulbert（シャルトルの） 226, 319
フレデグンデ Frédégonde 157
フロワサール Froissart 257
ヘクトール（トロイの） Héctor 244
ベーダ Bède 85, 106
ペトラルカ Pétrarque 168
ベネディクトゥス（アニアーヌの） Benoît d'Aniane 272
ベネディクトゥス（ヌルシアの） Benoît de Nursie 270, 272, 318

【カ行】

カエサリウス Césaire 269, 317
カエサル César 58, 87
ガストン・フェビュス Gaston Phébus 20, 22, 254
カッシオドルス Cassiodore 317
カタリナ（シエナの） Catherine de Sienne 138
カリストゥス Calixte 二世 299
カール五世 Charles Quint 150, 332
カルヴァン Calvin 327
ギヨーム・ダクィテーヌ Guillaume d' Aquitaine 226, 249
ギヨーム・ド・ディギュルヴィル Guillaume de Digulleville 109, 170
ギヨーム・ド・マショー Guillaume de Machaut 168
ギヨーム・ル・クレール Guillaume Le Clére 123
キルペリック Chilpéric 144
クララ Claire de Favorine（聖キアラ） 284
グレゴリウス Grégoire（大法王） 108, 317
グレゴリウス（トゥールの） Grégoire de Tours 128
グレゴリウス Grégoire 七世 167, 291, 299
クロデガング Chrodegang 272
ゲニエヴァ Guenièvе 143
ゲラン Guérin（司教） 262
ゲルベルトゥス Gerbert（シルヴェステル二世） 96, 167, 319
ゴシュアン Gossuin 98
コルンバヌス（聖） Colomban 269

【サ行】

サヴォナローラ Savonarole 126
サラディン Saladin 261
シジェ・ド・ブラバン Siger de Brabant 322
シドラック Sidrac 115, 154
シモン・ド・モンフォール Simon de Monfort 211
ジャック・クール Jacques Coeur 348, 360
シャルルマーニュ Charlemagne 32, 42, 68, 117, 134, 205, 209, 237, 287, 296, 318, 355
シャルル Charles 六世 45
シャルル Charles 七世 246, 259, 261
シャルル Charles 八世 235
シャルル Charles 十世 64
シャルル・ル・アルディ Charles le Hardi 262
ジャンヌ・ダルク Jeanne d'Arc 138, 189, 244, 259, 343
ジャンヌ・ド・ナヴァール Jeanne de Navarre 150
ジャン・ド・ブイユ Jean de Bouille 239
ジャン・ボネ Jean Bonet 97, 222
ジャン・ルナール Jean Renard 162
シュジェ Suger 31, 155, 167, 314
シュテルク Sterck 109
ジュヌヴィエーヴ（聖） sainte Geneviève 138
ジョフロワ Joffroi 44
ステファヌス Etienne 五世 294
ソルボン（ロベール） Sorbon, Robert 322, 324
ソロモン Salomon 114

【タ行】

タイユヴァン Taillevent 45
ダヴィデ David 110, 114
タキトゥス Tacite 58
ダゴベルトゥス Dagobert 68
ディオニシオス Denys 85

索　引

〔人名索引〕

【ア行】

アウグスティヌス Augustin　109, 269, 272, 283, 316
アウグストゥス Auguste　86
アウレリアヌス Aurélien　364
アーサー王 Arthur　8, 143
アダム（ブレーメンの）Adam　106
アダルベロン Adalbéron　169
アッボ Abbon　319
アリエノール・ダクィテーヌ Aliénor d' Aquitaine　138
アリストテレス Aristote　96, 325
アルクイン Alcuin　318
アルネグンデ Arnégonde　144
アルフォンス・ド・ポワティエ Alphonse de Poitiers　22
アルフレッド大王 Alfred le Grand　169
アルベルトゥス・マグヌス Albert le Grand　77, 96, 283, 322, 325
アンゲラン・ド・マリニー Enguerrand de Marigny　377
アンスカリウス Anskaire　106
アンヌ・ド・ボージュー Anne de Beaujeu　235
アンブロジオ・ロレンツェティ Ambrogio Lorenzetti　376
イザベル・ド・ポルテュガル Isabelle de Portugal　150
イシドルス Issidore　102
イノケンティウス Innocent 三世　291, 329
ヴァルター・フォン・フォーゲルヴァイデ Walther von Vogelweide　250
ウィクリフ Wycliffe　220, 327, 328
ヴィヨン Villon　120
ヴィラール・ド・オンヌクール Villard de Honnecourt　95, 313
ウィリアム征服王 Guillaume le Conquérand　64, 235, 256
ウィリアム（ペンブロークの）Guillaume de Pembroke　256
ヴォルフラム・フォン・エッシェンバッハ Wolfram von Eschenbach　281
ウルバヌス Urbain 二世　299, 333
エウゲニウス Eugène 四世　331, 334
エギナルドゥス Eginhard（アインハルト）318
エティエンヌ・ブノワ Etienne Benoît　152
エティエンヌ・ボワロー Etienne Boileau　390
エドワード Edouard 一世　147
エドワード Edouard 三世　259
エラトステネス Eratosthène　99
オタカル Ottokal（ボヘミア王）262
オットー Othon（大帝）113, 237, 238, 293, 297
オットー Othon（ブラウンシュヴァイク）258

ロベール・ドロール　**Robert Delort**
1932年アジャン生まれ。エコール・ノルマル・シュペリウール（高等師範）を卒業し、パリ第８大学・ジュネーヴ大学名誉教授。文学博士・理学士。毛皮など中世ヨーロッパの交易の歴史から出発して、自然環境の変化などを含めた歴史の変動を探求している。著書は多いが、邦訳されているものとしては、『環境の歴史』（F・ワルテールと共著、桃木暁子・門脇仁訳）、『動物の歴史』（桃木暁子訳、以上、みすず書房）『象の物語――神話から現代まで』（長谷川明・池田啓監修、南條郁子訳、創元社）がある。

桐村泰次（きりむら・やすじ）
1938年、京都府福知山市生まれ。1960年、東京大学文学部卒（社会学科）。欧米知識人らとの対話をまとめた『西欧との対話』のほか、『仏法と人間の生き方』等の著書、訳書にジャック・ル・ゴフ『中世西欧文明』、ピエール・グリマル『ローマ文明』、フランソワ・シャムー『ギリシア文明』『ヘレニズム文明』、ジャン・ドリュモー『ルネサンス文明』、ヴァディム＆ダニエル・エリセーエフ『日本文明』、ジャック・ル・ゴフ他『フランス文化史』、アンドレ・モロワ『ドイツ史』（論創社）がある。

中世ヨーロッパ生活誌
LE MOYEN AGE

2014年11月10日　初版第１刷発行
2021年９月20日　初版第２刷発行

著　者　ロベール・ドロール
訳　者　桐村泰次
発行者　森下紀夫
発行所　論 創 社
東京都千代田区神田神保町 2-23　北井ビル
tel. 03（3264）5254　fax. 03（3264）5232
振替口座 00160-1-155266
http://www.ronso.co.jp/
装　幀　野村　浩
組　版　中野　浩輝
印刷・製本　中央精版印刷

ISBN978-4-8460-1315-8